我们一起解决问题

产品经理与运营丛书

B端思维
产品经理的自我修炼

张晨静 ◎ 著

人民邮电出版社
北京

图书在版编目（CIP）数据

B端思维：产品经理的自我修炼 / 张晨静著. -- 北京：人民邮电出版社，2021.1（2023.1重印）
（产品经理与运营丛书）
ISBN 978-7-115-55438-3

Ⅰ. ①B… Ⅱ. ①张… Ⅲ. ①企业管理－产品管理 Ⅳ. ①F273.2

中国版本图书馆CIP数据核字(2020)第236104号

内容提要

随着流量红利的消失，互联网进入了以产业互联网为代表的下半场，各大企业的关注点聚焦到了如何获取利润上来。而B端产品可以深入渗透企业经营的各个环节，为企业提供高效的解决方案，从而为它们降本增效。目前，各大企业对B端产品经理的岗位需求越来越迫切。

本书从基础认知、思维训练、产品打造和案例分享四大方面展开讲述。在基础认知方面，本书讲述了与B端相关的基础知识；在思维训练方面，本书讲述了成为一名B端产品经理需要拥有的产品思维；在产品打造方面，本书深入讲解了一款B端产品是如何从0到1诞生的；在案例分享方面，本书展现了作者分享的B端产品设计思路。总之，全书以递进的方式为读者呈现了B端产品经理应该具备的知识体系，为读者建立了一个B端体系化的产品思考方式。

本书适合希望入行B端产品经理的无工作经验人员、希望转行B端产品经理的有工作经验人员，以及已经入行1~3年的B端产品经理阅读。同时，本书也可供高等院校相关专业的师生参考。

◆ 著　　张晨静
　　责任编辑　张国才
　　责任印制　彭志环
◆ 人民邮电出版社出版发行　　北京市丰台区成寿寺路11号
　　邮编　100164　　电子邮件　315@ptpress.com.cn
　　网址　https://www.ptpress.com.cn
　　北京虎彩文化传播有限公司印刷
◆ 开本：700×1000　1/16
　　印张：16.5　　　　　　　　　　2021年1月第1版
　　字数：200千字　　　　　　　　2023年1月北京第11次印刷

定价：69.80元
读者服务热线：(010)81055656　印装质量热线：(010)81055316
反盗版热线：(010)81055315
广告经营许可证：京东市监广登字20170147号

推荐语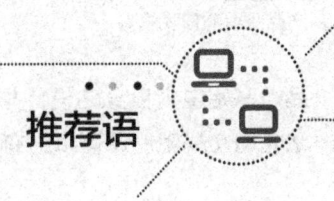

从个人互联网时代进入产业互联网时代,所有企业都面临着巨大的挑战和机遇。企业不仅需要有互联网思维的企业家,而且需要有适合互联网时代的产品,B端产品经理正是为了这个使命而存在的。本书以作者亲身实践的案例告诉你如何成为优秀的B端产品经理,赶快去看吧!

——张国强　恒生公司高级副总裁

本书从B端产品和B端产品经理两个层面,非常全面地介绍了如何成为一名合格的B端产品经理,如何思考和设计一款B端产品,对希望在B端领域工作的读者会非常有启发。通过学习这本书,小白可以快速成长为合格的B端产品经理。

——许欣芃　恒生公司研发中心总经理

无论你是希望成为一名B端产品经理,还是想了解这个极具挑战与成就感的工作,本书都能带你走进B端产品人员的世界。作者悉心总结了自己多年的B端产品工作经验,将自己多年来用心学习、思考所获得的优秀经验传递给每一位读者。如果你想要了解B端业务,就读这本书吧!

——陈辉苗　恒生公司资深产品经理

B端市场是一个蓝海,仍有很多领域尚未被彻底开发,各个赛道的玩家都在积极准备投身B端领域。信息的不对称导致B端企业对市场的探索和布局受到了影响。值得庆幸的是,那些积攒多年经验的B端产品经理们愿意将经验传授给后来者,让后来者可以多做实事、少走弯路。本书系统地讲述了构建B端产品体系的方法,我推荐本书给那些希望在B端领域所有精进的朋友们。

——王　伟　阿里巴巴产品专家

长久以来,在企业软件服务领域,产品重功能、轻体验,重集成、轻设计,罕有单独设立产品经理相关职能的岗位。近年来,随着数字化转型的深入,To B产品也开始重视自身的设计与用户体验。本书从企业软件产品的特性讲起，兼具方法论与实战案例，可以给有志于成为 B 端产品经理的读者很多启发与帮助。

——刘宇光　资深云平台产品经理

随着越来越多的 B 端产品图书的面世，越来越多的人关注 B 端领域的发展。作为 B 端领域的资深从业者，张晨静结合自己在工作中的实践和思考，为 B 端领域贡献了一本好书。我相信，本书会为大家从事 B 端产品工作带来很大的帮助。

——李　宽　产品专家

B 端产品承载了很多复杂的设计思想和方法论，如果想快速入门或进阶，从业人员必须有很深的产品设计功底。作者以理论分析和案例拆解的形式，系统地梳理了打造 B 端产品的工作全流程，以及 B 端产品经理的能力模型、职场进阶、产品思维等内容。这是一本能让人受益匪浅的好书，我将其推荐给已经或准备从事 B 端领域的朋友们。

——朱学敏　华创微课 CEO

这是一本可以拿来即用的行动指南，又是系统性思考的典范。在本书中，作者用模型的方式教给读者构建 B 端产品体系的方法，具有很强的实用性。对于在 B 端产品工作中感到迷茫的伙伴，本书将会一一解惑。

——无　痕　开课吧讲师、某大厂产品负责人、创业公司联合创始人

推荐序一

1925年,一位名叫尼尔·麦克尔罗伊(Neil McElroy)的年轻人从哈佛毕业,进入了宝洁公司。他所在的部门负责一款新香皂品牌的推广,此款新香皂名为佳美(camay)。但要推广成功谈何容易,市面上畅销的香皂何其多,同时还包括宝洁自身的象牙(Ivory)香皂,也是佳美的竞品。这就涉及两块同一领域的业务要如何规划的问题。

尼尔·麦克尔罗伊是如何看待这个问题的呢?他认为,消费者是有群体之分的,不同的群体在购买商品时的动机是不一样的。因此,即使都是卖香皂的市场,由于消费者群体不同,他们购买香皂的动机也不同,从而最终选择的香皂品牌也不同。尼尔·麦克尔罗伊建议宝洁公司给佳美和象牙做差异化的品牌定位,从而满足不同消费者群体的需求。同时在组织架构上,尼尔·麦克尔罗伊提出一个经理负责一个品牌的方案,每个品牌都按照产品的思路去规划,解决细分群体的需求并持续改进产品。尼尔·麦克尔罗伊提出的一系列理念得到了宝洁总裁的大力支持。因此,宝洁在接下来的几十年里获得了巨大的成功。同时,尼尔·麦克尔罗伊成了历史上的第一位产品经理。

看到宝洁的巨大成功,其他公司纷纷设立产品经理岗位,但最终结果并不是有产品经理岗位的公司都腾飞起来。产品经理不是企业成功的唯一要素。但是,优秀的产品经理一定会给企业带去不小的收获。如果仅仅把产品经理看作一种职业,我认为还有所欠缺。在我看来,产品经理是一种思维方式,正如本书描述的一样,要做好产品经理,必先构建产品思维。

相关资料显示,中国移动互联网月活用户数基本稳定在11.2亿左右,消费互联网红利逐渐消退。而在产业互联网的春风下,B端成为互联网的一个重要发展方向,这从百度、阿里巴巴等企业的To B业务布局上可以看出。同时,在国家新政的推动下,云计算、人工智能、大数据也在快速孵化,这为B端的发展提供了一个广阔的空间。

那么,在这样有利的环境中,B端产品经理要如何提升自己的能力呢?本书可以为大家提供作者从实战中总结出来的思路。在本书中,作者从基础认知、思维训练、产品打造、案例分享四个维度阐述了作为一名优秀的 B 端产品经理所要具备的产品能力。在基础认知方面，我们可以了解与 B 端相关的基础知识；在思维训练方面，我们可以了解成为一名 B 端产品经理需要拥有的产品思维；在产品打造方面，我们可以深入了解一款 B 端产品是如何从 0 到 1 诞生的；在案例分享方面，我们可以跟着作者的思路一起感受 B 端产品设计的魅力。本书环环相扣，由浅入深，由方法论到实践，为大家展现了一名优秀的 B 端产品经理所要具备的产品能力与产品思维。

我在阅读此书的过程中，深深地被作者严谨的逻辑思维打动，书中深入讲述的"B 端产品经理的产品思维"和"五要素模型构建 B 端产品"两章对我的触动非常大。在"B 端产品经理的产品思维"这一章中，作者详细阐述了 B 端产品经理应该具备的五种产品思维，包括产品世界观、客户中心思想、业务为始思想、结构化思想和创新性思想。这些告诉我们，成为一名 B 端产品经理相对容易，但要具备做产品的底层思维逻辑是难的。张小龙赋予微信的不仅仅是产品功能，还有他的产品观，因为张小龙的产品观才创造了微信这个神话。B 端产品经理只有具备产品思维，才能构建一款优秀的产品。作者在讲述完 B 端产品经理要具备的产品思维后，紧接着切入"五要素模型构建 B 端产品"这一章，该章是作者对其多年产品工作方法论的总结。B 端产品经理要做好一款 B 端产品，仅知道做事的流程是不够的，还需要知道做好事情的有效方法，我们可以称之为方法论或模型。因此，作者从构建一款 B 端产品的步骤着手，再将有效的方法论结合到步骤中，给读者展现了一条清晰且有条理的产品构建思路。

本书中还有很多对 B 端产品经理非常有帮助的知识，我非常推荐 B 端产品经理阅读。而且，本书可以为你们提供实际又有效的产品思维和产品方法，同时解答你们在 B 端领域的很多疑问。

范径武

恒生公司执行总裁

推荐序二

2018年9月30日，腾讯开启了一场"决定未来20年命运"的大转型，全面发力产业互联网。对于腾讯来说，这是开启"互联网下半场"的战略调整。而对于服务B端的企业来说，这是从此迈上了发展的快车道。

目前，产业互联网仍处于发展的初期阶段。但在某些行业巨头践行出标杆案例并形成解决方案逐渐对外输出后，众多企业决策者对产业互联网的态度已然发生了翻天覆地的变化：从最开始的不认同、不理解，转变为开始思考如何应用产业互联网为自己赋能，使企业在日益复杂的商业竞争中保持持久的竞争力与旺盛的生命力。这种态度的转变使产业互联网平台服务商如雨后春笋般不断涌现，产业互联网的落地行业逐渐增加，并在垂直领域形成了一定的规模效应。

同时不得不说的是，与面向C端的服务商不同，B端服务商面向的行业众多，而且每个行业都有自己独特的壁垒，使产业互联网实施过程中的不确定因素变得更多。再加上大多数企业决策者都对服务价格的敏感度高，把投入产出比看得无比重要，产业互联网只有实实在在地解决问题，才有可能得到客户的信任，并且拥有持续造血的能力。

那么，如何更好地挖掘B端客户的需求，实实在在地帮助客户解决问题，从而实现公司盈利呢？这时有一个岗位的独特价值就彰显出来了，那就是B端产品经理。我对产品经理这个岗位的定义是"一个善于发现问题，并能用最好的产品方案解决问题，从而创造价值的岗位"。

满足B端客户需求的重任就责无旁贷地落到了B端产品经理的身上。随着产业互联网如火如荼地发展，B端产品经理将在业务运营和市场活动过程中发挥着帮助企业降本增效的作用。所以，大家可以看到最近两年在互联网圈，B端产品经理被大家越来越广泛地提及；同样，在招聘市场上B端产品的招聘需求也越来越旺盛。

就是因为看到了B端产品的良好前景，很多在校大学生、C端产品经理产生了转行B端产品经理的想法。然而，他们遇到的是不了解B端产品的工作流程、不清楚B端产品的能力要求及成长路径、不具备B端产品经理的产品思维、没有掌握B端产品经理的数据分析方法等一系列的问题。当然，已经身处B端产品经理

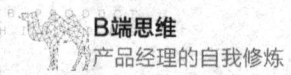

岗位的在职人士也存在想要快速提升B端产品技能的迫切需求。

当前市面上讲解这些内容的专业书籍相对较少，大量想从事B端产品经理工作的求职者因缺少指导而感到非常困惑。如果你也遇到了相似的问题，我建议认真阅读晨静的这本书。

我俩是在鸣飞学院的一次活动上认识的。通过深入的交流，我发现晨静远在B端产品火起来之前就已经在行业内深耕多年，积累了丰富的做B端产品的心得和实战经验。得知出版社邀请晨静出书，我一点都不意外。如此深厚的积淀确实需要通过出书的形式，让更多想要做B端产品的职场人受益。

晨静写完书之后也是第一时间给我阅读，我阅读完的整体感受是案例翔实、系统性强。书中通过大量的案例介绍，让读者不仅可以更好地理解书中的理论知识，而且可以直接应用到实际工作中，提升工作产出的专业度。此外，本书系统、全面地介绍了关于B端产品的相关内容，我相信不管你是要想求职还是已经在做B端产品，本书都会具有极大的参考价值。

薛老板（薛松）

京东资深产品经理

鸣飞学院创始人

推荐序三

不知不觉，我国互联网行业已经有了 20 多年的历史。与之相应，互联网产品、互联网产品经理也有了 20 多年的历史。

市面上已经出版了几十本关于互联网产品、产品经理的书，这些书对于外行初窥产品门道、产品新人入门、产品经理提升发挥了重要的作用。可以说，这些书伴随并有力支撑了互联网产品、互联网行业的发展，也伴随并指导了产品经理的成长。

很高兴，越来越多的资深产品人对自己的实战经验和感悟做了系统整理，以图书的形式分享给大家，帮助他人更快成长，更快地变得更值钱；很高兴，我本人也出版了 3 本这方面的书，帮助了很多人成长。

互联网行业日新月异。随着互联网行业的持续发展、变化，企业对产品、产品经理的要求也在动态变化。

最初，一个人如果会管理需求，会"抄"竞品，会画原型，会写文档，会和技术人员合作让产品上线，就是一个比较优秀的产品经理，就可以拿到让同龄人羡慕的高薪，还能不断收到猎头推荐的新机会。

渐渐的，企业对产品的要求越来越高、越来越细，产品不仅要满足用户需求，更要承载企业战略，还要具备内生增长力。企业对产品的要求越来越细，从 C 端产品扩展到 B 端产品，从功能产品扩展到策略产品，从用户产品扩展到商业产品……这些越来越高、越来越细的要求都需要产品经理来承接，逼着产品经理要持续、快速地成长。因此，产品经理们对更高、更细的产品书的需求变得越来越强烈。

随着互联网向深处渗透，以企业为目标用户的 B 端产品实现了快速增长，从以前的配角一跃成为和 C 端产品并肩的主角；不仅涌现出数十家 B 端独角兽，而且几乎所有的互联网大厂都在发力 B 端产品，其中阿里巴巴、腾讯、京东尤其突出。与之相应，市场对 B 端产品经理的需求有了明显的增长。

B 端产品具备产品的共性，但又具备自己鲜明的个性。与典型的 C 端产品相比，B 端产品往往角色多、流程长、功能复杂、领域更加细分，有非常强烈的投入产出比要求。这就对 B 端产品经理提出了很多不同于 C 端产品经理的要求。一个产品经理如果仅仅依靠 C 端产品的能力和经验，很难直接上手 B 端产品，更不要说做好 B 端产品。因此，市场上对有关B端产品、B端产品经理的图书的需求很强烈。现实却是这个需求很长时间没有得到充分满足，市面上的产品书大多数内容、案例都是针对C端产品的，针对B端产品、B端产品经理的只有寥寥几本。

我和广大读者一样，都在盼望B端产品、B端产品经理领域能多出几本书，尤其是好书。还好我没放弃，终于等到你——晨静的这本《B端思维：产品经理的自我修炼》！

本书的作者张晨静有6年多的产品经验，曾从零开始负责多款企业级产品、中台产品，现带领团队负责部门B端产品设计与企业级B端产品设计规范构建。很高兴，她能在繁忙的工作之余将自己的B端产品经验提炼汇集成一本书，让更多人从中受益。

全书不仅针对性强，而且系统性也强，涉及B端产品的认知、B端产品构建的方法论和流程、B端产品的数据分析、B端产品的实战案例等丰富的内容。本书还有专门一章讲解B端产品经理的能力模型和职业发展路径。认真阅读，我相信读者会有收获。

本书的实战性也较强。第5章系统讲解了构建B端产品体系的方法和流程，占据了大量的篇幅。为了更好地指导实战，作者还在最后一章安排了两个实战案例。考虑到B端产品经理的实际工作场景，作者选择了两个类型的案例——重构型产品、从0到1型产品。这是B端产品经理非常典型的两个任务场景，这个安排确实贴心。

我认为，这本书可以为所有想系统了解B端产品、B端产品经理的人士提供参考价值。尤其对以下两类人有价值。

（1）针对资历尚浅的在职B端产品经理，本书可以作为职业成长指导书。他们通常有1~3年的经验，能上手基本的工作，但自己能感觉到认知不清、能力不全、提升缓慢、前途不明，正好可以借助本书实现较全面的提升。

（2）针对想系统了解B端产品的人士，本书适合作为B端产品的普及、通识读物。他们可能是各行各业的专业人士、管理人员，可能是互联网行业的技术人员、运营人员、管理人员，也可能是想进入互联网行业的大学生。对于他们而言，一本行家撰写的书，其价值显然比碎片化的信息要高得多。

我希望晨静的这本书能让更多人看到，让更多人获益！

车马

首席产品官

目录

第1章 深度认知B端产品 ········ 001

1.1 B端产品的发展与分类　002
- 1.1.1　B端产品的发展趋势　002
- 1.1.2　B端产品的本质与分类　006

1.2 B端产品的特征　010
- 1.2.1　B端产品的基本特征　010
- 1.2.2　C端产品的基本特征　012
- 1.2.3　B端和C端的特征差异　015

1.3 B端产品的价值　016
- 1.3.1　企业关心的产品价值　016
- 1.3.2　B端产品要具备的价值　019

1.4 B端产品的生命周期　021
- 1.4.1　B端产品的生命周期　021
- 1.4.2　B端产品如何度过衰退期　023

第2章 全面认知B端产品经理 ······ 027

2.1 B端产品经理的工作　028
- 2.1.1　B端产品经理的日常工作　028
- 2.1.2　B端产品经理的工作职责　033
- 2.1.3　合作伙伴及相关事项　039

2.2 B端产品经理要掌握的相关知识　045
- 2.2.1　B端产品经理的类型　045
- 2.2.2　业务分析的相关知识　049
- 2.2.3　技术方面的相关知识　052

2.2.4　MVP、MDP、PMF　　　058
　　　2.2.5　用户体验的相关知识　　062

第3章　B端产品经理的职业路径和能力模型　065

3.1　B端产品经理的职业路径　066
　　3.1.1　职业路径、职业规划、能力模型　　066
　　3.1.2　B端产品经理的职业路径　068

3.2　B端产品经理的能力模型　069
　　3.2.1　产品经理的能力模型　070
　　3.2.2　B端产品经理的金字塔能力模型　　075
　　3.2.3　B端产品经理各阶段的能力项　077

第4章　B端产品经理的产品思维　093

4.1　产品世界观　094
　　4.1.1　理性是构建产品的基础　094
　　4.1.2　世界的变化促进产品演进　096
　　4.1.3　产品具有改变世界的能力　097

4.2　客户中心思维　098
　　4.2.1　深度理解企业的核心诉求　098
　　4.2.2　细挖员工理想的工作场景　100

4.3　业务为始思维　101
　　4.3.1　业务需求的场景性　102
　　4.3.2　打造业务闭环　105

4.4　结构化思维　107
　　4.4.1　思维工具：金字塔原理　107
　　4.4.2　分析方法：SWOT　109
　　4.4.3　项目分解：WBS　112

4.5 创新性思维　　　　　　　　　　115
　　4.5.1 跨界创新　　　　　　　　115
　　4.5.2 在旧物种中植入新要素　　116
　　4.5.3 颠覆式创新　　　　　　　117

第5章 五要素模型构建B端产品 ……… 119

5.1 战略层　　　　　　　　　　　　120
　　5.1.1 行业分析　　　　　　　　120
　　5.1.2 市场分析　　　　　　　　125
　　5.1.3 用户研究　　　　　　　　128
5.2 范围层　　　　　　　　　　　　132
　　5.2.1 竞品分析　　　　　　　　132
　　5.2.2 需求分析　　　　　　　　136
　　5.2.3 需求文档　　　　　　　　140
5.3 结构层　　　　　　　　　　　　146
　　5.3.1 信息架构　　　　　　　　146
　　5.3.2 布局设计　　　　　　　　149
　　5.3.3 原型设计　　　　　　　　152
5.4 框架层　　　　　　　　　　　　159
　　5.4.1 导航设计　　　　　　　　159
　　5.4.2 界面设计　　　　　　　　163
　　5.4.3 信息设计　　　　　　　　172
　　5.4.4 交互设计　　　　　　　　177
5.5 表现层　　　　　　　　　　　　188
　　5.5.1 视觉设计　　　　　　　　188
　　5.5.2 前端布局　　　　　　　　194

第6章 B端产品的数据分析 …………… 197

6.1 数据分析的相关知识　　　　　　198
　　6.1.1 数据分析的价值　　　　　198

- 6.1.2 数据分析的应用　200
- 6.1.3 数据的性质要求　203

6.2 **数据分析的步骤**　204
- 6.2.1 方案设计　204
- 6.2.2 数据采集　208
- 6.2.3 数据处理　209
- 6.2.4 数据分析　211
- 6.2.5 数据呈现　212

6.3 **数据分析的常用方法**　213
- 6.3.1 漏斗分析法　213
- 6.3.2 对比分析法　215
- 6.3.3 多维分析法　216
- 6.3.4 交叉分析法　217
- 6.3.5 点击分析法　218
- 6.3.6 用户分群法　219

第7章　B端产品实战案例　221

7.1 **重构型产品：资产管理系统**　222
- 7.1.1 梳理重构要素　222
- 7.1.2 分析与调研　227
- 7.1.3 明确重构方向　233
- 7.1.4 可用性测试　234

7.2 **从0到1型产品：企业级B端导航框架**　238
- 7.2.1 为什么要构建　238
- 7.2.2 前期调研　239
- 7.2.3 要素解构　243
- 7.2.4 用户旅程地图　245
- 7.2.5 项目管理　247

第1章
深度认知B端产品

生活中，我们接触的产品大部分都是C端产品。所以，我们对C端产品的了解更深刻。而对于B端产品，一般用户接触不到。即使相关领域的设计者要着手设计一款B端产品，也很难找到竞品，或者只能了解部分功能。所以，了解B端产品是B端产品经理入门的必修课。

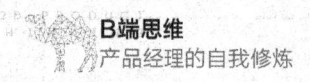

1.1 B端产品的发展与分类

人类认识事物的过程是一个不断完善和补充的过程。我们对事物的信息获取越多,理解也就越深刻。在着手设计 B 端产品之前,我们有必要清晰地了解 B 端产品的来龙去脉。

1.1.1 B端产品的发展趋势

互联网给我们的生活带来了很多便利,它消除了信息壁垒,扩大了我们的视野和社交圈,极大地提升了我们的工作效率。而且,互联网让企业可以更便利地发展自己的业务,更快捷地服务现有的客户和拓展国际客户,同时也降低了营销成本,延长了营业时间,等等。那么,B 端产品在互联网时代是如何发展的呢?

发展缓慢

1987 年 9 月 20 日,措恩教授在北京起草的一封电子邮件成功地传到卡尔斯鲁厄大学的一台计算机上。这是我国第一封电子邮件,宣告了我国的互联网时代已经来临。

至今,我国互联网在 20 多年的发展中经历了三次大浪潮,如表 1-1 所示。

表 1-1 我国互联网的三次大浪潮

年代	具体体现	代表
1994-2000年	第一次互联网大浪潮:以门户和搜索为主的信息时代	网易、搜狐、腾讯、新浪
2001-2008年	第二次互联网大浪潮:以即时通信和社会化媒体为主的社交时代	博客、SNS、论坛、微博
2009-2014年	第三次互联网大浪潮:以各种App为主的移动互联网时代	微信、今日头条、淘宝、喜马拉雅

2014 年至今可以算得上是第四次互联网大潮了:以大数据、人工智能、物联网等为代表的智能服务时代。

我国在这 20 多年的互联网发展过程中建立了消费互联网,已经成为互联网超级应用大国。我们围绕以居民消费为主的购物、教育、医疗、出行、娱乐、社交、生活服务等需求建立了庞大的流量生态,居民的生活方式被互联网彻底浸润和改变着。

消费互联网的发展如此之快、如此之好,那么产业互联网的发展又怎样呢? 2015 年,十二届全国人大三次会议上,李克强总理在政府工作报告中首次提出"互联网+"行动计划。一时间,"互联网+农业、工业、制造业……"纷至沓来。产业互联网与"互联网+"密切相关,在正式提出"互联网+"概念之前就已经存在。那么,产业互联网在互联网大浪潮中的发展如何呢?是否也如消费互联网一样快速?

消费互联网以个体消费为主线,从电商、社交等领域渗透到人们生活的方方面面,个体消费者追求时尚、追逐潮流、喜欢尝试、在意用户体验。而产业互联网以生产者为用户,以企业生产要素、活动、流程为主,与互联网结合,协助企业降低经营成本、提升管理效率、优化业务流程和资源配置。在产业互联网中,企业软件可以通过对研发、交易、流通等各个环节的设计与布局,达到重塑企业价值的目标。但是,在被互联网浸润的这 20 多年中,我国企业级软件的发展较缓慢,具体原因如下。

(1)价值层面:软件没有真正为企业带来其期望的价值,很多软件的设计没有解决企业的痛点。

(2)政策层面:软件行业是一个深受国家和政府影响的行业,有些特定领域的软件企业很难做深、做强。

(3)市场层面:我国民营企业基数庞大,但没有意识到企业软件能给其带来的价值,将发展重点放在了其他方面。

(4)成本层面:传统软件的定制化成本和部署成本太高,而后期软件升级和二次开发还需费用,不是所有企业都可以承受的。

种种原因导致我国企业软件的发展较缓慢,没有呈现消费互联网的发展势态。

迎来转折

2016年，很多专家纷纷抛出"互联网下半场"这个概念，他们说："移动互联网趋近平缓，消费升级，互联网人口红利逐渐减弱。"2012年App获取用户的成本大约是一个用户1角钱，而现在获取一个用户的成本在几元到几十元不等。基于Wi-Fi和4G，用户的在线时长增加，甚至可以24小时在线。在这样的大背景下，产业互联网找到了一片可以有为的新蓝海。企业软件作为产业互联网中重要的一部分，也将迎来可喜的增长。

2018年，我国软件和信息技术服务业收入在全国GDP中的占比上升至7.01%，总体保持平稳较快发展，行业规模进一步扩大。2019年第一季度，我国软件和信息技术服务业累计完成软件业务收入1.47万亿元，同比增长14.4%，如图1-1所示。

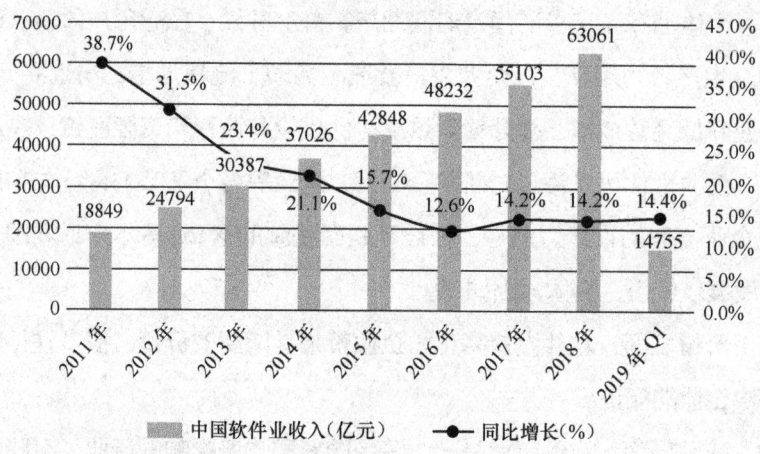

资料来源：前瞻产业研究院整理

图1-1　2011—2019年我国软件和信息技术服务收入规模

根据《软件和信息技术服务业发展规划（2016—2020年）》，到2020年我国软件和信息技术服务业的业务收入将突破8万亿元。在国家的高度重视和大力扶持下，我国软件行业将迎来蓬勃发展，但也将面临以下人才不足的问题：

（1）能敏锐洞察行业趋势的人才不足；

（2）能深刻了解企业业务的人才不足；

（3）对软件设计非常熟悉的人才不足；

（4）具有创新意识和能力的人才不足。

企业软件行业中最重要的角色莫过于"B端产品经理"，这个角色集以上4点于一身，能够了解行业情况、梳理业务逻辑、解决业务痛点、绘制产品原型、推进项目进度等。

除了消费互联网红利见顶在一定程度上给To B行业带来了希望，还有其他原因也促进了To B行业的向好发展。

（1）很多企业经过多年的发展，外部慢慢不再有高利润率盈利的支持。如此一来，企业需要从内部着手，降低企业内部的生产成本，提升企业自身的工作效率。这时，企业开始关注B端产品，运用B端产品协助企业改善自身流程以提升效率。

（2）纯线上的商业模式市场探索已久，并且已经积累了较丰富的经验。而线上线下结合的商业模式在逐渐兴起，要支持线上线下的互通，就需要B端产品的助力。

（3）互联网巨头在探索了消费互联网市场后对产业互联网越来越关注，不断将自己的版图向产业互联网扩张。钉钉就是其中之一，它专注于提供企业移动智能化办公解决方案，同时带领SaaS开发者入驻钉钉开放平台，把更多优秀的B端产品带给更多的企业，帮助其提升办公效率。

（4）2016年，阿里巴巴提出"大中台、小前台"的概念，中台概念在这几年很火。中台产品的主要目标是共享，以便更加快速和灵活地支持前台产品。很多企业成立了专门的中台部门（数据中台、技术中台、业务中台），实施中台战略；也有很多企业依靠在中台上有丰富经验的外部企业。无论企业依靠自己还是依靠他人，都促成了大量B端产品的出现，促进了B端市场的发展。

好的时代

综上所述，我国在消费互联网领域已经发展壮大了一批具有代表性的企业，但在To B行业缺少巨头，而美国已经有了Salesforce、Servicenow

等头部企业。即便如此，我国 B 端产品将在产业互联网和国家政策的春风下，在未来展现良好的发展势态，将是一个需求越来越大的领域。B 端产品越来越好的时代已经开始了，它朝着数字化、互联网化、智能化大步迈进。

1.1.2　B 端产品的本质与分类

本质是事物的根本性质，是事物自身组成要素之间相对稳定的内在联系，是由事物本身所具有的特殊矛盾构成的。本质与现象揭示了事物的内部联系和外部表现。我们透过现象看本质，就可以把握事物的发展趋势和指导当前的行动。

B 端产品的本质

要说清楚 B 端产品的本质，就要说清楚 B 端产品到底解决了"谁（who），在什么时间（when），什么地点（where），做了什么事情（what），所面对的环境如何（how）"的问题。

例如，一位 A 企业的主管说："一次周末我在家通过 IM 工具委派一个很重要且紧急的需求给下属，结果半天没等到回复，都不知道他已读还是未读，效率太低了。"我们可做如下拆解：企业主管（who），在出现一个很重要且紧急的需求时（when），在家里（where），用 IM 工具给下属发了一则办公消息（what），但不知道下属是否阅读了（how）。这时，我们的 B 端 IM 即时通信产品要怎样设计、解决谁的什么问题？

又如，一位 B 企业的财务主管说："每天有那么多财务审批流程等着我，但这些审批流程的状态不是一眼就能看清的，我必须点击到审批流程详情页才知道。这样效率太低了！"我们可做如下拆解：企业财务主管（who），在需要处理审批流程时（when），在办公室（where），点击流程聚合页（what），但不知道哪条流程是自己已经审批过的（how）。这时，我们的 B 端 IM 即时通信产品要怎样设计、解决谁的什么问题？

而 C 端的场景是这样的。小 C 和室友说："今天下雨，肚子饿，不去食堂吃饭了，叫外卖吧。"我们做如下拆解：大学生小 C（who），在吃午饭时

(when)、在宿舍(where)、肚子饿了要点外卖(what)、因为下雨而不方便去食堂吃饭(how)"。这时，我们的C端外卖产品要怎样设计、解决谁的什么问题？

不难发现，C端产品是用来解决自然人在特定生活场景下的基本需求问题的，包括衣、食、住、行、吃、喝、玩、乐；B端产品则是给企业中的员工用的，员工在企业中担任一定的角色，而不同的角色会有企业制定的不同的工作任务和工作流程。这时，企业中的员工需求必定是希望所使用的工具能给他们带来"高效、快速、有反馈"的体验。我们可以看到，企业员工的诉求趋于一致（不表现个性化诉求），呈现了集体性的状态，这个集体性指向的就是"企业"。因此，B端产品真正的本质就是解决企业痛点、实现商业价值：提升企业内部工作和流程效率，让效率在企业中、部门间、团队内流转起来，从而实现产品本身的商业价值。用一句话概括，即降本提效。

明确B端产品的本质后，我们在进行B端产品设计时就能抓住重点，解决主要矛盾，把精力花在产品本质的设计上。

B端产品的分类

B端产品的种类繁多、覆盖范围广泛，有客户关系管理系统（CRM）、供应链管理系统（SCM）、企业资源计划管理系统（ERP）、办公自动化系统（OA）及人力资源管理软件（HRM）等。这些产品具备各自的特征和服务对象。B端产品的分类方式有很多，最常见的有以下几种。

（1）从企业使用的角度分类

①管理类产品主要在企业内部使用，理顺工作流程和提升工作效率，包括审批流程、考勤管理、合同管理、档案管理、车辆管理及日程安排等。

②业务类产品是企业对外提供服务的产品，也是企业利润的来源。此类产品注重功能的完整性和用户体验的舒适度，包括客户关系管理系统、供应链管理系统、企业资源计划管理系统等。

③运维类产品能对业务类产品起到支撑作用，帮助用户更好地解析业务场景和数据，如监控系统、资源管理系统、自动化作业系统等。

④工具类产品在企业内部处于点状应用的状态，它们的存在可以显著提升企业管理与协作的效率，如邮件、视频会议、通信录等。

（2）按照产品的定制化程度高低分类

①定制化程度高

有些产品与企业的业务有很大的关系。通用的产品功能很难覆盖大部分用户的场景与需求，这时产品提供方就不得不在通用功能的基础上设计定制化功能，以满足更多的用户需求。例如，企业资源计划管理系统、仓储管理系统等。

②标准化程度高

这类产品偏向 C 端产品，很多功能都能被复用。例如，百度统计、钉钉、阿里云、友盟。

（3）按照产品的服务对象分类

①服务商家

火爆的外卖平台对入驻的商家要如何进行管理呢？这时商家管理系统就出现了，如商品管理系统、订单管理系统、财务管理系统、报表管理系统等。

②服务企业员工

以前，企业员工录入数据和管理数据的工具通常是 Excel，而现在可以通过 OA 系统达到同样的目的，并且还能实现协同自动化办公。这类产品可以极大地提升办公管理效率，如人力资源管理软件、财务管理系统等。

③服务市场客户

市场需要什么产品，提供方就开发什么产品，这类产品直接提供给市场中的各类企业，以满足不同业务运转的需求，如客户关系管理系统、供应链管理系统、呼叫中心等。

④服务业务系统

不同业务系统的正常运转需要一些功能相同的基础型产品来支撑，这样的基础型产品有数据中台、消息服务、用户中心、通知中心等。

以上从不同维度对 B 端产品进行的分类都是合理的，可以帮助大家建立对

B端产品的认知。除此之外，笔者通过自己的实际工作经验，从产品性质的角度对B端产品进行分类，如图1-2所示。

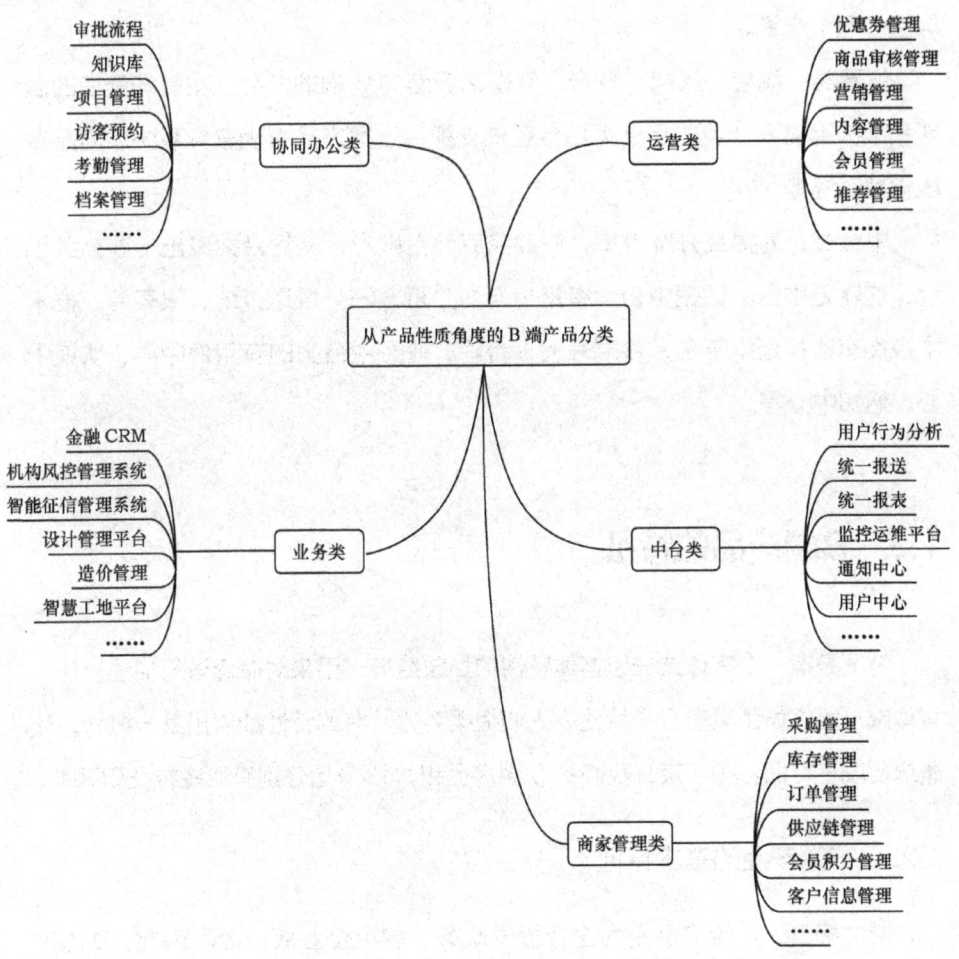

图1-2 从产品性质角度的B端产品分类

协同办公类：主要是指自动化办公系统，实现企业内部便捷高效的协同办公软件，如考勤、审批、档案管理等。

业务类：业务类产品以行业业务为基础，提供专门解决业务的软件方案。例如，在金融领域有金融CRM、机构风控合规管理系统、智能征信管理系统等；在房产建筑行业有设计管理平台、造价管理、智慧工地平台等；交通物流行业有运输管理系统、自动结费系统等。

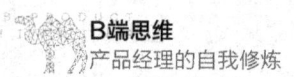

商家管理类：商户入驻美团、饿了么、淘宝等平台，就要管理自己的客人信息、商品信息等，需要商家管理端。商家管理端系统有订单管理系统、客户信息管理系统等。

运营类：淘宝、天猫、抖音、爱奇艺等面向C端的产品，在前端界面的展现和维护上需要专业的运营类后台系统支撑。这类产品有优惠券系统、商品审核管理系统等。

中台类：为提高开发效率，快速响应前台需求，从后台抽离出一些公共平台，这就是中台。数据中台类有用户行为分析、统一报送、统一报表等；技术中台类有监控运维平台、终端开发平台等；业务中台类的有用户中心、认证中心、通知中心等。

1.2 B端产品的特征

特征是指一个客体或一组客体特性的抽象结果，用来对概念进行描述。任一客体或一组客体都具有众多特性，人们根据客体共有的特性抽象出某一概念，该概念便成了特征。接下来，我们看B端产品和C端产品分别有哪些特征和区别。

1.2.1 B端产品的基本特征

前文提到，B端产品是为企业提供服务、解决企业痛点的。因此，B端产品的特征可以概括为以下几个方面。

用户侧

（1）目标用户：B端产品的目标用户是企业中有决策权的管理者，而不是员工。

（2）用户角色：B端产品的用户角色丰富，产品根据用户角色划分功能权限与数据权限，角色根据划分到的权限执行相应的业务操作。

（3）用户决策：B端产品的购买非一人可以决定，而是需要部门、团队决策,与企业的目标和预算都密切相关。

(4)用户体验:B端产品是提供给企业使用的,企业更注重产品带来的效益和效率。因此,企业更关心产品功能的强大。

(5)用户黏度:B端产品的购买费用高,而且更换产品导致企业数据转移和打通的成本也高。一般企业在选定了某款产品后,在较长的时期内不会替换,用户黏度相对较高。

产品侧

(1)产品思维:B端产品的形态和内容来源于业务场景,而且很多业务是具有行业属性的。因此,其产品思维更偏向于理性和解决具体问题。

(2)开发周期:B端产品的逻辑复杂,各种调研和需求的收集期也很长,开发中更是会遇到各种情况,因此开发周期往往以月、季度、年为单位。

(3)产品形式:B端产品的形式一般为桌面端或浏览器端,近年来逐渐向移动端转移,但主流依然是Web端,以表格页、表单页、详情页、监控页等形式展现。

(4)产品成功要素:B端产品的成功来源于让其服务的企业获得价值和成功,让客户更赚钱、更省钱、效率更高等。

(5)产品侧重点:B端产品的侧重点在提升操作效率、建立大而全的功能、提升产品的稳定性和性能等。

(6)传播渠道:B端产品的传播需要建立一支经验丰富的销售团队进行地推,依赖销售长期维护客户关系,对于客户增长来说很难规模化,需要时间逐渐积累渠道和客户。

(7)行业划分:以行业为维度,在行业的基础上进行具体的分类,这样有助于对B端产品产生清晰的认知,有利于产品设计及销售推广。

(8)产品逻辑:B端产品的设计逻辑来源于行业属性、带有行业特性的业务和角色的工作环境,相比C端产品,其逻辑更加复杂和烦琐。

(9)产品稳定性:B端产品对系统稳定性的要求很高,因为一旦出现问题,都不是小事。例如,运维人员在排查问题时看到系统报错了,却无法追溯,找不到出现错误的目标对象，那么将发生不可估量的问题。

（10）设计风格：B端产品以安全和专业为主，因此产品风格多以简洁和清爽为主，不在视觉设计上做过多投入，一般遵循W3C的无障碍视觉设计原则。

（11）产品交互：B端产品不需要太浮夸和个性化的交互，而是以用户习惯的操作方式为主进行产品设计，保证用户能快速操作完目标对象。

业务侧

（1）需求发现：B端产品的需求来源于行业、客户的战略，以及企业现有的业务流程，所以很多需求都是已经相对确定的。产品经理需要准确、深入地理解客户的诉求，多和客户交流，对需求进行收集和梳理，根据业务经验进行产品设计，把控整个产品流程。

（2）盈利模式：B端产品的盈利模式有三种。第一，本地部署的软件客户直接购买软件使用权，后续软件需要升级或二次开发，还需付费。第二，对于SaaS化软件，客户按照租赁的方式使用，一般按年收费，或者按用户数量收费。第三，按照客户使用模块或服务的情况进行收费。

（3）市场竞争：B端产品与国家政策、合规、准入机制有关，市场竞争为半开放状态。

（4）复杂度：B端产品的业务复杂，在业务规模上需要判断各种角色的情况，而在业务完整度上则需要考虑参与进来的角色可能会遇到的情况，避免他们在产品使用过程中出问题。

1.2.2　C端产品的基本特征

C端产品解决用户在生活中的需求和痛点，可以概括为以下几个方面。

用户侧

（1）目标用户：C端产品的目标用户是普通老百姓，只要会上网的用户都是C端的目标对象。

（2）用户角色：C端产品的目标用户就是C端产品的使用者，但是教育类产品相对特殊，其目标用户是家长，使用角色是孩子。

（3）用户决策：C端用户的决策较感性，大部分为个人决策。只要觉得产品有意思，或者产品已经属于群体性产品，用户都会使用。

（4）用户体验：C端产品很注重用户体验，小到一张图片的排版优化、一句文案的描述方式，大到一个支付流程的设计，都是产品设计者要仔细考虑的事情。C端产品体验的好坏，直接影响用户是否会长期在此产品上投入精力和时间。

（5）用户黏度：C端产品的用户黏度较低，只要用户觉得产品哪里不合适，使用体验不好，就会换成其他产品使用。而且，一般同类产品会有好几个在被同时使用，如新闻类产品，用户的一个手机上同时安装有网易新闻、今日头条、腾讯新闻。

产品侧

（1）产品思维：C端产品的功能都很简单，设计者常常植入游戏化思维以提升产品的趣味性。同时，C端产品注重和用户的情感交流，讲究情感共鸣。

（2）开发周期：C端产品的开发周期较短，通常使用敏捷开发方式，快速确定需求，快速将需求开发出来，及时上线，通过运营侧的数据反馈改进现有产品，满足用户需求。

（3）产品形式：C端产品的形式较多样，有网页、小程序、App等形式。目前的C端市场基本被App和小程序占领。

（4）产品成功要素：C端产品的成功来源于用户在使用产品时的叫好。或许是交互流畅，或许是品种齐全，或许是界面好看。总之，让用户有"哇"的感觉，那这个C端产品就成功了一半。

（5）产品侧重点：C端产品的侧重点在用户体验，好的用户体验可以在一定程度上留住用户。

（6）传播渠道：C端产品的传播一般通过社交圈进行，熟人分享和推荐、"大V"站台等方式可以帮助产品迅速扩大用户基数；也可以通过各种优惠活动让用户快速对产品产生使用欲望，如滴滴补贴、拼多多补贴等。

（7）行业划分：C端产品基本不按照行业划分，而是按用户需求不同，分为工具类、内容类、社交类、平台类、游戏类、电商类等。

（8）产品逻辑：对于 C 端产品来说，直接面向的终端用户非常注重产品好不好用。因此，C 端产品要努力提升用户体验，深入挖掘用户的心智模型，了解用户的日常生活痛点和诉求，包括使用习惯、兴趣爱好、付费习惯、购物习惯等，设计出符合用户习惯的有价值的产品。

（9）产品稳定性：C 端产品也要注意产品的稳定性，尽量不出 Bug，但更注重快速迭代以满足用户需求和提升用户体验。

（10）设计风格：C 端产品注重设计风格，不仅是产品本身的诉求，也是用户的诉求。试问在选择无成本的情况下，谁会使用一个界面很难看的产品呢？所以，C 端产品的设计风格是提升用户体验很重要的部分。网易严选比较素雅，而淘宝则比较热闹，但这两种风格都是设计师下了很大功夫研究和设计的。

（11）产品交互：C 端产品注重交互，提供直接且有趣的交互体检是设计师们要挖掘和探索的。例如，当触摸屏来临时，C 端产品的交互更加丰富和多元化了。

业务侧

（1）需求发现：C 端产品的用户量大，用户层次不同，需求较分散，就需要产品经理在挖掘需求时进行提炼和探寻本质。在掌握用户数据的情况下，通过数据分析用户真实的需求。

（2）盈利模式：C 端产品基本是免费使用的，那么 C 端产品如何赢利呢？主要有五种模式：广告收入、实物/虚拟商品售卖、平台佣金、增值服务及金融服务。

（3）市场竞争：由于 C 端产品是免费使用的，所以市场竞争为完全开放的状态，且竞争异常激烈。我们从滴滴与快滴的竞争、美团与饿了么的竞争、摩拜单车与小黄车的竞争就可略知一二。

（4）复杂度：C 端产品的场景较简单，逻辑也相对简单，流程是标准化的，所以产品的复杂度相对于 B 端还是属于不太复杂的。

1.2.3 B端和C端的特征差异

通过B端产品和C端产品的特征介绍，我们可以很直观地看到两者的区别（见表1-2）：B端产品为企业客户实现稳定而强大的功能服务，"稳定性高，逻辑严密，数据准确性高"是它的强特征；C端产品为广大用户提供有趣而新奇的功能服务，"体验极致，迭代快速"是它的强特征。

表1-2 B端产品与C端产品的特征差异

维度	B端	C端
用户侧		
目标用户	管理者	大众
用户角色	多角色	角色单一
用户决策	团队	个人
用户体验	功能强大→用户体验	重视用户体验
用户黏度	黏度高	黏度低
产品侧		
产品思维	逻辑、理性	趣味性、游戏化
开发周期	周期长	周期短
产品形式	桌面端、浏览器、移动端	浏览器、App、小程序
成功要素	提升企业价值	用户使用方便
产品侧重点	效率、功能、稳定性、性能	视觉、交互、流程简单
传播渠道	线下推广销售	熟人社交圈、"大V"站台、促销活动
行业划分	以行业为维度	按照用户需求分
产品逻辑	逻辑复杂	逻辑简单
产品稳定性	稳定性要求高	快速迭代和用户体验→稳定性
设计风格	专业、稳重为主	符合产品定位、好看为主
产品交互	习惯性交互为主	探索更人性化的交互模式
业务侧		
需求发现	来源于业务，需求相对确定	来源于用户，需求丰富、分散
盈利模式	一次性收费、按租赁收费、按服务收费	广告、售卖商品、佣金、增值服务、金融服务

(续表)

维度	B端	C端
市场竞争	与国家政策、市场准入等有关，市场半开放	市场完全开放
复杂度	复杂度高	复杂度低

1.3 B端产品的价值

价值是客体双方在一定场景下能感受到对方提供的内容是否符合自身需求，是否可以互利。B端产品和企业是我们所要讨论的两个客体，那么我们就要说清楚企业需要的B端产品的真正价值是什么。只有关注到了企业所需要的价值并重点往这些方向努力，B端产品存在的价值才有意义。

1.3.1 企业关心的产品价值

深入了解产品的价值与企业对产品价值的诉求，有利于产品经理在设计产品时抓住重点，设计出令人满意的产品。

产品价值

产品如果无法让买单的人感受到其优点，那么它的价值就很小，甚至对于买单的人来说不存在价值。

举个简单的例子。一件好看的女士衬衫，布料来自顶级布料厂商，纽扣来自对纽扣非常有研究的纽扣世家，领口的设计用了当代最时髦的设计方式。这件衣服的设计师也投入了很多精力，制作工艺极其考究，设计的细节非常巧妙，生产所耗费的时间也不少。但是，当衣服投向市场、开始销售时，只有看的人，却没有买的人，这是什么原因呢？通过采访很多女性消费者得知，大家认为要么衣服不实用，要么感觉不出这件衣服的设计团队所投入的心血。总之，她们认为衣服对于自己没有产生太大的价值。

由此可见，产品价值的属性在产品本身，而评判价值的标准则在用户这边。

第 1 章
深度认知B端产品

只有当产品自身的价值与用户需要的价值对等，或者产品价值超过用户所需的价值时，产品价值才产生了意义。

产品价值包括其功能、特征、样式、服务、质量等。总体来说，产品价值包括外在价值、内在价值及附加价值三部分。

这三部分与产品价值的公式如下：

$$产品价值=外在价值+内在价值+附加价值$$

（1）外在价值

产品的外在价值是客观存在的，不以他人的意志为转移，是由产品自身所具有的物理特性决定的。

例如，饿了么的外在价值是可以让人们点外卖、找附近的美食、查找好看的电影等；支付宝的外在价值是人们可以在支付宝上进行生活缴费、看病挂号、购买机票等；CRM系统的外在价值则是客户信息录入、客户资源管理、销售商机变现、客户信息共享等。

（2）内在价值

产品的内在价值是产品提供方或消费者赋予的，即外界赋予的价值，是随着他人的意志而转移的。

例如，微信的内在价值是产品经理认为微信不是一个沟通工具，而是一种生活方式，同时在微信刚起来的时候，你身边的人用了，你也会去用。微信使用者的感觉是"当我用了微信，我和大家都一样了，我是这个时代的人，我站在社会潮流的队伍里，我认可微信的理念"。

再如，抖音的内在价值是玩抖音的人什么年龄段的都有，不仅可以透过抖音看世界，还可以和身边的朋友分享抖音上看到的趣事，同时会推荐朋友下载抖音。人们的这种行为是抖音内在价值的驱动，抖音成了人们的一种新生活方式，谁手机上没有抖音，都感觉自己落伍了。

（3）附加价值

产品的附加价值是附加在产品原有价值上的新价值，不同的消费者对同一产品、同一附加价值的感受也不同。多买多享受服务、多买多送、多买终身保修等就是附加价值。

例如，在美团上买了一年的会员，除了能享受每次外卖价格比非会员便宜之外，还可以多送两张电影票。这时，用户就会认为买会员挺有价值的。

企业的痛点及关心点

企业购买某款产品，必定是产品价值被企业认同后的结果。因此，企业关心的产品价值是哪些，对于我们来说很关键。而产品价值认同是从企业自身状况出发的，理清楚企业的本质和企业急需解决的痛点可以解决以上问题。

（1）企业的本质

企业一般是指以盈利为目的，运用各种生产要素（土地、劳动力、资本、技术和企业家才能等）向市场提供商品或服务，实行自主经营、自负盈亏、独立核算的法人或其他社会经济组织。由此可见，企业的主要目的是盈利。

现代经济学理论认为，企业本质上是一种资源配置的机制，其能够实现整个社会经济资源的优化配置，降低整个社会的交易成本。简单地讲，企业的本质就是"降本提效，促进社会资源的有效使用、流动、交换"。

（2）企业的痛点

我们了解企业本质后不难发现，企业作为市场主体，只有从自身利益出发，主动采用先进的技术，改善外部经营、内部管理，提高劳动生产率，才能带动整个社会资源的优化配置。而改善经营管理、提高劳动生产率是企业生存和发展的基础，基础解决不好，就会导致问题。因此，这些是企业需要作为长期目标去改善的，可以说是企业存在的痛点，具体而言有以下四方面。

①成本高：企业在市场经营的过程中要与外部互动、管理内部，必定会产生很多高成本的事情。对外的高成本有劳动力成本、原材料成本、土地成本、房租成本、物流成本、税费成本及谈判成本等；对内的高成本有审批成本、管理成本及沟通成本等。

②效率低：企业在规模变大后，就面临效率低的问题。例如考勤，大家每天上班拥挤在考勤机旁边，原本可以马上打完卡到办公位的，现在却需要排很久的队才打到卡。公司的人越多，大家浪费在考勤上的总时间越长。原本节省的时间可以投入工作的，而现在不行。

③秩序乱：社会需要秩序，企业更是如此。组织与管理有序的企业在市场上的发展一般不会太差。而有序是一种理想状态。很多企业员工的权责不清晰，不知道自己该做什么、不该做什么，或者上级传达的指令不明确，导致自己干活总找不准要点，员工累，管理者也累，这就是管理无序的现象。

④效益低：许多企业往往有人人都很忙，但效益还是很低的现象。可以说，这是由企业内部流程有待完善、企业制度不佳、员工整体能力不高等原因导致的。

（3）企业关心的价值点

对于企业来说，痛点有很多，其中最主要的就是"成本高、效率低、秩序乱、效益低"。B端产品天然服务于企业，就要为企业解决这些痛点。企业关心的产品价值也就是B端产品能否为企业解决以下四个痛点，如图1-3所示。

| 能否为企业有效降低成本 |
| 能否为企业提升效率 |
| 能否为企业将混乱的秩序整理为有序 |
| 能否为企业创造效益 |

图1-3 B端产品要为企业解决的痛点

1.3.2 B端产品要具备的价值

B端产品是为企业创造价值的。当企业认为产品有价值时，B端产品才真正能成就自身的价值。总体来看，B端产品的价值具体包含以下四个方面。

（1）降低企业成本

对于企业来说，任何一个部分的点滴浪费，站在企业的层面集合起来都是一个巨大的浪费值。如果企业长期不控制成本，让浪费随意出现，那么企业到后期将会发现，无论销售量多么惊人，企业的纯利润还是不高，甚至有时候是亏损。B端的很多产品可以通过数字化、自动化的流程帮助企业降低沟通成本（如视频会议）、人力成本（如人员招聘管理系统）、资源成本（如ERP系统）。例如，运用项目管理系统可以让团队中任何人都清晰地看到每个成员目前在做什么工作，哪些任务是已经完成的，哪些是未开始的，哪些是进行中的。而且，项目主管可以通过图表发现整个项目目前是否还存在问题，也无须去线下和成员一个个校对每天的具体情况，而是通过各种图表数据就可以掌握项目和成员的情况。

(2)提升企业效率

企业要想发展,每天都要思考如何提升效率。当然,在一个点上提升了效率,结果并不显著,但当很多环节都提升了效率,则企业的收益是非常显著的。提升效率可以为企业在市场竞争中提供更多的可能性,产出更多。如果这些产出能被市场很好地消费,那就能为企业提高收入。例如,运用商家后台管理系统,可以帮助商家有效管理自己的商品;餐饮店商家可以很便捷地在系统上下架销量不好的菜品、上架新的菜品。以前没有系统时,商家上架新菜品需要拍照、设计排版、印刷菜谱,每次遇到上架新菜品都需要重复这些环节,因而效率很低。现在只要拍照、一键上传、修改菜品的基本信息就可以。商家可以把更多的时间用在客户的管理及菜品的开发等更有意义的事情上。最终,客户黏度更高了,菜品也更加丰富了,客户回购率自然也上去了。

(3)梳理企业秩序

企业秩序是企业发展的基础,对内和对外的管理无序会让企业陷入效率低的局面。当企业规模小时,还看不出有序和无序的区别。但当企业规模逐渐壮大时,有序会让企业每天运转流畅,不会出现杂乱和堵塞的情况。B端产品设计实质上是在帮助企业理顺管理思路,把有序、规范的管理和流程带给企业。例如,运用审批管理系统和会议室预定系统,可以让客户拜访企业时感受到企业管理的顺畅。当客户来拜访时,销售人员提前走客户拜访审批流程;流程通过以后,客户会收到一条预约拜访成功的短信消息。然后,销售人员进行会议室预定,提前准备好接待客户的地方。到了约定的时间,客户来到企业后,向前台出示自己的短信消息,快速办理拜访事项,然后前台接待客户到指定的会议室。按照这个流程,不仅节省了客户和员工的时间,更显示了企业的有序,企业不会因为一些事情而打乱有序的办公节奏。

(4)协助企业增值

B端产品给企业增值,可以是无形的东西,如优秀的培训计划;也可以是有形的东西,如利润。钉钉的企业开发者平台不仅给入驻钉钉的开发者带去了优秀的技术,而且依托钉钉的巨大流量获得了收益。

1.4 B端产品的生命周期

大家对"生命周期"这个概念并不陌生。世间万物均存在生命周期：电子产品有上市期、热卖期、活动促销期、下架停售期；公司有创立期、融资期、发展期、稳定期、衰退期。B端产品有两类生命周期：第一类是产品在孵化中的生命周期，包括需求调研、用户分析、竞品分析、产品规划、产品设计、进入开发、提交测试、发布、优化迭代；第二类是产品上市后的生命周期，包括引入期、成长期、成熟期、衰退期。我们要研究的是B端产品的第二类生命周期，而研究生命周期就是研究产品为什么会衰退。

1.4.1 B端产品的生命周期

与C端产品不同，B端产品的生命周期因与企业的商业战略和业务发展密切相关，所以其生命周期较长。一般情况下，B端产品会经历从准备进入市场到被市场淘汰的过程，即引入期、成长期、成熟期、衰退期四个阶段，如图1-4所示。但也有一些出生就夭折的B端产品不会经历这四个阶段。B端产品在经历某个阶段时会因为各种因素导致从正处在的阶段转到其他阶段。了解B端产品的生命周期，有助于产品经理对B端产品建立更全面的认知，设计更符合企业战略、市场价值、业务诉求的产品。

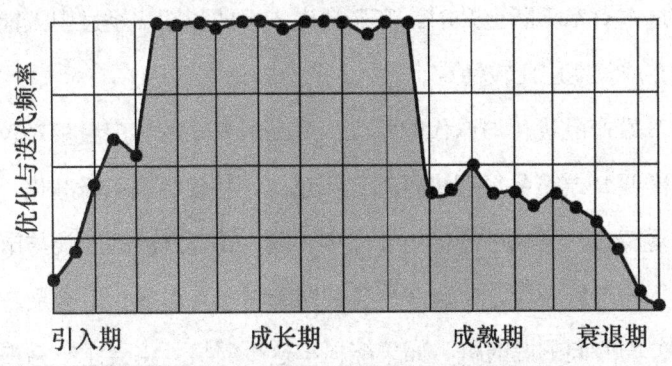

图1-4 B端产品生命周期与优化迭代频率

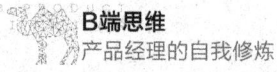

（1）引入期

引入期是指当产品团队经历了漫长的开发周期，将产品一期的功能开发完毕、正式上线的阶段。这时，产品功能还不能完全覆盖业务的所有情况，也许还有一些Bug。但即便如此，产品也要投入市场做快速验证，在验证中快速迭代以调整产品的方向，修正产品的策略，使其与市场越来越匹配。引入期决定了产品未来可以走多远。

引入期B端产品优化与迭代的特点：产品刚刚进入市场，市场对产品的认知度还不够，客户量要么没有，要么数量少。此时产品营销团队会加快市场销售的速度，尽量争取更多客户试用与购买。产品研发团队则通过用户对产品的反馈，获取用户真实的产品需求。在引入期，B端产品的迭代来源于两个方面：第一，产品的自我更新和迭代，即按照产品的既定产品路线发展；第二，全面收集试用或购买产品的客户的反馈，进行需求分析，用于检测是否需要调整产品原先规划好的迭代方向，快速优化现有的功能，新增市场需要的功能，将商业诉求转化为产品功能，调整业务与产品架构。

（2）成长期

经过一段时期的推广，B端产品在市场上已经被广泛知晓和接受。而且，当推广速度越来越快时，产品能覆盖到的市场也越来越广，能满足越来越丰富的业务需求，为企业带来的价值也越来也大。也就是说，当产品规划已经清晰和明确、市场占有率不断上升时，产品就进入了成长期。经过引入期的调整与磨合，产品在成长期已比较稳定。

成长期B端产品优化与迭代的特点：产品成长期的客户量相对较大，反馈的业务需求需要B端产品经理进行筛选和过滤，将较明确和标准化，并且与产品本身规划更契合的需求进行优先处理和开发，保证产品的成长与市场的需求一致，不至于与市场脱轨。B端产品成长期的需求有很多，但这是产品完善自身、明确定位与方向的好时机，如果能抓牢这个时机，将会让产品产生质的飞跃，为企业带来不可估量的效益。

(3) 成熟期

B端产品经过上一个阶段的稳步增长或快速爆发增长,已经拥有了相对稳定及全面的产品功能,客户数量和客户回购率也都趋于稳定,为企业创造了稳定的商业价值。这代表着B端产品进入了成熟期。在成熟期,产品营销团队仍然可以寻找新的客户,拓展新的市场。B端产品经理可以对产品进行拆解或组合规划,延长产品的生命周期或让产品重新进入成长期。

成熟期B端产品优化与迭代的特点:B端产品经理不能看到产品进入成熟期就放任不管了,而是要有计划、有节奏地做市场调研、用户调研、竞品分析、业务分析等,重新梳理和规划产品,让产品的价值不断地提升。因此,B端产品经理要有敏锐的市场和产品嗅觉,只要发现一点问题就迅速做出判断与决策。此时的B端产品迭代不仅是产品功能的迭代,更是整个产品规划和价值的迭代。

(4) 衰退期

当新科技出现时,使用旧科技的产品就会被淘汰;当新的业务形态发展起来时,如果B端产品不能与时俱进,便无法满足和支撑当前市场的业务状态,就会面临客户流失的困境。除了新科技取代旧科技、新业务形态崛起,还有其他原因也会导致产品逐渐在市场上失去话语权。一旦产品失去话语权和优势,其为企业创造的价值也将逐渐被竞品超越,在市场上将面临被淘汰的局面。

衰退期B端产品优化与迭代的特点:这个时期产品的迭代频率非常低、速度非常慢,有些产品甚至停止迭代和维护了。此时,B端产品经理就需要考虑重新解构产品,保证新产品能顺利替换老产品,为企业再次创造价值。

1.4.2 B端产品如何度过衰退期

B端产品经理都希望自己负责的产品不要面临衰退期的到来,能长期处于成长期或成熟期,产品的商业价值可以最大化。事实上,这样的情况很少见,但对于B端产品经理来说,可以总结和归纳B端产品会进入衰退期的原因,从而提前采取措施，尽量延迟产品衰退期的到来。

产品衰退的原因

不同的B端产品，其衰退期到来的具体原因各不相同，但主要的原因可概括为以下五点。

（1）业务的发展比产品迭代快，产品难以满足业务发展的需求。

迭代速度赶不上业务发展的速度是B端产品进入衰退期的原因之一。例如，软件开发商想要构建一个无须写代码就可以开发界面的可视化编辑器，产品团队从市场调研、竞品分析、用户研究到产品设计与开发，至少要历时三个月。而在这三个月中，业务需求也在不断地发生变化。对于一个已经存在的B端产品来说，其迭代速度相比市场上暂时还不存在的产品快一点。但是，B端产品经理也不能不经分析就把业务需求直接转化为产品功能，设计到产品中去，而是要对业务需求进行分析和筛选。对于那些需求量很大的B端产品来说，如果没有做好需求分析、项目管理、产品规划，那么产品的迭代速度终究有一天会跟不上市场和业务的节奏，将导致客户最终决定换成另一个已经满足需求的产品来为自身企业的业务服务。这时，该B端产品就会进入衰退期。

（2）产品在不断添加新需求后变得臃肿，难以灵活调整。

引入期的产品，其功能相对简单，架构较轻盈，可以快速响应业务需求。但是，产品经过长时间的发展，各种需求不断加入，会导致产品架构越来越臃肿，功能越来越多且复杂。在代码逻辑层面，功能增多，架构就变得复杂。但凡有新的业务需求进来，则牵一发而动全身，会导致整个产品诸多部分都需要联动调整和修改，无法灵活地响应各种需求。这种情况来自产品内部模块之间的紧耦合，一个模块往往和其他很多模块具有紧密的联系，因此需求增多，功能不断叠加，导致产品的灵活性大大降低。产品开发团队需要考虑高内聚、松耦合的架构设计模式。

（3）产品使用的技术落后，无法与新的硬件融合或无法对接其他系统。

2020年，Adobe宣布彻底停止对Flash的更新，Flash在Web端的使用率从80%锐减到17%。Flash没落的主要原因在于技术的落后，且特别消耗

PC端和手机端的资源。以前的许多B端产品都是用C#技术开发的，但是使用C#技术开发的产品，兼容性差，不能轻盈地跨平台，需要重新改写程序。而现在Web端的程序都使用前后端分离的技术了，如果你的产品依然是前后端不分离，则将很难和其他产品融合。所以，B端产品经理一定要关注技术发展的趋势，在合适的时机将产品迁移到新的技术上，保证产品后续发展的灵活性。

（4）同类型的产品在竞争上更有优势，逐渐崛起。

相同类型的产品因为拥有相同的目标用户群、相同的功能、类似的盈利模式，在市场上竞争很激烈。在这种情况下，B端产品经理要想让自己的产品保持一定的市场份额，是需要深刻思考和用心经营的，如果战略有误，就会让竞争对手赶超。目前360杀毒软件最新的是5.0版本，而该版本的起始点是2015年，可见有很多年没有更新了，一直处于维护的状态。而且，360软件整体臃肿，会将自家的产品（360浏览器等）强制捆绑到杀毒软件上，不停地弹出烦人的广告，这些不仅拖累了电脑系统的运行速度，也让用户对产品的体验不佳。360的这种情况导致其他杀毒软件，如腾讯电脑管理、金山毒霸、百度杀毒软件等在市场上慢慢崛起。

（5）产品发展中没有找准市场的需求，导致错过时机。

B端产品经理要有敏锐的市场嗅觉和洞察力，时刻保持产品迭代的精准性，但凡有判断失误的情况出现，就会导致整个产品走向不温不火或直接没落的结果。移动化协同办公领域的企业微信和钉钉是我们经常讨论的两个产品。截至2019年6月，钉钉的用户数突破2亿个，超过1000万家企业使用钉钉。而到2019年底，企业微信的活跃用户有6000万个，超过250万家企业在使用企业微信。我们从以上数字可以发现，企业微信的市场份额和钉钉相差太多。根本原因在于对企业市场来说，付费的是管理者，要想占领这片市场，就要先让管理者感到满意，找准市场的刚性需求。企业微信没有找准市场需求，只有简单的考勤、请假等应用，而且早期产品规划不确定，导致错过了发展的好时机。钉钉则不同，它的战略很清晰，初期就确定是为管理者服务的，大部分功能都满足了管理者的需求，如消息已读/未读、DING功能等。

如何延迟衰退期

清楚了 B 端产品为何会进入衰退期，产品经理就要提前思考和规划，让产品延迟进入衰退期，而不是等产品已经进入衰退期再急急忙忙地拯救。

在产品引入期，B 端产品经理要根据市场反馈迅速调整自己的产品定位，找到产品与市场匹配的关键点，并在这个大战略下进行功能的拓展开发。如果这时没有调整好，那么产品将会直接进入衰退期。

当 B 端产品顺利进入成长期或成熟期，说明产品已经得到了市场的认可，客户数量在不断攀升。这时要按照既定的产品规划有节奏、有条理地前进，不要将杂乱的需求或与规划不符合的需求随意添加到产品中。如果 B 端产品经理不小心判断失误，走错了一步，那么老客户就会不满意，新客户也会觉得这个产品的规划有问题，产品会进入衰退期。

产品一旦进入衰退期，就很难被拯救回来。在这个时期，B 端产品经理要考虑的是如何解构和规划新的产品战略，更新换代研发新品。

第2章
全面认知B端产品经理

1927年，美国宝洁公司出现了第一名产品经理（Product Manager，PM）。此后，"产品经理"这个岗位在越来越多的行业得到了认可。产品经理是指在公司中对某一个或某一类产品进行规划、设计和管理的人，其工作内容主要包括市场调研、需求收集和分析、用户研究、产品设计、项目跟踪、数据分析等。

产品经理分为C端产品经理和B端产品经理。其中，C端产品经理分为电商类产品经理、内容类产品经理、视频类产品经理等，B端产品经理分为数据型产品经理、商业型产品经理、功能型产品经理等。本章要讲述的是B端产品经理的工作内容，以及成为B端产品经理需要掌握的相关知识。

2.1 B端产品经理的工作

B端产品经理是在日常工作中成长起来的,要成为一名优秀的B端产品经理不是一件简单的事情。仅仅有理想、有目标、有规划、有动力是不够的,还需要有执行、有落地、会沟通、会学习。只有将以上八点铭记于心并在日常工作中贯彻执行,才有可能成为一名优秀的B端产品经理。

2.1.1 B端产品经理的日常工作

B端产品经理的日常工作可以从日、周、月三个维度分解,如图2-1所示。

日工作:日计划、日记录、日总结

"日"是B端产品经理开展工作的常用维度,但日工作还可以拆分为日计划、日记录、日总结等相关事项。

日工作:日计划、日记录、日总结
周工作:项目总结、日常周总结
月工作:月总结、月计划

图2-1 B端产品经理的日常工作

(1)日计划

B端产品经理每天要处理很多工作,如查收邮件、进行组内晨会、进行组外沟通、向上司汇报工作进展、协调项目进度等。这么多事情,如果不做计划清单,不梳理优先级处理顺序,会导致一天的工作只剩下忙碌,没有一点效率和成果可言。而列出日计划清单可以帮助我们明确今天应该做什么事,需要完成哪些事,哪些事情需要提前思考和规划,等等。

日计划清单可以结合时间管理方法执行,效果更佳。在时间管理方法上,我们可以用1992年弗朗西斯科·西里洛创立的番茄工作法(见图2-2)来规划B端产品经理一天的工作,专注当下任务,保持高效输出。所谓番茄工作法,就是选择一个待完成的任务,将番茄钟时间设置为25分钟,并在这25分钟内专注于当下任务,不可分心;当番茄钟响起时才能休息5分钟,如此往复循环

4次，则可以休息更长的时间。那么，番茄工作法如何与B端产品经理一天的工作结合呢？

首先，将当天要处理的事情罗列在清单上。

①与A产品组开项目进度会议。

②与组内小伙伴开组内晨会。

③对这两天的需求清单进行整理，并整理出合理的需求汇报给领导。

④制作原型图，后天需求评审会使用。

⑤分析竞品的核心功能。

⑥处理邮件。

图2-2 番茄工作法

列出一天的工作清单后，就需要对其进行合理的优先级排序。排序的原则从高到低为优先安排有截止时间的任务，再安排有前置条件的任务（如果自己的任务完成是别人任务开始的前置条件，则需要优先安排），之后安排高优先级需求的任务（例如，直接领导的任务）。当然，排序原则不是一成不变的，要根据具体情况做灵活调整。根据此原则，当天的工作清单优先级顺序如下。

①与组内小伙伴开组内晨会（9:00-9:30）。

②对这两天的需求清单进行整理，并整理出合理的需求汇报给领导（20:00前需要发给领导）。

③与A产品组开项目进度会议（13:30-15:30）。

④制作原型图，后天需求评审会使用（先完成50%）。

⑤分析竞品的核心功能，后天需求评审会使用（先完成50%）。

⑥处理邮件（可以在完成一个番茄钟休息的时间处理）。

当整理出一份清晰的B端产品经理日常工作清单后，我们可以配合番茄工作法将工作有节奏、有效率地落实，如表2-1所示。

表2-1 B端产品经理的日常工作清单示例

任务	时间	番茄钟
组内晨会	9:00-9:30	不需要番茄钟
整理需求清单	9:30-10:30	2个番茄钟
分析需求，形成PPT汇报材料	10:30-11:30	2个番茄钟
与A产品组开项目进度会议	13:30-15:30	不需要番茄钟
制作原型图（完成50%）	15:30-17:30	4个番茄钟
分析竞品的核心功能（完成50%）	18:30-20:30	4个番茄钟

（2）日记录

在进行番茄工作法期间，B端产品经理通常不会那么顺利，会有一些番茄钟被打破，有很多琐碎的事情会打断产品经理的工作心流。如果是重要的事情，我们需要停下手上的事情去处理；如果不是重要的事情，我们可以先记录下来，等到合适的时间再处理。这些每天记录下来的工作会成为产品经理当天或后期的工作任务。

（3）日总结

B端产品经理一天的工作就这样结束了吗？答案当然是否定的。日常工作复盘总结是产品经理能否快速成长的一个重要方面，我们可以在自己的笔记本上简单地记录日复盘总结。

①在产品原型绘制过程中，没有提前想明白业务的主次流程，导致有些流程绘制不顺畅。

②在整理需求的过程中忽视了对需求进行分类，导致分析过程有些凌乱，后续应先考虑给需求分类。

③由于没有提前了解竞品，导致预留给分析竞品的时间过少，用了4个番茄钟只完成35%的工作量，明日需要加快完成。

由此可知，B端产品经理在日维度上的工作主要围绕日计划、日记录、日总结进行。

周工作：项目总结、日常周总结

当一周结束后，B端产品经理就需要进行周维度的工作。周工作主要围绕周总结展开,每周一次的周总结可以让B端产品经理重新审视自己的主要工作,了解工作中存在的问题,从而及时解决问题、积累经验,提高工作效率。周总结一般可写两类:第一类是以周为阶段的项目情况总结,帮助自己与团队明确项目当前的进度和后续需要注意的关键点;第二类是以周为单位的日常工作情况总结,总结一周五天遇到的重要问题,帮助B端产品经理在总结中梳理思路、拓展思维,从而在下一周能更智慧地投入工作中。

(1)项目总结

项目总结通常具有固定的问题需要汇总,项目组成员都需要参与其中,可以从以下四个维度展开。

第一,计划目标完成度。

①本周制定的工作计划是否都完成了?如果没有完成,是什么原因导致的?

②是否提前将设计和需求提交给开发人员,预留了足够的开发时间?

③在原先的计划中,是否有一些现在看来可做可不做的?

④在制定计划时,是否每个计划都明确了验收的标准?

第二,团队协作情况。

①本周项目组成员是否因为其他事而耽误了项目进度?

②团队成员在协作过程中是否出现过矛盾?当出现矛盾时,是如何解决的?

③成员之间相互帮助了吗?还是各自的事情可以通过自己完成?

第三,需求变更情况。

①是否存在需求变更?哪些需求出现了变更?变更的原因是什么?

②需求变更时,相关的项目成员是否都知晓了需求变更的具体情况?

③需求变更后,如何才算需求完成,成员间是否已经明确清楚?

④对于需求变更,我们能否提前知道下次会有哪些需求可能变更?

第四,总结类问题。

①本周的项目情况给大家的经验教训是什么?如果遇到同样的问题,我们会怎么做?

②大家觉得团队后续需要改进的方面有哪些?

（2）日常周总结

日常周总结是针对一周五天的工作内容进行提炼和汇总，分析自己哪里做得好，哪里做得不好。做得好的地方，可以分享给团队，沿用方法；做得不好的地方，自己可以重点关注，避免在后续工作中出现同样的问题。日常周总结如表2-2、表2-3所示。

表2-2 日常周总结点赞表

重点内容	点赞之处	原因
与A产品团队开会	效率高	会前提前将相关内容与关键人物进行交流
原型稿设计	完成顺利	在设计前做了充分的业务流程梳理和功能梳理
A需求变更为A+需求	变更顺利	提前考虑到了此情况，预留了扩展口
B项目计划汇报	汇报顺利	提前考察了市场和行业情况，汇报完整

表2-3 日常周总结不足表

重点内容	不足之处	原因
B需求变更为C需求	未解决	系统结构耦合度高
B项目的用户调研	不充分	有些问题没有提前准备，到现场发现缺失
分析竞品的核心功能	未完成	预留的分析时间太少
与A产品团队技术人员讨论问题	未达成共识	双方对C技术问题认知不同

月工作：月总结、月计划

月总结、月计划是从月的维度总结和计划B端产品经理的工作。在月总结和月计划中，B端产品经理需要运用长远的眼光看问题，不能局限于日常性质的工作。在月工作中，月计划的重要程度大于月总结。在月计划中，B端产品经理要关注以下问题。

（1）如果产品经理手上是一个需要投入市场去盈利的B端产品，那么就需要关注产品当月的盈利状况与下月的盈利目标，将产品优化和迭代紧紧围绕产品的盈利目标进行。

（2）预测竞争对手的产品走向，时刻关注竞争对手的迭代状态。当竞争对手有了新的方案时，我们是否需要跟进，是采取其他方案，还是保持之前设定好的方案。

（3）B端产品经理需要时刻回顾自己的产品，看看有没有偏离最初设定的目标。在平时的工作中，产品经理聚焦于解决具体问题。但到了月底，产品经理需要考虑产品目标，问问自己接下来这个月需要怎么做。产品经理还要关注行业动态，为产品赋予更高质量的内容。

总之，月计划是B端产品经理运用战略性的眼光认真审视产品当前所处的位置，并用敏锐的嗅觉迅速判断产品需要前进的方向。

2.1.2 B端产品经理的工作职责

对于B端产品经理的工作职责，不同的企业有不同的要求。

例如，滴滴公司在招聘时对B端产品经理的工作职责要求是这样描述的：

（1）深入理解出行及汽车后市场行业，聚焦汽修、车险、驾驶安全相关领域的产品；

（2）可负责汽修门店SaaS、汽车采购平台、企业级服务等相关产品的规划；

（3）可负责保险与将发生的风险控制系统、风险评级、风险识别等相关产品的规划；

（4）为了达成产品目标，需协调多个部门，组织多种相关的角色。

曹操专车在招聘时对B端产品经理的工作职责要求是这样描述的：

（1）根据公司的策略方向，制定面向企业客户的整体解决方案，负责B端业务需求分析及产品设计；

（2）积极与客户沟通，针对客户需求及痛点进行产品规划；

（3）制定并落地产品计划，参与业务方向规划及项目排期；

（4）对所负责的产品项目进行有效管理，通过客户价值驱动项目协同推进，完成目标。

我们通过滴滴和曹操专车招聘B端产品经理的案例可以发现，滴滴对产品经理的职责要求是分析行业和竞品、进行产品规划、展开部门间的协调沟通等，曹操专车对B端产品经理的职责要求是分析需求、进行产品规划、设计产品、展开项目管理等。可见，对于B端产品经理这个职位，不同的企业有不同的要求，在产品经理的不同阶段也有不同的要求。笔者从通用的工作职责角度，为大家讲述B端产品经理的十大工作职责，如图2-3所示。

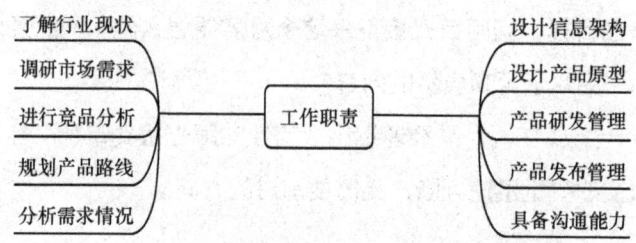

图2-3　B端产品经理的工作职责

了解行业现状

每个产品都有自己的所属行业，分析产品的行业背景，有助于B端产品经理站在行业的高度纵观全局，不至于陷入产品细节当中，也更容易发现突破点。同时，通过深入地观察行业，B端产品经理可以清楚地发现产品与行业之间的关系，在行业背景下思考产品的未来发展趋势。

行业分析一般可以通过以下三种方法完成。

（1）通过上市企业财报、招股说明书等一些公开透明的资料获得数据，这些资料可以从相关企业的官网、证券交易所官网等渠道收集。

（2）从艾瑞咨询、易观智库、萝卜投研、乐晴智库等数据资讯或投研平台网站上获取行业数据。

（3）从国家统计局国家数据网、中国政府网、巨潮信息网、工信部等国家数据网站查找数据。

调研市场需求

市场调研的目的在于让B端产品经理了解市场情况，为产品规划和设计提供客观、准确的依据。在市场竞争越来越激烈的今天，市场需求调研越来越受到企业的重视。通过市场调研聆听消费者真实的声音，可以将消费者真实的想法传达给企业。进行市场调研是寻求市场与企业平衡的过程，如果忽略市场调研，产品生产出来后得不到市场的认可和接受，将会导致企业出现很大的问题。2015年，腾讯企鹅智库出具了O2O初创企业失败率高的原因：很多项目的用户需求并非真实存在，大部分初创企业的产品经理没有做市场调研，而是凭自己的感觉做事。

第 2 章
全面认知B端产品经理

市场调研一般可以通过以下几种方法完成。

（1）定性调研：产品经理在收集大量资料的前提下，运用深度访谈、焦点小组的方法进行。

（2）定量调研：在掌握市场状况和消费者需求的前提下，运用大量市场调查问卷、电话外呼、扫街调研的方法进行。

（3）从内部人员着手，与产品、研发、设计、销售、市场等岗位的人员进行沟通，发现需求点和机会点。

进行竞品分析

B端产品经理进行竞品分析，可以全面地了解竞争对手的产品现状与市场动态；判断竞争对手下一步的产品战略与计划；调整自己的产品规划和方向，找到市场切入点。在分析竞品时，B端产品经理首先要找到竞品。如果市场方向一致、目标群体一致、业务诉求一致、产品功能高度相似，那就是直接竞品；如果目标群体有差别、业务诉求不完全一样、产品功能有些一致，那就是间接竞品。找到合适的竞品对象后，B端产品经理就要开始竞品分析。

竞品分析一般可以通过以下几种方法完成。

（1）通过关键词搜索或行业媒体查找的方式寻找竞品。

（2）拜访客户时，询问客户关注市场上的哪些同类产品。

（3）从上级和相关部门处收集竞品信息。

（4）找到竞争对手后，从竞争对手的网站、微博、媒体号上抓取信息。

（5）通过体验竞争对手的产品、向对方客服咨询问题等方法获得信息。

规划产品路线

无论是新产品还是老产品，无论产品处于哪个生命周期，B端产品经理都要进行产品规划。产品规划是产品经理在了解市场、了解客户需求、了解竞争对手后，根据企业的战略和产品的发展方向制定合理的产品成长计划、迭代计划、市场计划的过程。长期规划是B端产品经理对产品整体性的把握，建立产品总体的发展方向，时间一般是2～3年。中期规划是在围绕产品长期规划的基础上具体规划产品每年要达到的目标，时间是1～2年。短期规划是真正地做产品，B端产品经理将团队内部讨论的产品关键点分步骤、有效地分配与执行下去，时间是在1年内，有些部门还会分解到季度。对于长、中、短期的产品规划，不同的产品团队可以根据产品的具体情况进行个性化的调整。

产品规划一般可以通过以下几种方法完成。

（1）做产品规划前先了解企业战略，因为产品规划是企业战略的一部分。而了解企业战略可以通过咨询领导或查阅企业年报的方法来实现。

（2）做规划时需要了解市场的情况和发展趋势，因为产品规划的成功与否需要市场来检验。

（3）做产品规划需要借力。仅凭B端产品经理一人无法将规划做全面，可以通过组织市场部、营销部、规划部、开发部的人一起头脑风暴。

（4）B端产品经理身边如果有专业的规划人员，也可以邀请他们帮助指导规划。

（5）B端产品经理需要将规划整理成文档，最终落地。

分析需求情况

B端产品经理在进行需求分析前要先采集需求。而采集的需求是零散的，没有秩序可言，如果直接将其转化为功能，提交给开发人员，显然是极不合适的。也就是说，B端产品经理需要进行需求分析，对零散的需求进行归类整理并辨别真伪，从而抓住真实的核心需求、放弃伪需求。

需求分析一般可以通过以下几种方法完成。

（1）通过建立焦点小组，与用户进行深度访谈，收集需求。

（2）整理客户使用产品后反馈的需求。

（3）从产品自身迭代和优化维度整理需求。

（4）整理产品组开发、测试、运营等人员提交的需求。

（5）整理好需求后进行分类。例如，按照新功能、缺陷、修复等维度。

（6）对需求的真伪做出判断。

（7）定义需求的优先级，并考虑投入产出比，最后记录到需求文档中。

设计信息架构

B端产品经理在完成产品前期的调研和需求分析后，就要进行产品信息架构设计了。产品信息架构是对产品中出现的零碎信息进行整合、分类,并进行组织的设计,让用户在使用产品时更容易上手和查找信息。信息架构不是简单的功能堆叠,而是有逻辑地整理,是B端产品经理充分了解产品特性和用户习惯后的产物。对于B端产品经理来说,设计合理的信息架构是必备的工作职责。

信息架构设计一般可以通过以下几种方法完成。

(1)通过熟悉产品自身的业务流程,设计更具兼容性及扩展性的产品信息架构。

(2)通过熟悉和梳理竞品信息架构的结构与逻辑,梳理产品自身的信息架构。

(3)通过了解业内用户的使用习惯和规律,做出最适合自己产品的架构方案。

(4)可以借助卡片分类法、Xmind脑图等工具进行架构梳理。

设计产品原型

绘制产品原型图是B端产品经理的工作职责吗?答案是肯定的。在一些企业中,B端产品经理无须绘制产品原型图,只要把产品需求文档交给交互设计师就可以了。这样的工作方式虽然没有大问题,但是交互设计师在拿到需求文档时心情是处于低谷的,他们在将文档转化成原型图的过程中需要与B端产品经理不断地沟通,花费大量的精力将文字转化为图片。这个过程不仅让产品经理与交互设计师的协作非常低效,而且拖慢了整个产品设计的进度。优秀的B端产品经理会先将需求转化为产品原型,再通过原型与项目组成员讨论。

产品原型设计一般可以通过以下几种方法完成。

(1)通过Axure、墨刀等原型工具完成原型制作。

(2)如果不会使用原型工具,可以使用PPT、Word等工具简单地绘制,说清楚产品流程和功能点即可。

(3)绘制完原型图后,需要在关键的跳转关系上加入交互说明,并在重要的功能点上将交互说明清楚。

(4)设计原型时要注重用户体验,并注意平时多积累设计原则,将原则应用到原型中,减少交互设计师的工作量。

产品研发管理

产品研发管理一般是项目经理要做的事情,但很多企业实际上没有项目经理这个岗位，此时产品研发管理的工作就落到了产品经理的头上。B端产品经理在产品研发管理中要做三个阶段的事情：第一个阶段是明确本次产品研发的功能范围，明确开发的时间节点和发布的时间节点；第二个阶段是负责产品研发过程的把控，研发过程中会出现需求难以实现或需求变更的情况，都需要B端产品经理处理；第三个阶段是产品研发完成后对需求的验收。

产品研发管理一般可以通过以下几种方法完成。

（1）建立Roadmap，规划产品研发的时间周期、项目事件、里程碑。

（2）对进入开发周期的需求定义优先级，让大家明确目标和结果。

（3）对任务进行拆解和分配，同时对项目组人员进行能力盘点，合理地安排相应的任务。

（4）使用一些项目工具管理进度，如禅道、Worktile等，也可以使用工具自带的甘特图等功能追踪任务的完成进度。

（5）每日组织晨会，让大家汇报昨天的工作情况、遇到的问题和今天的工作安排。

（6）通过沟通的方式控制产品开发中需求的变更。

（7）在验收需求时，通过对需求点的一一回顾（拿出需求清单）保证研发需求的实现。

产品发布管理

举办产品发布会是企业与客户之间的一种有效且重要的沟通方式，可以让客户了解企业目前的战略定位和产品研发的情况。在举办产品发布会之前，企业要做很多准备工作，例如，发布会材料的准备、发布会时间的选择、发布会场地的布置、发布会人员的安排等。而对于B端产品经理来说，产品发布要涉及的工作内容便是产品发布的具体内容和资料的准备，因为没有其他人比产品经理更清楚产品。

产品发布管理一般可以通过以下几种方法完成。

（1）学习大厂发布产品的方式，如小米、苹果发布会，寻找自己产品发布的定位。

（2）根据产品当前的战略和成熟度，可以选择对内发布或对外发布。

（3）发布方式可以根据产品的不同，分为邮件发布、会议发布、培训发布、市场营销发布等。

（4）通过编写产品发布的内容，如产品的特点、定位、售后方式、使用指南等，由浅入深地向用户传达产品的价值。

具备沟通能力

B端产品经理通常要进行跨部门或跨岗位合作，以及和用户深入打交道。总之，B端产品经理的工作每天都离不开与人沟通和协调事情。在这个过程中，B端产品经理弄清双方要沟通的内容和目的，能清楚地表达自己的观点，同时引导对方表达清楚他的观点。在处理好异议的前提下，双方通过沟通能形成共同的想法，把事情协调好。

沟通一般可以通过以下几种方法完成。

（1）在沟通前，了解清楚事情的来龙去脉，梳理清楚问题的本质。

（2）在沟通过程中，产品经理需要有自己的原则，用权威的数据说话，这样更能说服对方。

（3）如果在沟通中有些分歧难以消除，这时产品经理可以和自己的目标对比；如果沟通结果没有跨越自己的底线，在目标范围内，产品经理就以促成目标的达成为主，而不是一定要坚持自己的主张。

（4）每个部门、每个岗位都有自己的难处，产品经理在坚持自己的道理时也要多为他人考虑，尊重他人的意见。

2.1.3 合作伙伴及相关事项

作为一名B端产品经理，在工作中需要和不同岗位的人员接触，让他们协助自己完成与产品相关的事情。上至管理层，下到设计师、客服、销售等岗位人员，B端产品经理在与他们协作的过程中需要事先了解他们的岗位特点和主要工作内容，以便提高协作效率。

管理

B端产品经理需要打交道的管理类岗位主要分为公司领导、直接领导两个类型。与管理类岗位打交道，主要是获得公司战略规划信息和重要的策略指导，用于指导自己规划和调整产品方向。

（1）公司领导

B端产品经理一般不会直接和公司最高层领导打交道。但是，如果B端产品经理能与公司某些领导充分交流，就可以获得领导对公司战略的深度解答。B端产品经理做产品不能只是闷头做功能，还要了解公司战略规划，这样才能做出符合公司战略的有价值的产品。

（2）直接领导

直接领导除了了解产品以外，还了解整个事业部、产品线和公司其他部门的情况。B端产品经理可以经常和直接领导聊产品，让直接领导给予一些有价值的信息和指导，协助自己在规划产品时不要走偏。

UED

B端产品经理需要打交道的UED类岗位，主要分为用户研究员、交互设计师、视觉设计师、动效设计师四类。

（1）用户研究员

用户研究员可以协助产品经理深度调研市场和用户。有些公司，如腾讯、阿里巴巴、网易会设立专门的用户研究小组，小组人员熟悉人文科学、经济学、心理学等学科。他们运用专业的方法，如焦点小组、用户访谈、数据分析等，协助B端产品经理挖掘重要的用户信息。

（2）交互设计师

交互设计师注重研究用户体验，研究"人"与"机器"之间的交互关系。他们把B端产品经理的原型图或PRD文档转化为交互稿，给用户呈现一个具有温度感的产品。

（3）视觉设计师

视觉设计师在拿到交互设计师的交互稿后会进行视觉润色。例如，设计界面的图形、搭配界面的颜色、调整字体的大小等。B端产品经理可以告诉视觉设计师这款产品的定位和目标人群，协助视觉设计师分析产品的视觉风格，以便他们精准地把握视觉设计。

（4）动效设计师

有些 SaaS 化的 B 端产品非常注重动效设计，优雅的动效设计可以让产品变得灵动且能适当地响应用户。如果 B 端产品经理对动效有要求，可以表达给动效设计师，让他们协助自己输出动效方案。

研发

B 端产品经理需要打交道的研发类岗位，主要有研发经理、前端开发工程师、后端开发工程师、系统架构师、数据工程师、配置管理工程师六类。

（1）研发经理

研发经理是产品经理、项目经理和研发团队之间的沟通桥梁。B 端产品经理设计好产品需求后，需要先和研发经理沟通，看看技术上是否可以实现这些产品需求。而研发经理需要评审需求的可行性、合理性，提前对产品技术方案进行设计和规划。

（2）前端开发工程师

前端开发工程师主要从事面向用户侧的界面开发工作，他们在产品开发环节的作用变得越来越重要。随着前后端分离技术越来越火，对前端开发工程师的要求也越来越高，不仅需要有过硬的技术实力，还需要有抽象的思维能力。B 端产品经理多和前端开发工程师沟通，可以保证产品的还原度和用户体验。

（3）后端开发工程师

后端开发工程师要进行产品底层逻辑分析，负责研发产品的基础架构，根据产品需求完成模块的编码等工作。B 端产品经理需要和开发人员多沟通，把产品的业务流程、核心逻辑清楚地传达给开发人员，让他们能够深刻地理解，从而设计出合理的框架和代码，并最终按照开发计划按时交付高质量的代码、完成开发任务。

（4）系统架构师

系统架构师评估产品的技术架构是否合理，制定架构的设计规范，将技术细节传达给开发工程师。他们通常为某领域的大师，可以根据特定的场景给出最合适的

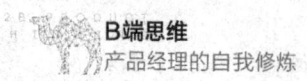

解决方案。好的系统架构师还可以解剖产品,为产品带去最适合它的技术选型。

(5)数据工程师

数据工程师收集产品数据,通过数据模型分析和深挖数据背后的信息,输出数据分析报告,探索业务机会。任何产品如果没有数据支撑,就很难在市场上站稳和持续提升。B端产品经理可以和数据工程师交流收集到的产品数据,分析数据背后的原因,将产品打磨好。

(6)配置管理工程师

配置管理工程师主要负责研发交付效率的提升,包括设计、开发、测试、上线及流程规范推动。日常工作包括版本管理、配置库管理、代码管理、文档管理,以及协助研发经理制定开发管理计划并进行跟踪。B端产品经理可以从配置管理工程师处了解产品版本的情况,帮助自己把控产品进度。

项目

B端产品经理需要打交道的项目类岗位主要是项目经理。大企业一般会将项目经理和产品经理两个岗位的职责划分清楚,项目经理主要进行项目计划和进度的管控。但在小企业,项目经理的职责往往就落在了产品经理的头上。

项目管理是一门大学问,项目经理不仅要看任务的甘特图、汇报项目情况,还需要规划项目进度、沟通项目资源、管理项目质量、控制项目成本和风险等,并为项目进度及最终的呈现成果负责。B端产品经理要经常和项目经理沟通,了解产品研发进度、项目资源情况,适时调整自己的工作。

运营

B端产品经理需要打交道的运营类岗位,主要有策划专员、营销运营专员两类。B端产品经理需要与运营沟通产品目标和规划,将产品的期望传达给运营,让运营运用专业的知识将产品推向市场并卖出去。

(1)策划专员

策划专员负责制定产品的推广活动,他们寻找产品的亮点,撰写合适的文案,将产品推广出去。B端产品经理需要将产品推向市场时可以和策划专员合作，一起思考产品推广文案和方法，在微博、微信、官网等媒体上进行软文推广。

（2）营销运营专员

营销运营专员以完成销售及利润目标为导向，需要规划和执行各类活动。例如，根据全年营销节点进行大促或推广。同时，他们还需要关注竞品和行业的推广动态，持续创新营销方式。产品经理需要和营销运营专员商量如何制造产品的火爆状态和关注度。

市场

B端产品经理需要打交道的市场类岗位，主要有售前工程师、销售专员、解决方案专家三类。B端产品经理需要和市场推广类岗位保持密切联系，将产品的优势和功能点详细传达出来，保证他们能够输出有竞争力的解决方案，将产品推向市场。

（1）售前工程师

售前工程师需要分析所负责产品的客户需求，形成具有竞争力的解决方案，对开发工程师提出开发建议，并负责制定产品的市场推广方案及售前支持；主动保持与销售及最终客户的经常性沟通，分析客户的实际需求；主动研究所负责产品的新业务，形成能不断提升产品先进性的解决方案。B端产品经理可以从售前工程师处了解更多的市场信息，调整产品的细节。

（2）销售专员

销售是将公司的产品和服务准确地传达给客户，保证客户满意度。销售专员需要形成一定的销售管理能力，挖掘新客户，维系老客户。B端产品经理可以从销售专员处了解产品的售卖情况，以及客户对产品的感受。

（3）解决方案专家

解决方案专家需要关注市场情况，及时将市场动向推送至相关部门，同时负责从客户需求中提炼与形成产品/行业解决方案，协助销售挖掘商机。B端产品经理可以从解决方案专家处获得很多市场动向。

测试

B端产品经理需要打交道的测试类岗位，主要有安全测试工程师、功能测试工程师、界面测试工程师三类。这类岗位依据产品经理给出的 PRD 文档输出测试用例，对产品进行测试，保证产品能顺利上线。

（1）安全测试工程师

软件如果没有经过安全测试就开始运行，那么它们就会带着很多安全漏洞。如果这些漏洞是关系到业务敏感信息的，则很容易给企业造成损失。安全测试工程师就是负责降低这些风险的。

（2）功能测试工程师

功能测试工程师需要完成测试用例的编写，根据项目需求搭建测试环境，在测试中发现缺陷并形成测试报告。产品经理需要先根据测试报告对产品缺陷需求进行梳理，然后与测试工程师讨论解决方案。

（3）界面测试工程师

界面测试工程师主要负责测试产品界面的视觉还原度。对于需要投入市场的 B 端产品来说，界面测试尤为重要。一个漂亮的界面会给用户留下专业的印象，而一个糟糕的界面则让用户连使用的欲望都没有。B 端产品经理需要向界面测试工程师传达清楚设计的重要性。

运维

B 端产品经理需要打交道的客服类岗位主要有实施工程师、运维工程师两类。这类岗位会对产品进行版本部署和日常维护，通过一些监控系统监控产品的运行情况。一旦出现问题，他们会记录下来反馈给 B 端产品经理，并和产品经理一起商量解决方案。

（1）实施工程师

软件的成功离不开实施工程师，他们主要负责软件的安装、调试、维护、故障处理、培训、售后服务等工作。

（2）运维工程师

运维工程师的基本职责是负责系统的稳定性，保证数据的安全，运用自动化技术使产品快速稳定迭代。他们在软件的整个生命周期中优化容量、优化架构、跟踪问题、处理问题等。

职能

B端产品经理需要打交道的职能类岗位主要有法务、行政、财务、人力四类。产品经理一般不会和职能部门直接合作，但遇到一些特殊的事情，就需要与他们打交道。

（1）法务

法务是负责企业整体的诉讼策略制定和实施的人员。在企业遇到一些侵权纠纷时，法务需要维护企业与外部良好的关系。当遇到产品被侵权而产生纠纷时，或者产品需要知识产权保护时，B端产品经理就需要和法务打交道。

（2）行政

行政通常负责企业内部的人事及行政综合管理工作。当遇到产品需要在公司内部推广、找活动场地时，B端产品经理就需要和行政打交道。

（3）财务

财务主要负责企业的账务管理。当涉及产品定价这类事务时，B端产品经理就需要和财务打交道。

（4）人力

B端产品经理在招聘人员时需要和人力打交道。

2.2 B端产品经理要掌握的相关知识

B端产品经理除了要学会撰写PRD、分析竞品、用户调研等，还需要了解与自身岗位相关的知识。只有这样，B端产品经理才能游刃有余地工作。

2.2.1 B端产品经理的类型

在对B端产品经理分类之前，我们先了解产品经理包括哪些类型，这样能帮助大家更清晰地认知自己的职业。

产品经理的类型

根据不同的维度，产品经理可以分为不同的类型。目前较常见的几种分类

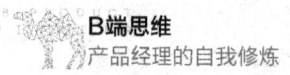

方式如下。

（1）按用户类型分

根据产品面向的决策人群不同，产品经理可以分为 B 端产品经理和 C 端产品经理。

① B 端产品经理

B 端产品经理的主要工作是设计 B 端产品。B 端产品的决策人群是企业管理者，使用者是员工，产品形态多为中后台 Web 端系统。作为 B 端产品经理，要熟知企业或组织的目标与痛点。

② C 端产品经理

C 端产品经理的主要工作是设计 C 端产品。C 端产品的决策人群和使用者都是个人用户，产品形态多为 App、H5 等。作为 C 端产品经理，要熟知用户的痛点与期望。

（2）按行业分

行业中往往会有很多细分的产品经理岗位，笔者提取了近年较火爆的几种行业产品经理，供大家了解。

①电商类产品经理

电商类产品经理通常负责商城的整个业务线，熟悉商品的采购、库存、订单、发货、售后等业务流程，具有良好的 C 端产品分析思路，对电商消费者的需求有深刻的理解。

②金融类产品经理

金融类产品经理需要具备金融业务知识。例如，支付类产品经理需要了解整个支付流程及支付的安全性；P2P 理财类产品经理需要了解清算、风控、催收等各个环节；投资研究类产品经理需要把握国内外最新金融市场动态，了解私募、证券、保险等行业的投资管理业务需求。

③医疗类产品经理

医疗类产品经理需要将传统的医疗工作流程与互联网相结合。例如，智慧医疗产品经理除了要了解业务、设计软件以外，还需要了解大数据、AI、区块链等先进的技术。

④旅游类产品经理

旅游类产品经理需要对旅游市场进行深入分析和研究，研发适合市场的旅游产品。如果该岗位的产品经理还是一名旅游爱好者，那就再合适不过了。

⑤社交类产品经理

社交类产品经理要懂心理学、社会学等学科，充分洞察人性，对年轻用户群体有深刻的理解，挖掘他们的社交需求，关注他们的使用体验。

⑥教育类产品经理

教育类产品的付款方是家长，使用者是孩子。因此，教育类产品经理不仅要了解家长们的核心诉求，也需要了解孩子们的诉求。一款优秀的教育类产品要既能让家长心甘情愿地掏钱，也能让孩子乐意使用。

（3）按工作内容分

有些产品经理的工作内容非常固定，主要是围绕具体的工作内容展开和深挖。例如，围绕数据、策略、产品功能等，可以分为以下几种类型。

①用户增长型产品经理

用户增长的核心是数据驱动精准化运营，使用户数量不断增长。用户增长型产品经理需要学会数据分析，建立数据监控体系。产品的用户增长必须依据数据反馈做出合理判断，找到用户增长的关键点。

②商业型产品经理

随着精细化运营时代的到来，商业型产品经理的市场需求越来越大。商业型产品经理负责商业产品的定义和设计，运用数据分析和运营模型等，与算法团队、运营团队密切配合，提高产品的市场占有率。

③策略型产品经理

策略型产品经理要明确产品应解决的具体问题，将分析用户的使用场景作为解决方案的输入口，通过一系列的方法或计算逻辑将结果输出。例如，要解决资讯推荐问题，策略型产品经理的第一步是明确问题，即如何从大量的待选内容中选出用户所需的那部分内容；第二步是确定输入内容，如用户特征、待选的内容等；第三步是确定算法，即通过某种算法达到精确推荐；第四步是输出结果，即将用户最喜欢的内容按照一定的顺序排序推荐给用户。

④数据型产品经理

数据型产品经理需要用数据验证产品需求的正确性，通过数据分析模型确定产品需要优化与迭代的方向。因此，深刻理解和挖掘数据，时刻与数据打交道，是数据型产品经理的本职工作。

⑤业务型产品经理

业务型产品经理紧盯业务需求，具有极强的业务背景，做产品的任何功能时都是以业务为导向，而不是随便说一句"这是用户需求"就算完成工作。例如，做支付业务的产品经理，就需要了解支付流程如何合理、支付过程如何高效、支付的安全性、了解商户的诉求、银行间的资金流及清算流程等内容，不了解这些就无法开展工作。

⑥功能型产品经理

功能型产品经理是以设计产品功能为导向，通常由刚入门的产品经理担任。功能型产品经理需要懂得抽象界面上的功能点，保证重复的功能可以被模块化设计，同时需要了解产品的用户角色与功能结构。

B端产品经理的类型

与产品经理的分类方式相同，根据不同的维度可以将B端产品经理分为不同的类型。依据上一章对B端产品的分类，我们顺势推出B端产品经理的类型。

（1）协同办公类B端产品经理

协同办公类产品繁多，因而此类B端产品经理还可以细分，如项目管理和协作类B端产品经理、OA类B端产品经理等。协同办公类B端产品经理需要了解企业或组织内部的管理流程，最理想的状态是能对此类产品进行"标准化＋小部分个性化"处理，而非全部定制化。

（2）业务类B端产品经理

根据行业的不同，业务类B端产品经理可进一步细分为金融类B端产品经理、教育类B端产品经理等。业务类B端产品经理要熟悉其对应行业的业务流程，才能设计符合行业属性的产品。例如，设计一款金融CRM，则B端产品经理就需要知道整个金融行业是如何识别、发展和服务客户的，而不能想当然地设计系统。

（3）商家管理类B端产品经理

商家管理类B端产品经理需要了解商家在线下管理商品的情况，用于优化商家在线上管理商品的流程；了解商家成长、流量管控、商品管控等方面的知识；全面了解商家运营人员的工作习惯和方法。

（4）后台管理类B端产品经理

为前台产品（如爱奇艺、优酷、美团）提供支持的系统被统称为后台管理系统，而后台管理类B端产品经理就是专门设计后台产品的。因此，后台管理类B端产品经理需要熟知前台产品的每一项功能和运营方法，并由此建立强大的后台系统以支撑前台千变万化的业务。

（5）中台类B端产品经理

尽管中台还是一个在被逐渐定义的概念，但中台类B端产品经理已经是一个热门职业了。中台类B端产品经理主要负责统筹中台产品及其上下游产品的迭代计划，需要跨部门协作。因为沉淀到中台的功能都是具有通用性的，所以他们不仅要了解业务需求，而且要具备抽象能力。

2.2.2 业务分析的相关知识

一般而言，业务是指各行各业中的事务或流程，是节点与节点之间的传递关系，如图2-4所示。

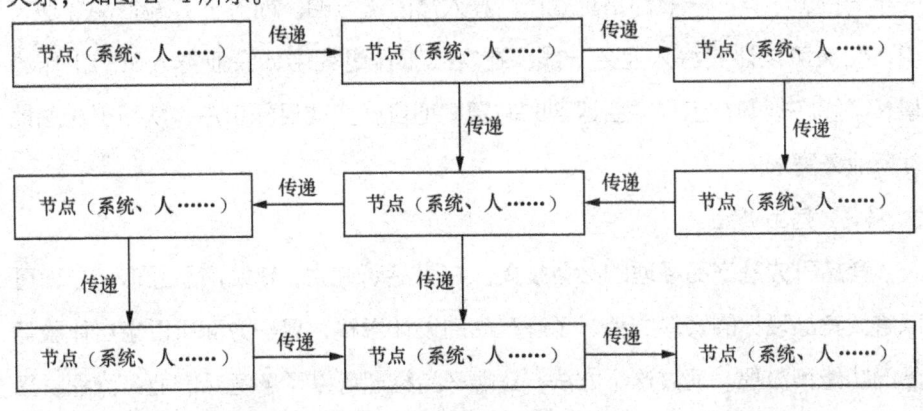

图2-4 业务节点间的传递

作为B端产品经理，理解业务是开始构思和设计产品的基础。那么，要如何理解业务呢？我们可以从"了解业务的方法"和"从哪些方面理解业务"两方面着手。

了解业务的方法

C端产品经理可以通过用户调研、竞品分析等方法了解业务的需求，对于有些产品，我们本身就是用户，了解起来就更容易。例如，外卖下单业务流程，我们在使用平台下单时能很直接地感受到这个流程是否简单、合理、高效。但是，B端产品的业务具有很强的行业和企业属性，与我们普通用户的生活相距较远，我们很难直接和快速地了解业务。但是，我们依然可以找到一些通用的方法。

（1）用户访谈

用户访谈是B端产品经理了解业务最快速和最直接的方法。B端产品经理可以将需要了解的问题梳理出来，通过直接与业务人员面对面沟通的方式弄清楚。在双方交流的过程中，B端产品经理要多问为什么，将隐藏在问题背后的本质挖掘出来，而不是简单地记录业务人员的需求。双方在深入地探讨后，B端产品经理或许还会发现更多之前没有注意到或遗漏的问题。

（2）轮岗

通常的轮岗是指按照企业要求，员工在一个岗位上工作一段时间后要到另一个岗位上工作，一般都是企业在培养人员时进行的。而对于B端产品经理来说，轮岗可以让其深入业务一线，在实际工作过程中体会业务人员的工作场景，了解在他们在工作中会遇到的问题，把自己变成目标用户，从而更深刻地理解业务需求。

（3）竞品研究

竞品研究是产品经理的必备技能。在竞品研究中，B端产品经理一方面可以查找竞品设计的资料文档、了解竞品的设计思路，另一方面可以亲自体验竞品的功能和流程。通过这个方法，B端产品经理可以了解竞品的业务流程，思考他们是怎么设计的、为什么要这么设计，进而找出一些业务关键点，相应地理解自己产品的业务模式。

（4）阅读相关资料

在这个信息发达的时代，阅读相关资料是B端产品经理了解业务较有效的方法。例如，产品经理要设计CRM系统，可以查阅相关公众号、用百度查找资料、阅读专业书籍等。这些资料可以帮助产品经理从各种侧面全方位地了解CRM系统，迅速提升产品经理对该系统的认知，从而建立设计CRM的体系化业务知识。

（5）咨询业务专家

业务专家是在某个领域精通业务的人，对业务有自己的独到见解。咨询业务专家可以让B端产品经理快速获得业务信息和对产品的设计思路，因为他们多年积累的业务经验是一笔宝贵的财富。

从哪些方面理解业务

（1）产品定位

一般来说，产品定位是在业务定位之后产生的，但也可能是直接在原来的产品上进行机会挖掘。这时，B端产品经理先了解之前的产品定位，将有助于快速理解业务。

（2）行业特点

一个产品的业务形态往往与其所在的行业密切相关，B端产品经理在设计产品功能之前要花时间了解产品所在行业的特点与业务流程。例如，给属于金融行业的企业设计客户资源管理系统，一种方法是B端产品经理在网上直接抄袭竞品的功能，另一种方法是B端产品经理在了解产品的基本情况后着手分析其行业特点和业务流程再去构建。结果很明显，了解行业背景的产品设计将会更符合该企业的要求。

（3）业务场景

了解行业的宏观层面后，明确具体问题发生的业务场景则是为后面执行产品设计而服务的。B端产品经理可以通过了解具体问题发生的场景来获取业务的信息，打通"业务场景衍生需求、需求衍生功能、功能衍生产品方案"的整

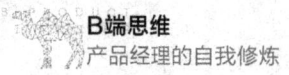

体思路。

(4)用户角色

B端产品的用户角色有很多,大家协作共同完成整个工作流程。虽然B端业务非常复杂,但只要找出关键角色,了解这些角色对应的具体需求,就可以梳理清楚业务流程。

(5)关联业务

有些类型的业务之间是有关联的,即功能与功能间、流程与流程间有关联。因此,B端产品经理在设计产品时不要只关注一个业务节点,而是关注整个大的业务流程。了解关联业务,也能更简单地了解当下在处理的业务。例如,监控系统中资源的监控情况来自前期资源被采集和录入了资源管理系统,它们之间是有先后关系的。如果不知道监控中的资源来自哪里,那么将会设计出错误的功能。所以,产品经理不能只是孤立地关注业务节点,这样将会出现业务理解不完整或有偏差的情况。

2.2.3 技术方面的相关知识

B端产品经理需要了解技术方面的相关知识,否则无法和开发工程师有效地沟通,在考虑产品开发的时间周期和技术投入成本时也会有偏差。那么,B端产品经理需要了解技术到何种程度呢?

开发模式

在软件开发过程中有4种最常用的模式,即敏捷开发模式、迭代开发模式、瀑布开发模式和螺旋开发模式。

(1)敏捷开发模式

敏捷开发模式是一种应对快速变化的需求的软件开发方式,如图2-5所示。团队内部通常有一名Scrum Master,由他带领大家进行软件迭代开发,包括组织团队会议、实现团队成员之间的紧密合作、规划频繁但有序的软件版本开发,最终达到软件的正常交付。敏捷开发模式下的软件开发时间会很短,而且团队成员之间会形成高度协作。

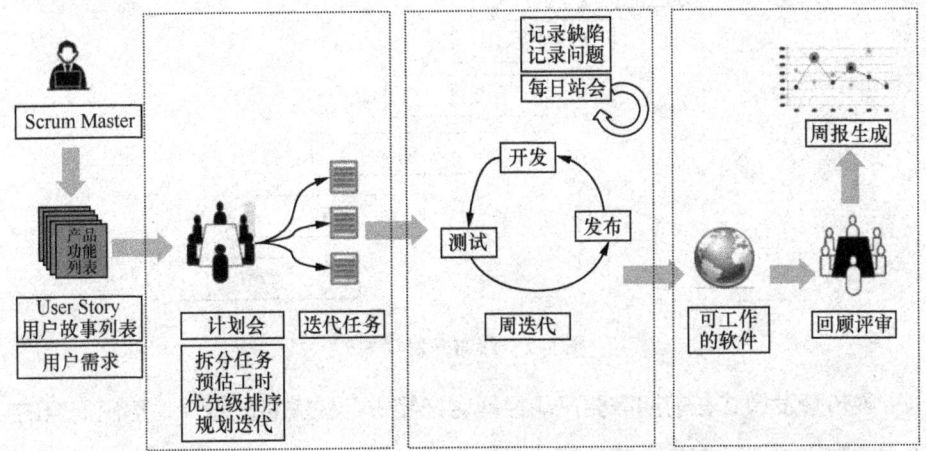

图2-5 敏捷开发模式

(2)迭代开发模式

迭代开发模式是一种进化式软件开发方式,它将整个软件开发分成多个阶段,每个阶段只对软件的一部分进行实现,通过逐步完成功能的方式来迭代软件,如图2-6所示。但是,每次迭代都少不了需求分析、原型设计、

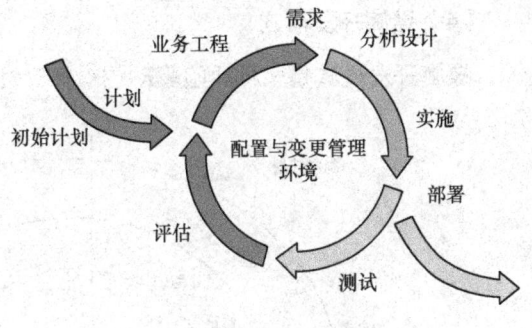

图2-6 迭代开发模式

开发与测试等环节。此类模式和敏捷开发模式一样,也强调在较短的周期内开发出软件功能,只是在项目管控上更加标准化一些。

(3)瀑布开发模式

瀑布开发模式需要遵循一定的开发步骤,包括需求分析、需求设计、分析设计、开发、集成、测试、部署、维护等,如图2-7所示。

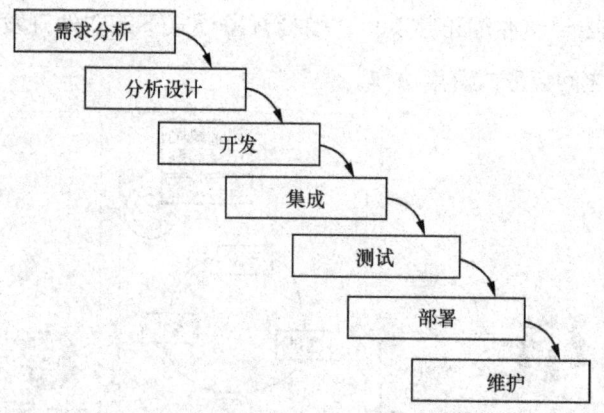

图2-7　瀑布开发模式

瀑布开发模式在前期需要产品经理对产品进行较完整的设计，输出周全的需求文档。这导致产品在开发期一旦要更改需求，成本就非常高。这种模式在传统的软件开发中还会存在，但在互联网产品中基本已经消失了。

（4）螺旋开发模式

螺旋开发模式是一种风险驱动的软件开发方式，如图2-8所示。

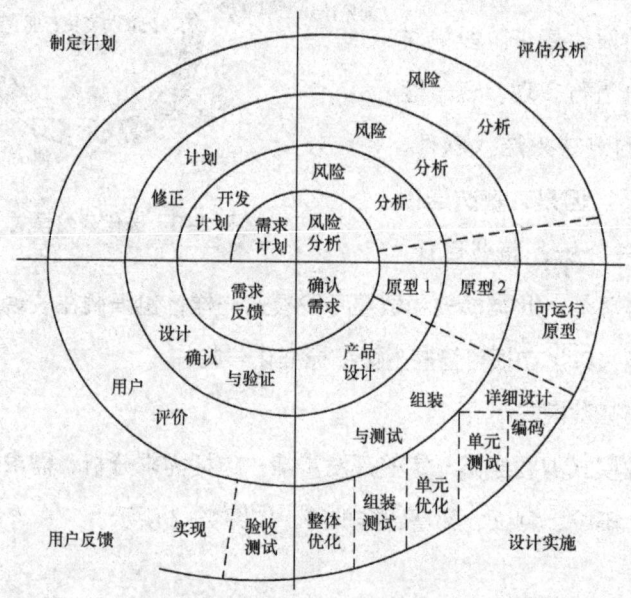

图2-8　螺旋开发模式

第 2 章
全面认知B端产品经理

该模式最重要的就是关注风险，需要产品经理确定目标和方案、评估方案开发的限制条件及方案可能带来的风险，并考虑如何消除风险。产品经理将这些都弄清楚以后开始进入软件开发环节，然后推向用户，并在用户的反馈中进入下一轮方案设计。由此可见，螺旋开发模式不需要一开始就规划好所有的细节，而是确定功能和目标后进行评估，然后开发并不断修正。

接口

B端产品一般由客户端和服务端构成，接口就是服务端定义好服务规范，客户端按照接口规定的格式向服务器请求，服务端就会把对应的结果返回给客户端。

举个例子。各家快递公司把自己的快递信息查询接口给到"快递100"，用户在"快递100"的网站页面输入快递单号，就可以查询自己的快递的当前状态，这就是接口的力量。

DOM

DOM（Document Object Model）是W3C国际组织的一套Web标准，它定义了访问HTML文档对象的一套属性、方法和事件。简单地说，就是用户输入的网址会通过DNS解析得到一个服务器地址，浏览器向服务器发起HTTP请求；经过一系列的确认后，服务器会将浏览器需要的HTML代码发回去，通过HTML解析器解析成一颗DOM树。浏览器从上到下、从左到右读取DOM树的节点，最终展现为用户能看到的网页，如图2-9所示。DOM树上有很多节点，节点的层级没有限制，可以无限嵌套。

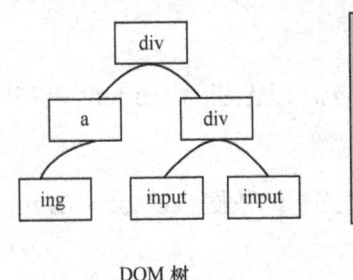
DOM 树

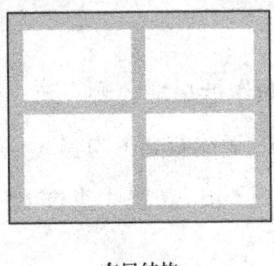
布局结构

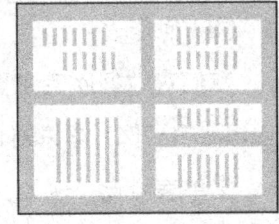
绘制页面

图2-9 绘制页面的过程

数据库

B端产品经理需要了解的数据库的类型和操作方法如下。

（1）关系型数据库

关系型数据库是通过表与表之间的关系（一对一、一对多、多对多）对数据进行组织的一种数据管理系统。例如，某数据库有两张表，一张表名为"student"，另一张表名为"course"，它们分别拥有各自的字段。student表中有studentID、name、age、sex，course表中有courseID、studentID、coursename，studentID和courseID为各自的主键。当我们对上述两张表做出关联时，就可以将学生和学生选择的课程联系起来。常见的关系型数据库包括MySQL、Oracle、SQL Server等。

（2）非关系型数据库

随着超大规模数据集合及多重数据类型的兴起，关系型数据库已经无法满足需求，而非关系型数据库可以解决这类问题，得到了迅速的发展。常见的非关系型数据库包括MongoDB、CouchDB、HBase等，通常采用"key-value"的形式表示。

{
"employeeId"："1"
"name"："李明明"
"age"："34"
"sex"："男"
}

（3）操作数据

我们对数据库的主要操作就是增、删、改、查。以上面的student表和course表为例，常见的SQL语句有如下内容。

①单表查询。例如，在student表中查询ID为1的数据：select * from student where studentID=1。

②跨表查询。例如，查询studentID为1的学生的所有课程名称：select student.studentID, student.name, course.courseID, course.coursename from student, course where student.studentID=1 and student.studentID=course.course.studentID。

③新增。例如,在 student 表中插入一条数据:insert into student (studentID, name, age, sex) values (1, '张三', 25, 'M')。

④删除。例如,删除 student 表中 ID 为 1 的学生的数据:delete from student where studentID=1。

⑤修改。例如,把 studentID 为 1 的学生的年龄改为 26 : update student set age=26 where studentID=1。

注意,在 SQL 语句中,所有标点均为半角。

重构

重构就是在不改变软件外部行为的前提下改善它的内部结构,使软件的设计和架构更加合理,具有更高的扩展性和维护性。因为随着业务需求的变化和软件功能的叠加,产品会变得越来越臃肿,导致后面越来越难以扩展和维护,这时就需要重构。

代理

代理模式是指为某一个对象提供一个代理对象,并由代理对象控制对这个对象的访问。代理模式涉及的角色有客户端、代理对象、目标对象。一般来说,一个客户端不想或没有权限访问目标对象时,就需要代理对象帮助它访问目标对象。例如,我们不想直接找房东租房子时,可以找中介帮忙向房东租房子。此时,"我们"就是客户端,"中介"就是代理对象,"房东"就是目标对象。代理模式的优点在于可以通过代理对象对目标对象进行扩展,同时又保护了目标对象。此模式可分为静态代理和动态代理。

(1)静态代理

静态代理由工程师创建或由工具自动生成源代码,再进行编译而成。在程序运行前,代理类的 .class 文件就已经存在了。

(2)动态代理

动态代理是在程序运行时运用反射机制动态形成的。相比静态代理,动态代理的功能更加强大,更能适应业务变化的需要。

缓存

缓存是指因直接从数据库获取数据时速度比较慢，而把数据先保存在内存中的方法。在大多数情况下，运用缓存可以优先从内存中直接返回数据，只有找不到的数据才从原始数据源中获取。我们使用一些 SaaS 化的 B 端产品，可以发现登录过的信息会保存在页面上，这是缓存的作用。缓存分为后台缓存和前台缓存。

（1）后台缓存

后台缓存是指数据库的某些数据临时保存在一个特定的缓存中。这样当客户端再次请求同样的数据时，可以直接从缓存中返回数据，而无须再去数据库中查询数据，提升了客户端获取数据的效率。但并不是所有的数据库数据都要被缓存起来，只有一些常用的或时间近的数据可以考虑被缓存起来。

（2）前台缓存

前台缓存就是把一些信息保存在浏览器上。例如，我们使用表单添加新的数据，当时没有保存，而是进行了取消操作，那么当再次添加数据时，之前填写的数据会缓存在页面上。

2.2.4 MVP、MDP、PMF

B 端产品经理经常会听到 MVP、MDP、PMF 这三个词，这三个词到底定义了什么？与 B 端产品设计又有什么关系呢？

（1）MVP

MVP 的全称是 Minimum Viable Product，即最小可行性产品，这是埃里克·莱斯在《精益创业》中提出的理论。在 MVP 产品设计理论的指导下研发出来的产品具有功能极简、开发成本低、适合快速迭代等特点。产品以低成本快速实现核心功能后，顺势推向市场，交给用户验证产品的可行性，通过用户访谈等方法获取用户使用的体验反馈，并基于此快速迭代。使用 MVP 法则时要注意两点。第一，要为产品设定一个相对清晰的目标，在此指引下进行最小可行性产品的设计,而不是毫无章法地随意设计。第二,确定产品最小可行性的范围。在确定最小可行性范围时可以遵循以下原则:"少了某些功能,产品就无法正常使用,要做;多了某些功能,产品没有使用起来,且又增加开发成本,不做;只做满足用户刚刚好的需求的核心功能点。"例如,微信在2011年1月21日发布1.0版本,当时只上线了4个功能:设置头像和微信名、发送信息、发送图片、导入通信录。

微信的做法既可以保证产品的完整性,又可以保证用户使用的完整度。用户在刚开始使用微信时只要能聊天就可以满足他们的需求,无论是文字,还是语音的方式。而语音聊天、语音转文字等都是在不断调研用户需求和挖掘用户使用场景的情况下逐步迭代出来的功能。我们用一张图可以直观地表明最小可行性产品的情况,如图2-10所示。

图2-10　MVP产品的演化过程

(2) MDP

对于MDP,有人解读为Most Desirable Product,也有人解读为Minimum Desirable Product。虽说翻译过来都是"渴望的产品",都是以用户为导向,但笔者认为这两种翻译最终指导产品经理设计产品的思路还是不一样的。

第一种"Most Desirable Product"的精确解读为"最渴望产品",这种产品设计方法一般用在产品的成熟期,如图2-11所示。

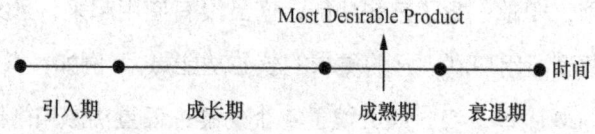

图2-11 Most Desirable Product

因为产品到了成熟期就已拥有相对稳定的用户群体,会给产品带来可控的用户需求,此时产品经理可以考虑打造一个用户最渴望的产品。在这个阶段,如果产品经理不能够持续满足用户的需求,不能将用户最渴望的产品的亮点提供给他们,用户就容易流失。

第二种"Minimum Desirable Product"的精确解读为"最小渴望产品",这种产品设计方法与MVP一样,一般用在产品的引入期,如图2-12所示。

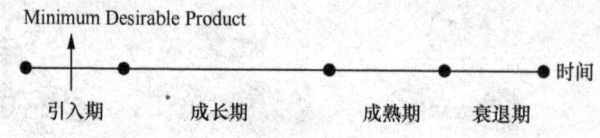

图2-12 Minimum Desirable Product

产品经理围绕目标用户的需求进行产品设计,以此证明产品是符合用户高满意度和高价值的。例如,设计软件的B端产品经理经过深入的用户调研,设计了一款适合项目团队进行研发项目管理的软件,给企业员工免费使用,用户反馈该产品使用起来非常高效和人性化,他们很喜欢,但是企业管理者认为不合适。所以,MDP是建立在用户期望的需求之上的,但不一定符合商业需求。

由此可见,MDP的两种解读都有各自的道理,但具体如何使用,还需要产品经理和其团队根据产品的具体情况有针对性地考虑。

(3)PMF

PMF的全称是Product Market Fit,它是指产品与市场的匹配度,如图2-13所示。

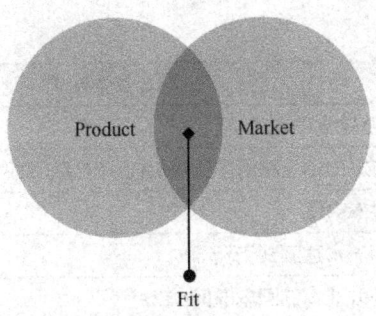

图2-13 Product Market Fit

PMF是在产品MVP后进行的，MVP是产品在引入期使用的产品设计方法，PMF是在产品进入引入期后验证市场是否可以接受这款产品的方法。如果市场可以接受，产品就可以进行大规模推广了。例如，客户想要甜甜圈可以搭配酱料，现在有一个专门做甜甜圈的企业得到这个用户反馈，就研发了一款无味甜甜圈，然后在边上放5种酱料——巧克力酱、苹果酱、草莓酱、蓝莓酱、桃子酱，但是卖了几天以后发现甜甜圈的销量还不如以前，这是怎么回事呢？企业访谈了一批用户后发现，用户说的想要甜甜圈可以配酱料，并不是要自己配，而是指甜甜圈的口味可以增加。由此可见，企业用"无味甜甜圈 + 自己搭配酱料"是一个MVP，是一个解决方案，但未必是市场能认可的，而PMF是验证这个解决方案能否被市场接受的方法。

那么，如何验证产品的MVP与市场的匹配度呢？有两种方法：一种是定性，另一种是定量。定性的方法就是采取用户访谈，或者问卷的形式。定量的方法如表2-4所示。当然，不同的行业、不同的业务模式、不同的产品不能完全套用，而要根据实际情况调整。

表2-4 验证产品与市场是否匹配的定量方法

类别	具体要求
用户级产品标准	每周使用天数超过3天
	新增日活跃用户DAU超过100
	30%新用户次日留存
	达到10万用户量

（续表）

类别	具体要求
Saas产品标准	5%付费转化率
	LTV/CAC>3，即用户终生价值/用户获取成本>3
	月流失率<2%
	月销售流水达到10万元
	用户获取成本的回本时间<12月

2.2.5 用户体验的相关知识

虽然用户体验不是B端产品经理必须掌握的技能，但B端产品经理如果能了解用户体验的本质，在设计产品时提前考虑到用户体验，那么距离设计出好产品就更近了。

我们在做产品设计和分析时有一种常用模型，即"用户体验五要素"模型，该模型由美国AJAX之父杰西·詹姆斯·加勒特（Jesse James Garrett）提出。其设计之初是为网页设计而服务的，但因模型的经典和通用性以至于被广泛地使用在很多地方。该模型将产品设计和分析的过程抽象为5个层次，自下而上分别为战略层、范围层、结构层、框架层和表现层，如图2-14所示。

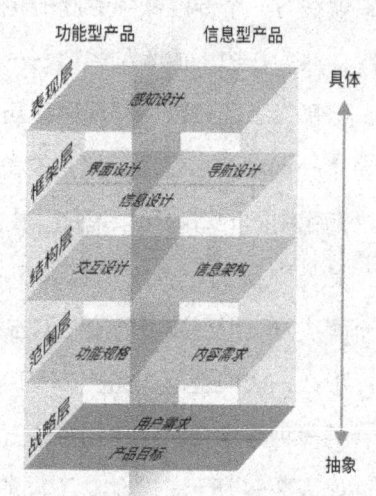

图2-14 "用户体验五要素"模型

（1）战略层

战略层要解决的问题是产品的目标用户是谁，目标用户的痛点是什么，产品能为公司带来什么商业价值，以及产品会带来什么风险。产品经理获取产品战略层内容的主要渠道有市场调研、竞品分析、用户调研及研究公司战略。确定好产品战略层的内容，才能在后期规划出合理的产品里程碑地图。

第 2 章
全面认知B端产品经理

（2）范围层

范围层要解决的问题是在结合战略层目标的基础上对用户需求收集和分析后，提取出产品将要做的功能范围，同时对它们进行优先级排序。内容型产品需要考虑产品的内容是什么，并对这些内容进行详细描述，如文本、图片、视频等；功能型产品需要考虑产品的功能是什么，并对这些功能进行详细描述。但目前互联网的产品，大多是功能型与内容型相结合的产品。这种情况下，就需要将内容和功能都规划清楚并描述仔细。

（3）结构层

结构层要解决的问题包括信息架构和交互设计两部分。范围层已经定义好要做的具体功能和内容范围，结构层就要定义产品的大框架和层次结构，为用户呈现清晰的产品结构。例如，微信的首页包括"微信、通讯录、发现、我"四大模块。"发现"模块包括朋友圈、视频号、扫一扫、摇一摇、看一看、搜一搜、附近的人、购物、游戏、小程序 10 项内容，这就是产品一部分的结构，如图 2-15 所示。

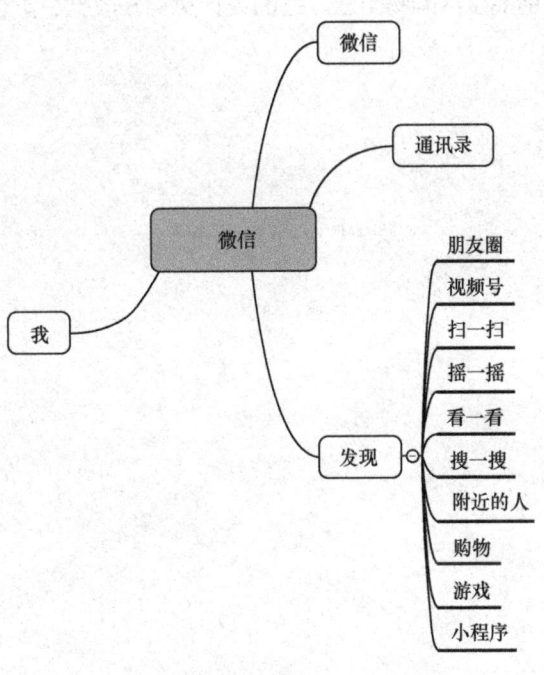

图2-15 微信部分产品结构图

交互设计是确定页面之间的跳转流程和用户的操作流程。例如，点击微信"我"页面的"头像"，进入"个人信息"页面。

（4）框架层

框架层要解决的问题包括信息设计、导航设计、界面设计三部分。在结构层上，我们定义了人物信息的大致范围，在这里就需要进行细化，定义人物信息的详细字段，如姓名、住址、工作地、毕业学校、年龄等，这就是信息设计。导航设计是页面内功能跳转的细化，考虑到功能的闭环和各种分支情况。

而将界面元素进行合理的排版,就是界面设计。

(5)表现层

表现层要解决的问题是产品的视觉设计,这也是产品设计的最后一步。视觉设计包括界面的整体风格颜色、字体的大小、分割线的颜色等,设计风格要符合产品定位的需求。例如,淘宝是一个零售网购平台,其定位是"千万好货首选之地",它的设计风格是偏热闹的,颜色鲜艳、多彩;小米有品的定位是精品生活购物平台,它的设计风格较收敛,颜色是素雅和安静的。

第3章
B端产品经理的职业路径和能力模型

任何人都需要具备一定的能力才能胜任相应的工作,也都需要不断地成长才能承担更重要的事情。而B端产品经理成长的基础在于自身能清晰地知道成长过程中的每个确定的目标,并且积极地采取行动推动目标实现,最终实现自我成长。所以,对于B端产品经理来说,知晓自身岗位的职业路径和能力模型,就是其成长的基础。

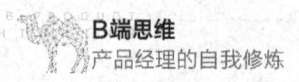

3.1 B端产品经理的职业路径

B端产品经理的职业路径可以让初入职场的从业人员明确自己的职业方向和职业定位。

3.1.1 职业路径、职业规划、能力模型

在具体讲述B端产品经理的职业路径之前,我们首先要了解职业路径、职业规划和能力模型,明确三者之间的关系。

职业路径

制定职业路径(职业发展体系)的主体是企业或组织,其为员工设计成长和晋升的管理方案,让每一位员工都可以朝着既定的岗位方向发展。

职业规划

制定职业规划的主体是个人,一般是指一个人从踏入职场开始到退休为止,根据自己的实际情况,如兴趣爱好、周围的环境、目前拥有的资源等,制定具有整体性、长远性的行动方案。在整套方案中,除了有对职业技能和知识的规划以外,还有对个人的人生观、价值观和世界观的规划。

能力模型

建立能力模型的基础是目标、职位或职业。在拥有一定目标对象的前提下,能力模型是指目标对象所要求的一系列不同的能力素质的组合,一般包括一个人的特质与动机、人生观、价值观、世界观、行为表现、知识及技能等。

我们从以上描述可以发现,无论是组织为员工设定的职业路径,还是个人为自己建立的职业规划,要想最终转化为行动方案,都需要外化成能力模型才能被人们直观地感知;同时,需将能力模型围绕职业路径进行拆解,进一步落实到职业规划中去。

我们以交互设计师这个职业为例,说明职业路径、职业规划与能力模型之

间的关系。

小艾是一名刚进入职场的交互设计师,她咨询了公司的资深交互设计专家后,为自己制定了为期6年的职业规划:从一名初级交互设计师成为一名行业内有名气的交互设计专家。但这样的职业规划较模糊,只有起点和终点概念,没有过程与详细计划。于是,小艾通过咨询公司相关部门,了解到公司为交互设计师制定的职业成长路径,并基于此路径对自己的职业规划做了进一步拆解,使两者匹配:初级交互设计师→中级交互设计师→资深交互设计师→交互设计专家。那么,小艾要如何才能达到自己的最终目标呢?此时就要能力模型出场了。小艾通过了解公司的晋升制度、咨询专家、查阅资料等方式,结合"用户体验五要素"模型,将自己的交互设计师职业规划转化为可视化的交互设计师能力模型,如图3-1所示。

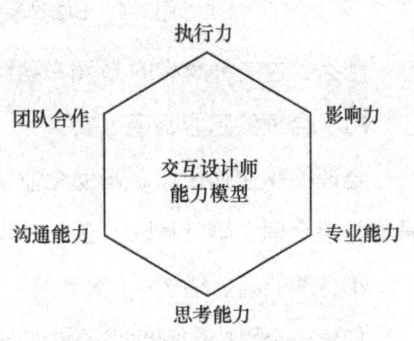

图3-1 交互设计师能力模型

但对于不同阶段的交互设计师来说,所需要的核心能力是不同的。在初级交互设计师阶段,需要具备执行力和专业能力;在中级交互设计师阶段,需要具备团队合作和专业能力;在资深交互设计师阶段,需要具备思考能力;在交互设计专家阶段,就需要具备影响力。所以,根据以上拆解,小艾就可以有条不紊地开始自己的职业规划了。

有以下三点需要注意。

(1)职业规划与职业路径并非一一对应的关系。通常来说,职业规划的概念广于职业路径。例如,我们可以规划自己既要成为一名优秀的管理者,也要成为一名技术精湛的专家。但是,一般在企业中,作为员工只能选择一条职业路径。

(2)职业路径与职业规划是相互促进的关系。职业路径可以帮助个人建立更清晰与合适的职业规划。而员工对自身的职业规划又可以驱动企业调整职业路径,使其更符合社会发展的需求。

(3)将职业规划和职业路径转化为职业能力模型才能被有效地执行,最终达到个人实现职业规划的目的。

3.1.2 B端产品经理的职业路径

目前有以下三种大家较熟悉的针对B端产品经理的职业路径，如图3-2所示。

1	产品专员→产品经理→产品总监
2	需求分析师→产品经理→高级产品经理→资深产品经理
3	产品专员→中级产品经理→高级产品经理→资深产品经理→产品总监

图3-2 B端产品经理职业路径的三种类型

那么，这三种类型的B端产品经理职业路径，哪种更合理、更普适呢？

（1）合理的职业路径

合理的职业路径可以帮助企业留下优秀的人才，而一个岗位的职业路径设置得是否合理，可以从以下三个方面衡量。

①合理的路径结构

构建一个岗位的职业路径（即晋升通道），首先需要明确该岗位的整个路径结构：为几个层级，层级和层级之间的联系是什么。职业路径层级不能过深，也不能过浅。层级过深会让员工感觉自己虽然一直在晋升的路上，但晋升了几次才到达半山腰，也会让员工感觉目标岗位的吸引力不足，让员工很难分清楚路径中每一层级之间的特点与界限。而层级太浅则会让员工感觉岗位和岗位之间的要求差别太大，要达到下一个层级还需要掌握很多能力，很难达到。所以，建立合理的职业路径层级不仅有利于员工的职业发展，也有利于企业对人才的培养。

②合适的路径内容

建立路径内容即建立每个层级的岗位能力模型。当岗位的职业路径结构确定后，需要对每一个层级进行详细的描述说明，要说清楚每个层级的核心职能、专业能力要求、绩效标准等，让每一位员工都能清晰地了解自己所要努力的方向。

③评审机制

员工的职业发展体系需要健全的评审机制支撑。例如，员工在晋升中需要

第 3 章
B端产品经理的职业路径和能力模型

人力资源部门和专家评审小组分别从不同的侧面考核。

（2）产品专员→中级产品经理→高级产品经理→资深产品专家→产品总监

由图3-2可知，第一种类型的B端产品经理职业路径分为3层，第二种和第三种类型的B端产品经理职业路径分为4层及5层。我们结合"合理的路径结构"这一条可以发现，第一种"产品专员→产品经理→产品总监"的职业路径，层级相对较浅，当员工达到了产品经理的岗位标准后，要继续晋升到产品总监，岗位能力跨度太大，需要花很长的时间才能实现。第二种"需求分析师→产品经理→高级产品经理→资深产品经理"的职业路径，就层级深度而言较合适，但目前业内对"高级产品经理"和"资深产品经理"这两个层级的能力要求接近，没有很明确的界限，甚至很多企业将高级和资深视为一致的岗位类型。第三种"产品专员→中级产品经理→高级产品经理→资深产品专家→产品总监"的职业路径，不仅从层级深度上说是合适的，而且每个层级之间的能力模型又可以很清晰地划分出来，可以说是建立B端产品经理职业路径的首选方案。

因此，B端产品经理的职业路径可以基于"产品专员→中级产品经理→高级产品经理→资深产品专家→产品总监"的层级去定义。

3.2　B端产品经理的能力模型

目前企业常用的能力模型有四类，分别是核心能力模型、职业能力模型、角色能力模型及职位能力模型。核心能力模型是整个组织能力的模型，与组织的价值观等保持一致；职业能力模型是围绕具体职业而建立的模型；角色能力模型是指在一个组织中，当职工暂时扮演某种角色时所需要关注的模型；职位能力模型是为具体职位而建立的模型。

一般情况下，能力模型常与职业结合，如交互设计师能力模型、售前工程师能力模型、数据分析师能力模型等。因此，本章要讲述的B端产品经理能力模型是指职业能力模型。

在B端产品经理职业路径的不同阶段，从业者需要具备不同的能力，这些能力的组合形成了能力模型。未入行或初入行的B端产品经理如果能清晰地知道自己的职业路径规划和每个阶段要具备能力的具体要求，就可以在成长道路上少走弯路，减少不必要的焦虑和疑惑。

3.2.1 产品经理的能力模型

产品经理应当具备的能力受到业界和非业界的广泛讨论，许多互联网企业从不同的角度论述了产品经理的能力模型（以下模型不分B端与C端）。目前广为人知且较经典的产品经理能力模型有三种。

腾讯产品经理能力模型

腾讯产品经理能力模型围绕4大能力框架、19个能力项目展开，如表3-1所示。

表3-1 腾讯产品经理能力模型

能力框架	序号	能力项目
通用能力	1	学习能力（基本素质）
	2	执行力（基本素质）
	3	沟通能力（基本素质）
	4	行业融入感+主人翁精神（关键素质）
	5	心态和情商（关键素质）
专业知识	6	技术知识（相关知识）
	7	项目管理（关联知识）
	8	其他知识：财务、心理学、美学、办公技能等（关联知识）
专业技能	9	产品规划：版本计划/节奏（产品能力）
	10	专业设计能力（产品能力）
	11	市场分析能力/前瞻性（市场能力）
	12	对外商务沟通（BD/P3以上）（市场能力）
	13	运营数据分析（运营能力）
	14	市场营销：品牌、公关、推广（运营能力）
	15	渠道管理（运营能力）
	16	市场/用户的调研与分析（客户导向）
组织影响力	17	方法论建设（领导力）
	18	知识传承（领导力）

(续表)

能力框架	序号	能力项目
组织影响力	19	人才培养（领导力）

腾讯产品经理能力模型的19个能力项目又被分别定义了五个级别，每个级别的能力难度逐层递增。笔者以"学习能力（基本素质）"和"执行力（基本素质）"为例进行讲述。

（1）学习能力（基本素质）

Level1：有学习愿望，能够在导师的指导或要求下进行学习，并掌握自身岗位所需要的知识、技能、工具和信息等。

Level2：具有积极的学习愿望，能够主动学习，并保持专业知识技能的更新；能够自学或主动向他人学习本业务领域的知识、技能；了解专业领域的最新发展情况并运用到工作中，创造符合岗位要求的绩效。

Level3：主动学习本业务领域的知识，能够融会贯通、积极共享；积极寻求和创造学习机会，善用学习资源，超越岗位需求，学习自身业务领域及相关领域的知识。

Level4：超越岗位工作需求，学习本业务及相关领域的知识，利用团队外的知识提高团队业务知识、技能；能够充当起团体外的知识资源协调者的角色，充分利用团队外的知识资源提升自身业务知识、技能；通过知识共享提高团队成员的知识、技能。

Level5：能够影响团队向学习型团队转变，成为同行标杆；能够带动团队其他成员主动学习，营造团队学习氛围，使学习成为团队的一种习惯，带动团队的业务知识水平居于组织相同团队的前列。

（2）执行力（基本素质）

Level1：能制定简单的工作计划，保证按时完成工作任务。

Level2：能抓住工作重点，综合多种因素制定工作计划，努力使工作达到优秀的标准，并能为自己设立具有适当挑战性的目标。

Level3：能够对工作计划的执行进行监控，善于应变以保证工作顺利执

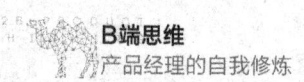

行，提高工作成果或工作效率，为自己设立具有挑战性的目标，为达到目标有效付诸行动。

Level4：在计划中事先预测问题的存在并做好准备，面对问题敢于承担一定的风险，能通过应变以保证实际的工作效果；面对未来的不确定性，敢于集中一定的时间和资源进行创新，达成挑战性的目标。

Level5：能领导部门树立执行文化，对突发问题能立即采取有效措施，能推动公司战略有序高效地落实与执行；面对挫折坚韧不拔，可采取持久的行动，不断付出努力。

腾讯产品经理能力模型是BAT中流传最广的，对于已经成为产品经理的从业者来说是一个很好的参考。

百度产品经理能力模型

百度产品经理能力模型围绕七项核心能力构建，如表3-2所示。

表3-2　百度产品经理能力模型之七项核心能力

能力一	产品设计能力
能力二	项目管理能力
能力三	人力资源管理能力
能力四	市场分析能力
能力五	组织协调能力
能力六	领导与决策能力
能力七	个人素质

笔者选取产品设计能力、项目管理能力及人力资源管理能力进行详述，如表3-3所示。

表3-3　"产品设计能力、项目管理能力、人力资源管理能力"子能力表

能力一	产品设计能力	权重（%）
1	用户导向：能站在用户的角度考虑问题；能长期不断地通过分析与实践，积累对产品规划和设计的专业知识	40
2	需求敏锐度：能敏锐地发现用户需求，及时响应用户需求	20
3	能撰写高质量的产品需求文档	30
4	熟练掌握产品设计所需的工具和技能，工作质量高	10

(续表)

能力二		项目管理能力	权重（%）
	1	决定工作内容，抓住关键点；合理规划工作重点，制定产品规划与发展路线并有效落实，迅速提高产品竞争力	30
	2	看待问题不仅能从自己的角度出发，而且要从整个公司长远的发展目标出发	10
	3	和各部门沟通协作，确定可执行的产品开发时间规划，并在研发过程中与研发团队密切合作，跟踪进度，保证项目质量	30
	4	对项目结果及时评估，保证有价值的经验教训能够及时转变为成功完成项目的能力	10
	5	将项目控制在合理的成本之内，将资源投入能产生最大产出的地方，避免资源浪费	10
	6	多项目并行的掌控能力，保证各项目有条不紊地按计划进行	10
能力三		人力资源管理能力	权重（%）
	1	能识别、招聘、训练、培养、激励人才	30
	2	建立并维系高昂的工作士气，保持团队的高效工作状态	10
	3	让合适的人做合适的事情，让恰当的人做富有挑战性的事情	30
	4	告知员工工作的合理目标与绩效标准，指导助理的工作，保证人才的健康成长，提升员工的工作绩效	10
	5	建立良好的工作氛围和环境	10
	6	宣导公司战略、目标、政策与管理流程，确保员工的理解与公司的表述保持一致	10

由表3-3可知，百度产品经理能力模型对每项能力包含的子能力进行了权重划分，不同阶段的产品经理对应不同的权重，每项能力中子能力的权重之和为100%。例如，产品助理岗位要求"产品设计能力"中"能撰写高质量的产品需求文档"的权重为20%、"熟练掌握产品设计所需的工具和技能，工作质量高"的权重为60%，产品经理岗位则将"产品设计能力"中"能撰写高质量的产品需求文档"的权重提升到60%、"熟练掌握产品设计所需的工具和技能，工作质量高"的权重下降到20%。

阿里巴巴产品经理能力模型

阿里巴巴产品经理能力模型围绕七大能力项构建，分别为产品设计、商业价值思考、产品规划、数据视角、用户价值、沟通协作和逻辑分析。阿里巴巴对这些能力项的具体解释如表 3-4 所示。

表 3-4 阿里巴巴产品经理能力模型

能力项	解释
产品设计	将需求理解、分解、明确后形成需求分析文档，并落实开发、跟踪实现效果的能力
商业价值思考	了解市场趋势、竞争对手动态和行业发展，认清未被满足的商业机会和市场价值，对行业和市场的未来有自己的看法和预见性的能力
产品规划	明确业务逻辑，与业务方共同制定业务规划和配套产品规划，推进公司目标实施的能力
数据视角	从数据视角剖析现象，挖掘数据价值；能够引入数据算法模型、平台、技术并主动推进在产品各个环节的应用
用户价值	能找准产品的核心用户价值，认清产品用户价值上的缺陷，做出提升用户价值的业绩结果
沟通协作	具有良好的口头表达和文档撰写能力，能与各类人员沟通协作，达成共识，协作完成工作
逻辑分析	能敏锐地思考分析、推理归纳，迅速掌握问题的核心，在短时间内做出合理、正确的选择；能系统地看清事情的全貌和格局，能把事物拆分开看，也能找到事与事之间联系

在阿里巴巴产品经理能力模型中，每个能力项对于 P6～P8 来说都是进阶型的。以"商业价值思考"能力项为例，阿里巴巴内部从 P6～P8 对商业价值思考能力的要求如下。

（1）P6：部门级能力范围。在一个大的产品线方向下，能在较模糊的情况下发现新商业机会，独立提出项目方案，进行模块化分解；面对模糊问题，分析现象，找到原因，挖掘问题，识别关键点，找到解决方案，判断优先级，拿到结果。

（2）P7：BU 级能力范围。对处于概念阶段的产品或模糊方向的业务，能快速、清晰地识别成败的关键点及优先级；日常的思考开始具备前瞻性，体现初步的策略思考能力。

（3）P8：BG 级能力范围。对公司相关策略的制定有自己的见解和深度参与；对网站业务、业内动态及竞争对手的动向有深入了解，能够提出具备前瞻性的业务规划和方案。

3.2.2 B端产品经理的金字塔能力模型

金字塔模型被广泛用于生活和工作的方方面面,如马斯洛需求金字塔模型、财富分布金字塔模型、独角兽企业地域分布金字塔模型等。笔者提出的B端产品经理的金字塔能力模型如图3-3所示。

从金字塔的最底层开始,由下至上依次为产品设计能力一级、产品设计能力二级、产品规划能力、综合能力与商业价值思考、战略性能力。这五层分别对应了产品专员、中级产品经理、高级产品经理、资深产品专家、产品总监。

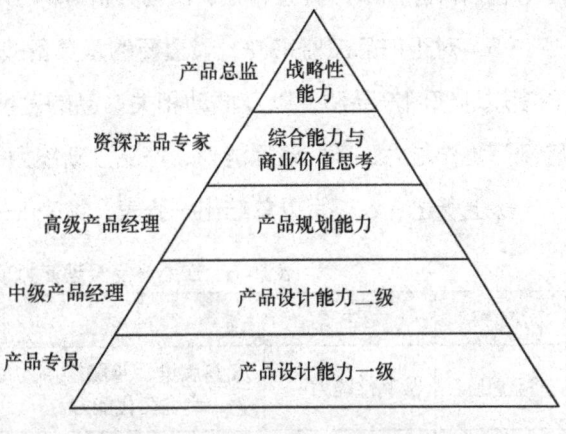

图3-3　B端产品经理的金字塔能力模型

(1)对于产品专员来说,最重要的是把事情做好。因此,产品设计能力一级是刚入门(0~2年)的B端产品经理需要掌握的能力,包括初级数据分析、PRD撰写、原型设计、功能设计、执行力等。这些能力可以帮助产品经理高效地完成工作。

(2)对于中级产品经理来说,最重要的是能做好产品的功能拆解、区分功能优先级。因此,产品设计能力二级是具有2~3年工作经验的B端产品经理需要掌握的能力,包括中级数据分析、用户研究、竞品分析、需求管理、汇报能力等。

(3)对于高级产品经理来说,最重要的是拥有抽象的产品设计能力,以及项目管理能力。因此,产品规划能力是具有3~5年工作经验的B端产品经理需要具备的能力,包括高级数据分析、业务分析、产品规划、信息架构等。

(4)对于资深产品专家来说,最重要的是具备架构能力、商业模式思维和管理能力。因此,综合能力与商业价值思考是具有5~8年工作经验的B端产品经理需具备的能力。综合能力包括领导力、协调能力、抗压能力,商业价值思考包括行业知识、行业洞察、市场分析等。

(5)对于产品总监来说,最重要的是具备战略性能力,能站在公司整体的高度规划部门产品线,以及推动相关产品的发展。战略性能力包括战略思维、跨部门协作能力、部门管理能力、产品创新能力等。

综上所述,我们可以总结出一张表,如表3-5所示。

表3-5 B端产品经理能力项详述表

岗位序列	能力项	子能力项
产品总监	战略性能力	战略思维、跨部门协作能力、部门管理能力、产品创新能力、商业转化能力
资深产品专家	综合能力	领导力、协调能力、抗压能力
资深产品专家	商业价值思考	行业知识、行业洞察、市场分析、商业逻辑、商务能力
高级产品经理	产品规划能力	高级数据分析、业务分析、产品规划、信息架构、迭代规划、项目管理
中级产品经理	产品设计能力二级	中级数据分析、用户研究、竞品分析、需求管理、汇报能力
产品专员	产品设计能力一级	初级数据分析、PRD撰写、功能设计、原型设计、工具能力、PPT能力、学习能力、执行力

在这里,我们要注意以下两点。

(1)同一项能力的逐层递进。以执行力为例,产品专员要具备的执行力是能制定简单的工作计划,保证按时完成工作任务;中级产品经理要具备的执行力则是能抓住工作重点,综合多种因素制定工作计划,努力使工作达到优秀的标准,并能为自己设立略具挑战性的目标。

(2)不同类型的B端产品经理在能力提升上有所侧重。由于B端产品经理所在的行业和面向的业务不同,所以在达到了高级产品经理的岗位后就要对自身技能进行侧重积累。例如,增长型B端产品经理要侧重积累用户研究、增长模型研究和产品运营方面的技能;策略型B端产品经理要侧重积累高级数据分析、算法模型研究方面的技能;商业型B端产品经理要侧重积累商业研究、行

第 3 章
B端产品经理的职业路径和能力模型

业洞察、市场分析方面的技能。

3.2.3 B端产品经理各阶段的能力项

上节讲述了B端产品经理在不同阶段应具有的能力项及其子项，接下来将围绕每个子项的基础内容进行讲解。

产品设计能力一级

（1）初级数据分析

数据分析已经被广泛运用在生活的方方面面。例如，今日头条会根据用户的文章浏览记录向用户推荐新闻，网易云音乐会根据用户的听歌记录向用户推荐类似风格的歌曲。从海量的数据中获取关键信息并运用到产品决策中，是一项很重要的技能。对于产品专员来说，需先学会初级数据分析，即了解和正确应用基础的数据分析方法，能准确高效地输出分析结果。

B端产品经理要达到初级数据分析的能力，首先需要了解数据分析工具。好的数据分析工具可以完成数据采集、数据分析、数据可视化等工作。市面上常见的数据分析工具有神策、诸葛IO、友盟。其次，B端产品经理需要了解一些常用且基础的数据分析方法，如关联表分析、相关分析、方差分析、聚类分析等。最后，B端产品经理要能够使用合适的图表，准确地输出可视化的数据分析结果，进行后期的数据分析。

（2）PRD撰写

PRD是产品需求转化为原型图的桥梁，撰写一份可读性高的PRD文档是刚入门的产品专员必须掌握的技能。B端产品的PRD文档包括编写目的、目标与背景、术语定义、系统用户范围、业务流程分析、功能综述、非功能性需求（如性能需求、扩展性需求、安全性需求等）和接口需求等。对于产品专员来说，写好PRD文档可以帮助自己理清产品逻辑，同时也可以让测试根据PRD建立用例；开发人员可根据PRD了解产品功能，实施开发计划；交互设计师可根据PRD完善原型细节。B端产品经理撰写PRD文档，最终目的是让参与整个项目的每位成员能互相达成共识、展开协作。

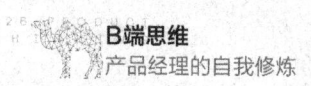

B端产品经理如何才能写出一份可读性高的文档呢？笔者认为可以从以下四个方面展开。

第一，文档结构清晰。虽然很多公司都有PRD文档模板，但是产品经理依然不能只是简单地把内容填写进去，而是要认真分析模板的结构，并在模板中补充合理的内容。例如，PRD的模板文档中定义了"业务流程分析"这一项，那么产品经理就需要分析是否用一张业务流程图就可以解释清楚整个产品的业务流程结构。如果不能，就需要进行业务流程图层级拆解，拆分成总业务流程图和各个模块的分业务流程图。

第二，详尽描述需求。产品经理要详尽地描述产品的业务逻辑、页面流程、页面各个功能点、交互逻辑、数据流转等。这样有利于项目成员接收到完整的需求，否则就会出现认知偏差。

第三，图文搭配描述。PRD文档不应该只有枯燥的文字，而应该是图文结合。通过图片，可以向阅读者传达更加精准的信息。

第四，准确的文字表述。PRD文档中语言表述严谨是衡量产品经理专业程度的标志，因此不要出现错误的专业术语和模棱两可的文字。

（3）功能设计

功能设计是产品经理日常工作的一部分，设计合理、好用并贴近业务场景的功能，是产品经理初入职场就要学习的技能。那么，B端产品经理如何设计可用且易用的功能呢？

第一是穷举原则。B端产品经理可以将某个功能所有可以想到的方案都列举出来。例如，表格新增数据功能，可以有弹框新增、侧边抽屉新增、在表格第一行新增、在表格最后一行新增四种方式。

第二是场景确定原则。B端产品经理在穷举方案后需要进一步确定功能使用的场景和环境，再确定合适的方案。例如，当前表格数据只有6列，且表头字段和数据内容都不长，在1366px的屏幕中可以完整展示，这时新增功能的方案就可以缩小范围了。弹框和侧边抽屉的方案都不合适，模态弹框的方式会打断用户的工作心流。

第三是比较原则。还是以表格新增数据为例。现在表格新增数据只剩下在表格第一行新增和在表格最后一行新增两种方式了，那么最终选择哪种方式呢？仔细分析后可以发现，如果表格的数据量大，数据新增在表格最后一行会导致屏幕数据迅速向上滚动，用户的操作体验不佳；如果在表格第一行新增数据（见图3-4），则符合功能与反馈的临近原则，同时不会出现大量数据迅速滚动的情况。

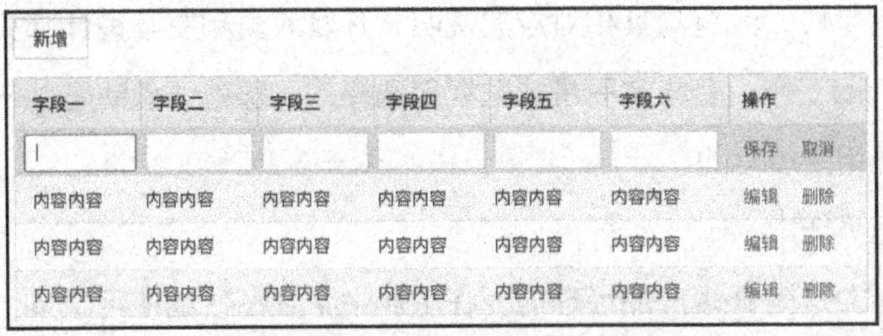

图3-4 在表格第一行新增数据

（4）原型设计

原型设计也是B端产品经理的一门必修课，是将PRD文档转化为图片表述的方式。在PRD文档中，产品需求是零散的，项目内成员在阅读PRD文档时很难将业务场景复现，也很难将功能串联起来；而原型图则可以清晰地表述页面之间的跳转流程、功能之间的关联性等，进而有利于项目成员快速理解产品和达成一致意见。同时，清晰的原型图还可以帮助交互设计师理解需求，设计更加优秀的交互稿。

B端产品经理在原型图设计时应多关注以下五个方面，保证自己能产出优秀的原型图。

第一，合理的导航结构。导航可以引导用户达到页面的特定位置，合理的导航给予用户清晰的指引，不合理的导航会误导用户的操作。

第二，合理的信息结构。信息结构主要是指页面内信息的内容组织形式。例如，将用户高频的操作放在明显的位置，将用户低频的操作弱化或折叠起来。

第三，合理的页面交互。页面之间往往具有关联性。例如，在购物网站，点击物品详情页的"立即购买"按钮，就会跳转到物品类型选择页面。便捷的页面跳转关系可以带给用户良好的体验。

第四，齐全的功能。B端产品经理在绘制原型图时，一定要把功能全部展现在原型图上，不能丢三落四。例如，表格数据的批量删除、批量修改功能，不能认为这些功能很常见就不画在原型图里。因为如果产品经理不画，开发工程师就不会开发这个功能。

第五，完整的内容。完整的内容有利于高效完成工作。例如，画个表单，表单里只有字段，没有与其相对应的说明，开发人员和交互设计师只能靠猜测来进行他们的工作；有些字段是从数据库选择的，那就要说清楚，不然开发人员会以为是用户填写的。

（5）工具能力

工具能力是指B端产品经理需要在工作中学会高效地使用工具，可以让工作事半功倍。

B端产品经理需要掌握的工具包括原型制作工具、用户需求调研工具、流程图工具、脑图工具、项目协作工具、文档协作工具。原型制作工具可以帮助产品经理完成产品页面的绘制，常用的有Axure、墨刀、Sketch。用户需求调研工具可以帮助产品经理以低成本收集用户需求，常用的有问卷网的表单工具、问卷星。流程图工具用来快速绘制各种业务流程图和功能流程图，常用的有ProcessOn、Visio。脑图工具可以协助整理想法和灵感，将产品功能快速地记录下来，常用的有Xmind、百度脑图。项目协作工具可以用于管理项目情况、查看项目进展等，常用的有Worktile、Teambition。文档协作工具支持多人同时编辑一个文档，有利于产品经理的PRD文档实时更新给团队成员，常用的有石墨文档、有道云笔记。

（6）PPT能力

B端产品经理经常要开会讨论和汇报，在这两种场合下，PPT就成了其展示关键内容的载体。因此，设计出一份兼具展示性和表达性的PPT，不仅可以提升B端产品经理开会和汇报时的效率，还可以与PPT听众有效地沟通。

PPT能力的培养不是一两天的事情，B端产品经理不仅要学会如何提炼内容、设定结构、表达观点，还需要将PPT的版面设计得整齐。我们可以从以下四个方面着手。

第一，结构合理。PPT 的整体脉络和结构需要合理且清晰，循序渐进且有重点的 PPT 层级结构是让听众听得明白的基础。

第二，内容精简。PPT 上呈现的内容不是让听众看的，因此不用写得过多，否则不仅版面拥挤，还会让听众觉得设计 PPT 的人不专业。

第三，颜色有规律。PPT 的颜色不能杂乱，要有规律，色彩搭配一般不超过 5 种。

第四，字体统一。PPT 中使用的字体一般不超过 3 种，否则就显得版面杂乱。B 端产品经理可以对 PPT 版面中的标题、正文和注释的字体进行区分。

（7）学习能力

学习能力被认为是人所有能力的元能力，正因具有学习能力，人才能变得更加优秀，从量变到质变。提升学习能力并非一两天能实现，却是一件高回报的事情。在腾讯产品经理能力模型中，学习能力是一项基本素质。

B 端产品经理如何提升学习能力呢？第一，对知识进行内化。也就是我们不能只是学习，而是要实践和应用，在实践和应用中获取知识的真谛，转换成自己的知识。第二，要学会整理和分析信息。我们每天都要接收大量的信息，如果不懂得整理和分析，那么我们将会被各种杂乱的信息淹没，找不到对自己有用的信息。而不断整理和分析信息，也可以使我们的学习能力得到提升。第三，要学会自我反思。反思可以帮助我们明晰问题发生的原因，确定自我改进的目标，促进自身能力的发展。

（8）执行力

执行力是指把目标变成行动，把行动变成结果。企业非常看重员工的执行力，没有执行力就没有企业的未来。执行力对于 B 端产品经理来说是产品取得成功的必要条件。那么，B 端产品经理如何提高执行力呢？

第一，目标分解。目标分解是将总体目标从纵向维度、横向维度进行逐层分解。如果目标不进行分解，绝大多数人在面对复杂度高的目标时会无从下手。但是，将总目标分解成多个阶段性的小目标，逐一完成，就会容易多了。

第二，任务迭代。一项任务不可能一下子做到最好，迭代完成就是一个合理的方式。例如，面对一项三天后要提交给领导的 PPT 任务，就可以进行迭代完成：先将框架结构的初稿提前给领导确认，再将填充完内容的 PPT 给领导确认，最后进行 PPT 排版优化工作。

产品设计能力二级

（1）中级数据分析

到了中级产品经理阶段，B 端产品经理需要具备中级数据分析的能力，主要表现为能熟练和正确使用分析方法、快速和正确地提取有效数据。

快速提取有效数据，首先要了解数据被提取出来的用途，否则提取出来的数据多半是没有价值的。其次要确定合理的数据源，否则就没有提取数据一说，而且不划定可靠的数据源范围就很可能提取一堆无效的数据。最后要知道使用哪些方法可以提取这些数据，如相关的资讯网站、网络爬虫等。

（2）用户研究

用户研究是 B 端产品设计中很重要的一个环节。研究用户群体是哪些人，用户的需求、期望与产品的商业价值是否匹配等，与用户需求匹配的产品才有可能为企业带来价值。那么，B 端产品经理该如何学习用户研究呢？

第一，明确用户研究的目的。新产品和老产品在用户研究上的目的是不同的，新产品的用户研究是辅助产品经理明确产品方向，而老产品的用户研究则是帮助提升产品的用户体验。

第二，了解用户研究的方法。了解用户研究的方法是展开用户研究的基础，使用合适的方法可以获得有效的结果。

第三，对用户研究结果进行分析。这是用户研究中最难的环节，但掌握一些优秀的用户研究分析方法可以事半功倍，如 KANO 模型、四象限分析、SWOT、马斯洛需求模型。

（3）竞品分析

在中级产品经理阶段，B 端产品经理就要开始学习竞品分析了，了解竞争对手，才能反向思考自身产品的走向。竞品分析里学问颇多，很多新手在分析竞品时通常抓不住重点，把竞品所有内容都分析一遍，这样大而全的梳理是不可取的。所以，B 端产品经理在进行竞品分析时要有范围、有重点。

第一，划定竞品范围。竞品选择决定了竞品分析的质量，所以在选择时首先要选择直接竞品，其次要选择市场占有率高的竞品。

第二，确定自身产品需解决的问题。如果 B 端产品经理不清楚自己的产品目前要解决什么问题，就无法确认要分析竞品的哪个方面。

第三，确认分析的重点。分析竞品可以从功能、业务、市场规模等角度进行。实际上，分析范围大而全并不是好的分析方法，竞品分析要做到有的放矢、目标明确才好。

（4）需求管理

到了中级产品经理的阶段，B 端产品经理就要学会自己管理需求，包括需求来源、需求收集、需求整理和归类、安排需求优先级。

第一，把控需求来源。需求来源一般有用户调研、数据分析、用户直接反馈、产品自我迭代。虽然来源越多越好，但 B 端产品经理需要把控需求的源头，而不是无论从哪里输入的需求都接收进来。

第二，需求描述要尽可能的详细。收集需求时不仅需要找到目标人群和记录目标人群的需求，还需要记录需求发生的场景。

第三，对需求进行整理和归类。B 端产品经理要先将合理的需求筛选出来并分类，如 Bug 类、新功能类、用户体验类等。

第四，根据当前产品的进度情况，对归类好的需求安排设计和开发的优先级。

（5）汇报能力

汇报能力是一项软技能，B 端产品经理具备优秀的汇报能力会带来很多好处。

第一，在汇报前准备充分。首先对汇报内容的层次结构做清晰的梳理，其次对汇报的内容要了然于胸，清楚地知道内容之间的前后关系、因果关系。

第二，预设在汇报结束后会被提问的问题，要有应对策略。

第三，在日常工作中进行有意识的训练。

产品规划能力

（1）高级数据分析

到了高级产品经理阶段，B 端产品经理除了自身具备数据分析能力以外，还要能指导产品专员进行数据分析工作。因此，B端产品经理要锻炼自己指导他人工作的能力。

第一，换位思考。B端产品经理到了高级产品经理的岗位上，就已经具备了很多能力、成为部门骨干。但是，在指导产品专员工作时，B端产品经理不能认为自己懂的对方也应该懂，这样会导致工作指导浅而效果不佳。高级产品经理必须换位思考，将工作要求向产品专员叙述清楚。

第二，告诉对方正确的方法。产品专员刚入门时对很多数据分析方法还不了解，高级产品经理要将正确的方法告诉给他们，让他们少走弯路，同时鼓励他们寻找更好的方法解决问题。

第三，保持和产品专员多沟通。沟通是解决问题的有效方法之一，高级产品经理要主动和产品专员多沟通，以便及时发现问题、纠正问题。

（2）业务分析

B端产品界面上呈现的所有要素都和业务有关系，不了解业务就设计不出符合用户需求的产品。在产品经理这个岗位任职越久，对业务就要了解得越深，甚至成为专家，这样才能做出有创新又符合市场需求的产品。

业务分析是对目标对象的业务架构进行拆解和重塑的过程。首先，展开业务分析前需要确定分析的目标和场景。例如，要分析数据开发的流程，那么就要先确定此次分析的目标是"数据开发"，同时确定数据开发在什么场景下进行。其次，理清业务节点之间的关系。数据开发是由多个业务节点串联起来的，包括数据收集、数据清洗、数据建模等，要梳理清楚这些节点之间的前后关系。最后，分析业务流程是否可以被优化。在业务流程优化中有两点要注意。其一，业务流程是合理的，那么我们可以优化流程间的用户体验。其二，当前的业务流程不合理，还可以再精简，那就要重新梳理业务节点间的关系，重塑业务流程。

（3）产品规划

到了高级产品经理阶段，B端产品经理就需要开始学习产品规划了。笔者认为，B端产品经理真正开始负责一款产品的标志就是产品规划。此时产品经理需要对产品的用户体验、商业价值、未来发展等各方面进行考量。这不仅仅是设产品的功能，更是对产品负责。那么，B端产品经理如何进行产品规划呢？

第一，现状调研。现状调研是指调研市场的现状和自身产品的现状。市场调研是指B端产品经理要了解所要规划产品的市场发展趋势、业界相关标准、涉及的技术等。自身产品的现状调研包括已经开发了哪些功能、团队成员的状况、关联产品有哪些等。

第二，产品定位。产品定位包括定位产品的核心用户群、核心功能、产品特色等。

第三，建立产品规划图。清晰的产品规划图有利于团队成员以此为依据展开讨论，最终确定产品的发展方向。

（4）信息架构

信息架构设计能力是衡量B端产品经理专业功底是否扎实的标准之一。大部分B端产品经理的日常工作是设计产品功能点，而具备整体性思维的B端产品经理通常会承担设计产品信息架构的重任。如果B端产品经理没有全局观，就很难做好产品信息架构设计。

B端产品经理如何梳理好产品的信息架构？

第一，要对产品有整体、全面的认知。B端产品经理不仅要知道产品的具体功能，还要知道产品内部角色划分、权限分配、数据存储和流转等具体操作。

第二，要知道当前产品在整个产品体系中所处的位置。因为有些产品不是独立存在的，必须要和其他产品配合使用才可以，如中台产品。

（5）迭代规划

互联网产品的迭代速度越来越快，而产品迭代需要规划，这不仅有利于产品功能可以被有序地开发，还有利于提高团队的协作度。

产品迭代规划如何进行？

第一，需要确定产品迭代周期。不同企业的不同产品，迭代周期不同，B端产品经理需要明确自身产品的迭代周期。固定的迭代周期计划有利于团队清楚每次迭代的时间节点，从而安排好自身的工作。

第二，做好需求规划。需求规划包括需求描述、需求优先级（高、中、低)、需求状态(未确定、开发中、测试中、已发布)、依赖需求、备注等。清晰的需求规划能让团队的每位成员都知晓需求当前的进展。

(6)项目管理

到了高级产品经理阶段,B端产品经理就要学会项目管理,否则产品不能如期交付的可能性极大。项目管理过程中可能会出现很多问题。例如,项目成员在产品开发过程中插入了一些优先级很低的需求或待确认的需求,以致延误了正常需求的研发进度;在产品开发过程中,已经确认的需求忽然被提出要变更。这些问题都是项目管理过程中的风险管控不当所致。因此,B端产品经理学会项目管理非常重要。

B端产品经理如何做好项目管理?

第一,任务拆解。B端产品经理要根据项目的实际情况对项目进行层层拆解,颗粒度越细越好,然后把任务分配到相应的人员,而且一定要强调任务的交付时间点。

第二,任务传达。任务拆解完成后,B端产品经理还要召集项目成员一起对任务拆解的结果进行评审和确认,这是为了让项目成员了解任务的总体目标,明确自己在项目中承担的责任,激励大家围绕目标一起努力。

第三,每日站会。通过每日站会,项目成员可以及时发现项目开发过程中的问题,从而避免发生风险。

商业价值思考

(1)行业知识

B端产品经理进入资深产品专家行列,就需要具备商业模式思维了,这是一个更加宏观层面的思维模式。此时就不能只将眼光放在产品细节的设计上,而是要了解行业状况,从全局性和整体性的角度思考产品、规划产品。

B端产品经理如何补充行业知识?

第一,深挖行业案例。对标自己产品所在的行业,寻找直接竞品,挖掘行业中的优秀案例,仔细分析其在行业中是如何存活并发展起来的。

第二,熟知行业规则和商业形态。例如,SaaS化的B端产品都是基础版免费使用，用户想要更多的功能和服务就要按需付费，这与传统软件的商业模式不一样。

第三，发掘行业痛点。每个行业都有各自的痛点。例如，在医疗行业中，患者进入医院挂号到看病完成有一系列的流程，这些流程是固定的，且很耗时。B端产品经理可以深入分析流程中的问题，挖掘产品设计的机会点，提高患者看病的效率。

（2）行业洞察

B端资深产品专家不仅要了解行业知识，还要学会洞察行业。层层剖析行业，找到行业中的痛点和增长点，寻找解决方案，最终实现商业价值。

洞察行业可以使用逻辑树分析法，这是一个把大问题拆分成层层小问题的方法。麦肯锡公司咨询顾问艾森·拉塞尔说："逻辑树又被称为问题树、演绎树和分解树等，不但是我们界定问题与议题之间联系的纽带，而且还能在解决问题的过程中建立一种共识。"简单地说，就是当我们分析某个问题好或不好时，可以不断询问"为什么会出现好或不好的结果"，直到无法再询问下去为止。举个例子，用逻辑树洞察企业级SaaS行业现在发展势态很好的原因，如图3-5所示。

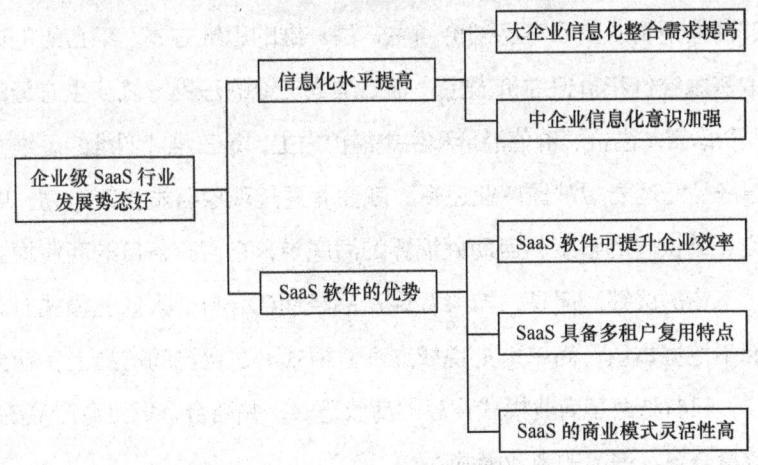

图3-5　逻辑树洞察企业级SaaS行业

（3）市场分析

进行产品的市场分析有利于团队发现新的市场机会，及时采取措施使企业

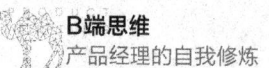

获得更好的经济效益和社会效益。虽然很多企业会有专门的团队进行市场分析，但是 B 端产品经理到了资深产品专家阶段，也需要对产品的市场情况进行梳理和分析，指导团队的产品计划。

做好市场分析可以从宏观角度切入。

第一，政治分析，即分析国家的当前政治形势和法律环境。

第二，经济分析，即分析国家或地区的经济规模和当前经济的发展情况。一个行业所处的市场规模大，对企业的发展会相对有利。

第三，社会分析，即对社会人口、文化、宗教信仰、教育、价值观念等的分析。例如，在受教育程度高的地区，人们的消费理念会相对超前。

第四，技术分析，即分析当前技术发展的水平、技术的特点等。例如，当下大数据、人工智能非常火，B 端产品经理在设计产品时也可以适当考虑纳入新技术，提升产品的市场竞争力。

（4）商业逻辑

商业逻辑是众多商业模式背后的底层思维，商业模式有商业逻辑的支撑，才能在更高格局上促进企业的发展。商业逻辑分为产品级、平台级和生态级。产品级的商业逻辑以获取产品溢价为主，是一维的思维方式。平台级的商业逻辑以获取资本溢价和价值溢价为主，是二维或三维的思维方式。生态级的商业逻辑则以获取资本溢价、价值溢价和生态溢价为主，是三维或四维的思维方式。

B 端产品经理要想掌握商业逻辑，就要有透过现象看本质的能力。咖啡界的星巴克、茶饮界的喜茶、自助火锅界的海底捞，它们有各自的商业模式，并且获得了不错的成绩。但是，如果 B 端产品经理在分析他人商业模式时只看到现象，而不挖掘本质，简单地把现成的商业模式套在自己的产品上，就会出问题。所以，只有看透了商业模式背后的商业逻辑，并结合分析自身产品的情况，才能建立符合自身产品的商业模式。

（5）商务能力

商务能力的核心是商务谈判能力。很多企业在销售人员出去推广产品时，需要资深产品专家协助他们将一些产品规划和生态上的内容解说给客户听。还有的时候公司要拿下一些头部客户，需要B端产品经理先行拜访，亲自将产品的情况讲清楚。所以，B端产品经理必须提高商务能力。

第一，学习谈判技巧。这项内容可以从书籍中学习，可以在实际过程中学习，也可以咨询资深的谈判专家。

第二，练习谈判能力。B端产品经理要有意识地练习，但凡有机会拜访客户，就要积极地行动起来。

第三，反思积累经验。每一次谈判完成，要对谈判过程中的失误做出反思，对成功之处进行积累，不断成长进步。

综合能力

（1）领导力

领导力并非天生就有，需要后天培养。拿破仑曾经说过："一只狮子带领的绵羊队伍，可以打败一只绵羊带领的狮子队伍。"这直接说明了领导力的重要性。B端产品经理到了资深产品专家阶段就要带领团队，这时需要提升领导力，从思想层面影响团队成员。

第一，提高自身的创新力。B端产品经理要注重培养自身的创新思维，总结前人的经验和教训，在实际工作中发掘新的机会点，创造新的方法，而不能人云亦云，亦步亦趋。

第二，提高自身的影响力。成为一个人人愿意追随的领导者，就需要具备较高的魅力、产生持续的影响力。B端产品经理在日常过程中要以身作则、以理服人，同时要多为团队成员着想，履行对他们的承诺。

第三，持续学习。这是为了让B端产品经理在带领团队向前冲的过程中始终保持正确的方向，不至于因为在某个知识点有盲区而导致团队整体方向出现偏差。

（2）协调能力

协调能力是领导者在沟通和决策环节的协调指挥才能。资深产品专家通常需要进行组内事项协调、组与组之间事项协调、部门间事项协调等。

B端产品经理提升协调能力可以从三方面入手。

第一，学会理解他人。站在他人的角度多考虑，只有理解了他人的所想，才能提出合理的方案，产生较好的沟通效果。

第二，学会肯定他人。在沟通过程中，即使他人的观点很有问题，B端产品经理也要给予某方面的肯定，保证双方能更好地沟通下去。

第三，提出自己的观点。在双方沟通的过程中，B端产品经理要有理有据地提出自己的观点，推进双方达成一致的结果。

（3）抗压能力

抗压能力一般是指心理承受能力，即一个人在面对挫折的情况下，自身的承受和调节能力。在职场中，拥有良好抗压能力的人距离成功会更近。

第一，保持情绪稳定。在工作中，我们一定会面临各种各样的问题，此时要学会保持情绪稳定，这是处理好事情的前提。如果带着焦躁的情绪，怎么能把事情理顺、优雅地处理完成呢？

第二，学会变通。解决问题的办法不是只有一种，在遇到一条路走不通时，我们可以思考有没有其他方法，而不能自怨自艾、止步不前。

第三，培养兴趣。培养兴趣可以分散注意力，减轻压力。

战略性能力

（1）战略性思维

B端产品经理到了产品总监级别，就已经是部门经理，所带领的不再是一个产品团队，而是整个BU了。这时就要站在全局的高度，运用战略性思维为整个部门制定年度规划。

沃顿商学院对两万多名管理者进行研究发现，有以下六项技能对培养战略性思维很重要。

第一，预见，即运用已知的知识判断未来的价值，让企业获得优势。支付宝的诞生就是马云预见能力的体现。

第二，挑战，即不盲从过去的经验，而是站在更高的视角思考问题，打破常规、寻找突破。

第三，阐释，即领导者要对自己提出的复杂观点进行解释，帮助同事们理解。

第四,决策,即领导者面对快速变化的市场,在考虑各种可能性以后果断且精准地为部门做出长短期目标的能力。

第五,协调,即领导者不仅要制定战略,还要跟进和协调战略,让利益不同的各方找到共同的利益点,并为一个共同的目标努力。

第六,学习,即为团队制定复盘计划,交流经验教训;展开团队互评,查找不足与进步空间;进行团队共创会,收集好的点子并展开讨论和落地。

(2)跨部门协作能力

一项工作很多时候不能依靠单个团队完成,往往需要多部门配合。这时每个部门的利益都是不同的,就需要让部门之间在某一点上达成共识,从而推动事情往前进行,并得到快速执行。作为产品总监的B端产品经理要具备跨部门协作能力,高效完成跨部门的沟通与协作。有以下几条原则可以遵守。

第一,沟通前做好充分的准备工作。部门之间沟通不畅,有时是因为准备不足引起的,在沟通中没有将事情的全部表达清楚,有遗漏或表述有偏差。

第二,换位思考。B端产品经理要多想想业务部门最在意的是什么,站在他们的角度沟通事情。

第三,创造共同目标。有效协作的关键是各方拥有共同的目标,一切为了共同的目标而努力。

(3)部门管理能力

部门管理能力包括制定完善和可操作的部门规章制度,明确部门职责与人员分工,提升部门人员的管理能力与综合素质,加强部门间人员的合作,以及加强部门与公司其他部门之间的合作。那么,B端产品经理如何提升部门管理能力?

第一,了解公司的运作方式。在了解公司全貌的过程中,明晰本部门在公司整体中扮演的角色和要为公司解决的主要问题,以及与其他部门如何进行合作互动。

第二,了解部门的运作方式。不同部门的运作方式是不同的,了解每个部门的运作方式,有利于优化本部门的运作方式、提高与其他部门之间的合作效率。

第三,学习部门管理方面的知识。有针对性和持续性地学习管理知识是必不可少的,部门内的事情在变,部门中的人员在流动,部门内的管理就是一个持续迭代的过程。

（4）产品创新能力

科学家钱学森说过："人不求灵感，灵感也不会来，得灵感的人总是要经过一长段其他两种思维的苦苦思索来作其准备的。"这里的"其他两种思维"是指形象思维和抽象思维。因此，产品创新力讲的不是颠覆性创新，而是微创新，从现有产品的细节着手，提升产品在市场上的竞争力。

第一，善于反思和总结经验。做完一件事，不反思、不总结，就不知道这件事情哪里做得不对，下次再遇到类似的事情依然会犯错。在实施产品创新的过程中，遇到创新不被市场认可，那就要多反思、多总结。

第二，善于借鉴和重构。很多时候创新不是创造一个前所未有的事物，而是对已知的事物进行分解和重构。乔布斯对iPod的微创新就是一个很好的例子。MP3播放器其实早就有了，但iPod之所以能够流行，就在于它漂亮的外观，以及可以存储1万首歌的大容量（用了东芝的小硬盘），这两点直接击中了年轻人在听歌上的核心需求。

第三，建立深度的思考能力。只有经常训练自己透过现象看本质的能力，才能建立深度的思考力，才有可能出现创新力。

（5）商业转化能力

企业是以盈利为目的组织，企业中的大部分要素都是服务于市场的。因此，产品总监要具备商业转化能力，让自己负责的要素进入市场，为企业盈利。

第一，培养寻找空白市场的能力。有空白就有机会，拼多多就是一个极佳的例子。2015年，拼多多发现了中低端消费市场存在巨大的需求，于是通过微信社交裂变的玩法实现了用户数的指数级增长。截至2019年第一季度，财报显示拼多多年活跃用户数达到4.4亿个。

第二，培养敏锐的洞察力。别人没看到，而你已经发现，你就会快人一步占领市场。在拍照这件事情上，人们喜欢手机拍照的便捷性，也喜欢莱卡相机拍出的照片所呈现的细腻度与立体感。因此，华为从Mate 9系列开始便与莱卡合作，将莱卡的镜头技术加入华为高端手机中，成了售卖的亮点。

第4章
B端产品经理的产品思维

　　产品思维是产品经理在工作中常用的思维方法,这些思维方法能从理论层面指导产品经理的实际工作。业界比较有名的产品人梁宁、俞军等都提出过自己的产品思维,但他们的产品思维主要是针对C端产品经理的。因此,笔者根据自己的实际工作经验,再结合老师们的产品方法论,总结了B端产品经理的产品思维。

4.1 产品世界观

世界观是人们对整个世界的看法与观点。对于 B 端产品经理来说，产品世界观是 B 端产品经理对产品的整体认知，是指导 B 端产品经理规划、设计、营销产品的底层逻辑。张小龙的产品世界观中有一个观点："做好产品首先需要的是理性的能力，人文关怀应该建立在理性的基础上。"张小龙认为理性是产品的基础，这个观点用在微信上，使微信很克制、很理性。例如，在微信刚诞生时，其欢迎语中对用户的称呼是"你"，而不是"您"，因为微信的产品经理认为，微信和用户是朋友。现在，微信会将一些广告安静地投放到用户的朋友圈，而没有过多地干扰用户的社交，也体现了微信理性的世界观。因此，B 端产品经理的产品世界观决定了他能给这个世界创造什么样的产品。

4.1.1 理性是构建产品的基础

B 端产品经理将一个产品从无到有地设计出来，不能只凭臆想，也不能参照 C 端产品经理从自然人"贪婪、懒惰、暴怒、嫉妒、虚荣"的底层需求挖掘用户痛点的方法。B 端产品的构建是以企业为基础的，企业痛点的特质是理性化、逻辑化、流程化。

（1）感性与理性，哪一种更贴近 B 端产品

在回答这个问题之前，笔者先和大家聊一聊 2001 年诺贝尔经济学奖得主丹尼尔·卡尼曼在他的著作《思考，快与慢》中提出的人类大脑的两套思维体系——系统 1、系统 2。

系统 1（快思）是直觉性和感性驱动的思考方式，它无意识地根据记忆、经验等对现状做出迅速的反应。例如，当问到香蕉是什么颜色时，所有人都可以很快速地做出回答。这是系统 1 运作的结果。

系统 2（慢思）是逻辑性和理性驱动的思考方式，只有当系统 1 遇到了困难时才会向系统 2 求助，系统 2 需要消耗一定的精力调用已有的认知资源解决问题。例如，当问到 99.99+56.98+33.33+45.98 等于多少时，有多少人可以迅速做出回答呢？大部分人都需要通过工具好好计算一番才能得出答案。

对于 B 端产品经理来说，在设计产品时使用系统 1 是无法将产品底层的设计逻辑想明白、弄清楚的。B 端产品服务的目标对象是企业，企业运作机制的逻辑性和严肃性决定了企业痛点的解决需要 B 端产品经理调用系统 2。例如，A 企业希望能有一款无须写代码就可以帮助企业快速配置各种业务流程的产品。B 端产品经理想起来之前有研究过工作流设计器，但是一下子想不起来很多细节，必须重新开始研究。同时，他也要调研目标企业的业务诉求，才能把 A 企业要的产品设计出来。可见，系统 2 更贴近 B 端产品的设计要求。

（2）产品要顺应企业的发展逻辑

随着我国消费互联网的红利见顶、产业互联网兴起，企业开始在产业互联网的土壤中展开自我革命。如今，企业越来越注重通过信息化管理自身和员工，从而提升生产效率，降低生产成本。

2018 年是改革开放 40 周年，在这 40 年里，我国经济经历了高速的增长。但是，作为经济增长主体的企业在信息化管理方面却没有同步跟上，还在采用粗放型的管理方式。企业管理效能的低下将会影响企业的经营利润，尤其是那些受到互联网冲击的传统行业。同时，大企业中使用的 ERP 等软件费用高昂，实施难度大，不是一般中小企业可以承受的。对于中小企业来说，要想达到企业管理的信息化虽然诉求急迫，但异常艰难。

钉钉顺应了当下企业发展逻辑的两大要点：第一，企业已经有了信息化管理的需求；第二，中小企业迫切需要适合自身的信息化管理软件。因此，在 2015 年底，钉钉一经推出，企业用户数量就突破了 100 万家，到 2016 年底更是突破了 300 万家。截至 2020 年 5 月底，钉钉的企业组织数量超 1500 万家、用户数超 3 亿个。钉钉的成功绝不是偶然，也不是钉钉产品经理的感性思维起的作用，而是钉钉洞察到了企业根本诉求的体现。

B端产品经理想知道自己负责的产品是否顺应了企业的发展逻辑，可以用以下四个问题进行自测：

①企业当下的痛点是什么？

②目前的产品真的可以解决企业的痛点吗？

③使用这个产品会给企业带来什么价值？

④不使用这个产品，企业是否还有其他替代方案解决自身痛点？

4.1.2 世界的变化促进产品演进

新商业模式的出现、新科技的涌现、人们生活水平的提高……世界只要在发展，就会促进产品演进。所以，B端产品经理要时刻关注世界的变化，为自己负责的产品做准备，切忌闭门造车。

个性化推荐技术是基于人的年龄、喜好、浏览行为等大数据匹配个体感兴趣的资源。在个性化推荐技术还未成熟时，用户在大量信息中寻找自己所需的信息只能通过自己的主动搜索。但是，并不是所有时候用户都清楚自己到底要什么，这时个性化推荐技术就可以解决用户在没有明确目标下的搜索需求。

乘着个性化推荐技术这艘船，行驶得最稳、最远的当属今日头条。个性化推荐技术是今日头条的核心，能有效帮助用户快速发现自己感兴趣的信息，提升用户体验，加强用户对产品的黏性，减少无效信息对用户的干扰。精准的个性化推荐技术最终使今日头条在进入市场的短短两年内积累了2亿多的用户，每天有超过2000万用户在上面阅读新闻。

2015年，天猫"双十一"全面启用准备已久的个性化推荐技术。不负众望，个性化推荐技术为天猫带来了"双十一"主会场首次个位数的跳失率，并且引导人数是前一年的2~3倍。个性化推荐技术让女生在页面上看到的是女装、美妆，让男生在页面上看到的是男装、数码产品，给人们带来了全新的无线端购物体验。到了2016年，个性化推荐技术更是使用在了无线端的每个场景中，不仅限于"双十一"主会场。同时，个性化推荐技术也解放了天猫和淘宝以人工为主分配流量和资源位的方式。

个性化推荐技术让产品千人一面的时代发展到了产品千人千面的时代。如果今日头条和天猫没有注意到个性化推荐技术可以带来的价值，就不会有现在这样红火。

世界变化会促进产品演进，B端产品经理既要有敏锐的嗅觉，也要有格局，能抓住时机促进产品向上成长。

4.1.3 产品具有改变世界的能力

世界变化可以促进产品演进，产品也具有改变世界的能力。相信自己的产品可以改变世界，是B端产品经理心中必须要有的信念，这样才能把产品做好。

高铁、扫码支付、共享单车和网购，这四项事物切切实实地对我国乃至全世界产生了重大的影响。高铁和共享单车改变了人们的出行方式，扫码支付改变了人们的支付方式，网购改变了人们的购物方式。

支付宝从2003年推出至今，经历了17个年头，它彻底改变了我们的消费思维和习惯，颠覆了世界，出门无须带钱包的时代已经到来。但支付宝刚推出时，谁也没想到它可以改变世界。2003年淘宝刚成立时，商家对先发货后收钱的方式不认同，消费者对先付款后收货的方式不认同。对于马云来说，这种情况无法让淘宝运作起来。于是，他推出了淘宝的支付结算系统——支付宝。当时支付宝的使命就是解决买家与卖家之间的信任问题，而事实上也确实解决了淘宝的支付结算问题。2004年，支付宝从淘宝中独立出来。因为马云认为支付宝不应该仅限于淘宝使用，而是可以在社会中任何需要支付的商业场景使用。支付宝虽然经历了央行的屡次施压（例如，规定支付宝静态扫码的最高限额），以及微信等第三方支付的冲击（例如，很多购物中心暂停使用支付宝，仅能使用微信支付），但这一切都没有将马云打倒，他依然坚定自己的信念，相信自己做出的决定，相信支付宝。支付宝也确实不负众望，几乎覆盖了社会中所有的商业场景，如旅行、基金、交通、医疗等领域，已经成为国内第三方支付的巨头。2016年，国内移动支付市场规模达到2.9万亿美元。随着本土红利逐渐消失，以及我国游客对支付宝海外使用的需要，支付宝开始开拓海外市场。据统计，支付宝目前覆盖了欧美、日韩、东南亚等地区。而在印度，蚂蚁金服是印度最大的支付平台 Paytm 的最大股东。可以说，支付宝真正影响了世界。

《财富》杂志每年都会发布改变世界的 50 大公司，评选的标准不是单纯的经济价值，还有社会影响、有益社会的举措为公司带来的经营收益、创新程度和企业整合。2019 年，我国的比亚迪、阿里巴巴、百度上榜了《财富》杂志改变世界的 52 家公司。由此可见，大到做企业，小到做产品，无一不在改变世界。B 端产品经理心里要有一个梦，一种理想，向着改变世界而努力。

4.2 客户中心思维

我们在做产品特别是 C 端产品时，都是提以用户为中心的设计思想，也就是以使用者为中心的设计思想。但为什么笔者在此不提用户中心思想，而是提客户中心思想呢？笔者先为大家解释"用户"与"客户"的区别。

"用户"是社会中某一类人的需求集合，是付费并使用产品或仅直接使用产品的群体。

"客户"是指通过购买产品或服务以满足其需求的群体。客户不一定是直接使用产品或服务的群体。

因此，两者本质的区别在于用户是使用产品的人，而客户是为产品付费的人。例如，线上教育类产品的客户是父母，用户是孩子；OA 类产品的客户是企业，用户是员工。B 端产品的付费方是企业，使用方是员工。因此，B 端产品经理在设计 B 端产品时需要有以客户为中心的产品思维。

4.2.1 深度理解企业的核心诉求

建立以客户为中心的产品思维，首先需要 B 端产品经理从深度理解企业的核心诉求出发去思考。那么，企业的核心诉求有哪些呢？笔者认为从企业的本质考虑，将会对此有清晰的认知。

(1)降本

企业的核心诉求之一是降本,它是企业抵抗外部竞争和内部压力的有效方法,是企业发展的基础。在市场环境中,企业之间的竞争,归根结底是企业间成本的较量。降本是降低成本的意思,企业要进行生产经营活动,就需要耗费一定的资源(人力、物力和财力),这些资源转化为货币的表现就是成本。企业降低成本的方式有降低员工工资、项目外包、批量化生产、使用智能化技术等。

(2)提效

企业的核心诉求之二是提效,即提高效率。效率是企业竞争力的基础。在竞争日益激烈的市场环境中,如何能保持企业高效运作,受到越来越多企业管理者的重视。企业提高效率包括提高内部管理的效率、提高内部流程的效率,以及提高外部业务处理的效率。举个例子,如果销售经理按照传统的方式将客户信息一个个地录入系统,将花去半天时间,而使用智能录入方式,那么只要有客户打电话过来,系统就会自动录入客户信息,因而提升了销售经理的工作效率。

(3)数据安全

企业的核心诉求之三是数据安全。信息化时代的来临,计算机在企业中被普遍使用,数据已经成为企业最重要的资产。例如,客户数据、员工档案数据、电子邮件的数据等,丢失了这些数据,企业将无法运作,而数据恢复公司也未必有能力100%恢复这些数据。目前,数据丢失的原因主要有黑客攻击、木马病毒、员工操作失误、软硬件故障等。

(4)性价比

企业的核心诉求之四是性价比。人们买东西都会考虑性价比,以最少的钱买最好的东西,企业也不例外。企业购买任何产品都会货比三家,毕竟企业每年在各种方面的支出都是有预算的,一旦预算用完了,就无法再追加,只能等来年。而且,企业也会考核相关部门对预算的使用。因此,如果某些部门要购置一些产品,需要将市场上相关的产品都拿来比较,再进行决策。

2009年阿里云创立,为全国企业提供安全、可靠的数据处理。阿里云的成功,一方面来自阿里云自身强大的数据处理能力,另一方面是阿里云深度理解企

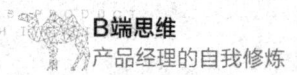

业的核心诉求，从降本、提效、数据安全、性价比四个方面为企业提供服务。

在阿里云推出之前，企业无外乎采用"IOE"三样标配。"I"是指 IBM，即服务器提供商；"O"是指 Oracle，即数据库提供商；"E"是指 EMC，即存储设备提供商。2010 年左右，小型机的价格在几十万元到几百万元人民币不等，数据库软件的费用需要几十万到几千万元。不仅如此，企业还需要缴纳大额的维护费。而阿里云将"IOE"转化成了公共服务，企业可以按需使用，不再是固定的资产投入。以阿里云的企业级云数据库 Redis 标准版为例，在通用生产环境下，在规定的带宽、最大 QPS、最大连接数场景下，企业按照购买服务的时长不同，所需支出的费用也不同。例如，购买时长一年的价格在 2000元左右，两年的在 3000 元左右。阿里云开创的这种公共服务大幅降低了中小企业的成本，与传统"IOE"的性价比相较自然不用说。

阿里云在帮助企业提效方面也做得非常好。在 2013 年的"双十一"中，有 556 万会员使用了余额宝支付，交易达到 1679 万笔，单日赎回金额达到 61亿元。在众多支付方式中，余额宝支付最顺畅，平均支付时间为 5 秒，而网银的支付时间则平均为 1 分钟，这么高的效率来自阿里云强大的数据处理能力。

阿里云对数据安全的贡献也极大。由于云上的数据安全是一个系统工程，因此阿里云通过减少企业攻击面、统一身份认证授权、全方位数据加密的方式保卫企业的数据安全。自 2016 年开始，阿里云陆续通过了电子政务云平台、大数据平台、云运维等系统的等级保护三级备案和测评，金融云平台通过了等级保护四级的备案和测评。同年 G20 期间，阿里云协助云上政务、事业单位网站拦截超 1亿次攻击，封禁 3.16 万个针对政府网站攻击的恶意 IP，保证了网站的安全。

阿里云作为 SaaS 化的 B 端产品，其成功来自对企业核心诉求的深刻洞察。目前，阿里云已成为全球第三、亚洲第一的云计算与人工智能科技公司。

4.2.2 细挖员工理想的工作场景

B 端产品经理在产品已满足企业核心诉求的前提下，会有意识地考虑将用户关注的需求与 B 端产品相结合，希望用户在使用产品时会得到一些人性化的温暖和关怀，使人机交互更具有意义。例如，B 端产品经理要考虑员工在使用 B 端产品时的心情，让员工能感受到产品功能会在适当的时机触发，让他们持续沉浸在工作的心流中，获得富有成就感的工作。笔者认为，未来 B 端产品一定会越来越注重员工在产品使用中的需求与感受，探索员工理想的工作场景是未来 B 端发展的方向。

在移动办公领域，老牌的协同办公软件如金蝶云、泛微等被钉钉这些后来者赶上。2019 年，钉钉推出工作圈功能——在 B 端产品上植入社交功能是钉钉探索员工理想工作场景的一种体现。原本钉钉所有的功能都是围绕解决企业核心问题而建设的，但在解决了企业的很多痛点后，钉钉发现产品的使用者是员工，员工在工作中的需求也需要同步被关注。例如，工作本身就给员工带来了很多不愉快，那么钉钉如何能给员工带去一些快乐呢？或者说，钉钉做什么可以缓解员工在工作上的疲劳情绪呢？因此，钉钉团队推出了钉钉工作圈，建立了员工的泛职场社交关系。在工作之余，员工可以获得公司资讯、获取同事们的工作动态等。而且，工作圈也可以帮助员工打造自己的职场状态，帮助员工将更优秀的自己展现给大家，从而建立更广的人际关系。钉钉工作圈的推出不仅将职场社交推到了新的阶段，也体现了钉钉这款 B 端产品在细挖员工理想的工作场景上的努力。

4.3 业务为始思维

埃森哲在 2018 年底做出统计，当时只有 7% 的中国企业在数字化转型上效果显著。2018 年下半年，很多科技巨头（特别是阿里巴巴、腾讯、百度、京东）纷纷提出要向 B 端市场进军。由此可见，B 端市场在中国存在巨大的潜力。2019 年 1 月，腾讯正式确立数据中台和技术中台，在组织架构上也明显开始布局 B 端。同年 2 月，京东发布企业的业务战略，重点推进智能采购综合解决方案，涉及 ERP、HR 采购系统等。对于 B 端产品经理来说，这是机遇，也是挑战。B 端产品经理如何才能在 B 端市场中游刃有余地工作呢？笔者认为，秉承业务为始的思维对于 B 端产品经理来说很关键。

4.3.1 业务需求的场景性

极大部分 B 端产品经理在设计产品时将着眼点放在产品功能上，认为功能越多越好，并将能想到的功能全都搬到了产品上。初看之下，这个产品功能很全，但这是不是一个好产品，或者是不是一个受市场欢迎的产品呢？笔者认为，可能有小部分这样的 B 端产品确实成功了，但是大部分这样的 B 端产品只是功能的堆砌，被市场淘汰只是早晚的事。例如，在项目管理软件中，是否真的需要添加分享、点赞、收藏等社交功能？或许由于很多人都在讨论产品的社交属性，仿佛只有带上社交功能的产品才可以打开未来市场的大门。因此，B 端产品经理每负责一个产品就给产品加上社交功能，也不管产品的受众是否真的有此需求。实际上，这样的产品设计思路是极不合理的。B 端产品有其自身的特色，其中一个最大的特色就是强业务性。从业务的场景性角度切入，才能将一款产品的功能梳理出来。所以，我们说没有场景就没有业务，也不会有功能，更不存在产品，场景才是产品的源头。

从业务需求的场景性入手，可以从以下三方面展开。

（1）分析业务发生的背景

明确业务的发生背景是深入了解业务的开始。没有任何原因而发生的业务，可以被认为是伪业务，没有深究的必要。同样，如果没有深入剖析过业务发生的具体场景，就很有可能设计一堆看似有效而实际没有满足客户痛点的功能。

例如，A 企业想购买一款请假审批软件，同时想根据场景细分请假流程，两天内的假期直接走主管审批，三天及以上的假期则需要经过创始人。C 软件开发商接到了 A 企业的需求，开始走访调研。调研后 C 软件开发商发现，随着 A 企业规模的不断扩大，组织结构也在发生变化，创始之初 A 企业只有几人的规模，企业组织结构是扁平化的，创始人直接管理所有员工，员工请假、汇报都直接对接创始人；而在经过两年的发展后，企业规模扩大到了百人左右，如果这时还是员工直接对接创始人，那么企业的整体管理效率就会很低。C 软件开发商注意到了 A 企业组织架构的两个特点：第一，它有一个考勤部门，这个部门有一项职责是协助其他技术部门负责人处理日常工作，包括考勤记录；第二，A企业组织架构中有直接主管和片区领导的概念。因此，C软件开发商根据自身的专业经验与A企业的具体情况，将A企业员工请假的考勤流程分为三类（见图4-1），增加了考勤部门的审批节点；同时，3天及以上的假期由部门片区领导审批，只有15天及以上的假期才需流转到创始人那里。这样不仅让考勤部门和片区领导承担起了自身的职责，而且提升了A企业的管理效率。

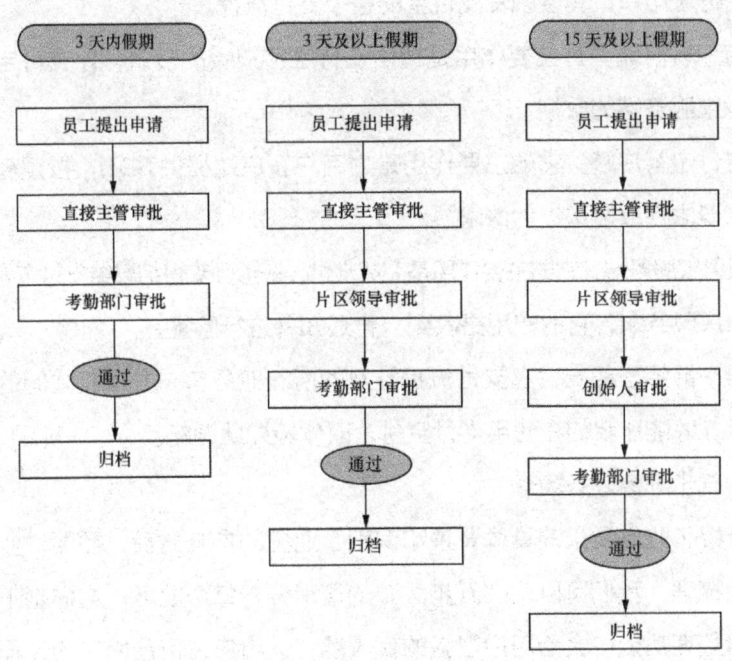

图4-1 符合A企业场景性的请假审批流程

（2）识别业务的参与方

B端业务的参与方一般包括角色和系统两部分。业务的某些节点是需要角色完成的。例如，一些风险系数较高的审核项一般不让系统自动执行，而是需要人工参与；大部分的数据录入也是需要人工完成的。但是，有些节点会通过系统自动完成。例如，A系统的数据是来自B系统的实时同步，而非人工录入；用户在C系统中提交了一条数据，只要数据的某个值符合系统设定的条件，那么 C 系统会自动审核通过这条数据。

B 端产品经理识别业务参与方的好处在于为后续业务流程的绘制提供了完整的输入，并且有利于开发工程师注意到开发上的细节，有利于交互设计师设计出更符合业务场景的界面。

下面以"用户使用支付宝付款到用户付款成功"为例，看看支付宝的支付业务流程涉及的各参与方及其相互之间的关系。用户使用支付宝进行付款操作到显示付款成功，共涉及以下五个业务参与方。

①支付宝用户，其会触发支付宝的整个支付流程。

②商户客户端，其主要作用是调用支付宝客户端的接口，让支付宝客户端请求支付宝服务端的数据。

③支付宝客户端，它的主要作用是为商户客户端提供 SDK，按照商户客户端提供的请求参数发送支付请求。

④支付宝服务端，它的主要作用是完成支付，并返回支付结果给支付宝客户端。

⑤商户服务端，它的作用是收到支付通知并进行验签。

由于产品经理将支付宝支付流程涉及的所有业务参与方及其之间的关系梳理清楚了，才能让我们在使用支付宝付款时体验如此顺畅。

（3）五步分析业务场景

在分析了业务发生的具体背景和识别了业务的参与方后，需要对业务场景进行细致梳理。我们可以用"五步法"的逻辑分析每个业务。这样基于业务场景的逻辑整理功能，会给用户很强的代入感，让用户在自己操作的过程中逐步顺畅地发现功能。

第一步，明确业务场景中用户要实现的业务目的是什么，用一句话进行概括。

第二步，明确业务场景中的前置条件和后置条件。前置条件如用户在操作某个功能前，系统需要先检查某个状态；后置条件如用户在结束某个操作后，系统需要检查某个内容状态是否达到标准。

第三步，除了要考虑到业务场景中的主操作流程，还要将分支情况一并考虑清楚。例如，产品经理除了要考虑用户顺利完成支付的情况，还需要考虑到用户在支付时忽然断网、被电话打断或用户主动退出支付等情况。

第四步,分析业务场景需要的环境,包括性能、易用性、部署环境三个方面。

第五步,根据之前的分析输出初步的交互设计方案,包括页面之间的跳转流程和每个页面上重点内容的交互说明。

通过"五步法"分析完业务场景后,我们可以依照"业务分析模板"(见表4-1)输出业务分析文档。业务分析文档能保证团队成员对业务达成一致认知,也是大家在后续开发产品过程中的参考。

表 4-1 业务分析模板

标题	描述
任务名称	能说清楚任务的名称
任务概述	一句话精准描述
任务前置条件	该任务触发的前置条件
任务后置条件	该任务触发的后置条件
任务频率	任务的使用频率
任务描述	包括: (1)基础任务流 (2)子任务流 (3)异常任务流
备注	包括: (1)需要注意的事项 (2)例外的场景

4.3.2 打造业务闭环

任何事情都应有始有终,B端产品也不例外。B端产品经理仅梳理出业务情况还不够,必须将产品的业务闭环梳理出来;否则,用户在使用产品时如果进入了产品设计没考虑到的环节,就会产生不良的体验。业务闭环分为两类:一类是业务整体性闭环,另一类是单条业务流闭环。

业务整体性闭环

业务整体性闭环分为两类,一类是正常流程,另一类是异常流程。正常流程满足了用户在某个场景的需求或解决了用户在某个场景的问题。而对于异常流程，不同的业务，其异常流程不同，梳理起来较复杂，特别是对于初入职场的 B 端产品经理而言。这就要求 B 端产品经理首先要尽可能地熟悉自己负责的产品的业务，其次可以通过咨询客服或直接成为客服来处理用户反馈，从而确定业务闭环是否梳理完整。

笔者以"用户预订酒店"为例，说明业务整体性闭环。

（1）正常流程

用户使用 App 点击"预订酒店"，支付所有费用后，在约定时间内正常入驻酒店。

（2）异常流程

①用户预订酒店成功后又取消预订。

②有两个用户在同一时间预订同一酒店的同一个房间。

③在用户点击预订酒店的同时，酒店方将此房间下架了。

总之，要想梳理完整一个业务的整体性闭环，就要尽可能地从用户使用的视角出发，多问问自己业务场景是否全部都覆盖到了、是不是都满足了用户需求，也要多和客服团队及团队成员沟通和商量。

单条业务流闭环

单条业务流闭环是指针对业务整体性闭环中的每一条业务流都要考虑其完整性，让用户知道自己从哪里来，要到哪里去。

例如，针对"用户预订酒店成功后又取消预订"这条业务流，产品经理要考虑到用户取消成功及取消成功后用户和平台又有分歧的场景。用户取消成功是用户点击"取消预订"后，平台扣除部分罚金，然后将其余的定金退还给用户，用户也接受此方法。而取消成功后用户和平台又有分歧的场景则是用户认为自己刚预订的房间在 1 小时内取消预订没有影响酒店再次出售该房间，平台不应该扣除定金，这时平台就需要介入处理二次退款的问题。

再如，针对"有两个用户在同一时间预订同一酒店的同一个房间"这条业务流，虽然这种极端的情况很难遇到，但是也有可能会发生。如果他们同时点击"预订酒店"按钮,后续步骤该如何显示?如果设计成让其中一个用户的页面显示该房间已经被预订,那么这个用户接下来可以做什么?是让他看到平台推荐的其他酒店房间,还是由用户自己选择?这些都需要产品经理将闭环考虑好。

打造业务闭环是一件具有挑战性的事情,也是一件不得不做的事情。业务闭环不完整的产品会带给用户糟糕的体验,甚至会造成用户流失。

4.4 结构化思维

结构化思维是指一个人对待工作或遇到难题时能从多个角度思考问题,深入分析导致出现问题的原因,并制定系统化的方案解决问题。拥有结构化思维会给B端产品经理带来以下优势:

(1)遇到复杂度高的产品问题,可以快速输出清晰且有效的方案;
(2)在与人交流和沟通的过程中,可以给出周全且合理的答复;
(3)对新知识的接受程度高、消化吸收快,将会获得更多的发展机会;
(4)在管理下属时,可以做到分配任务合理及解决问题果断。

B端产品经理不知道如何设计一个好的产品,就如写作者无法写出好书是一样的道理。不在于写作这件事情难,而在于写作者缺乏用结构化思维思考问题、分析问题、解剖问题、重构问题的能力。

4.4.1 思维工具:金字塔原理

金字塔原理在芭芭拉·明托的《金字塔原理》一书中被提出,同时也是麦肯锡工作法备受推崇的思维方法。金字塔原理是一种逻辑思维方式,是一种结构化和有层次性的思考方法,它的最终目的是让使用者运用该模型进行清晰的思考和表达。金字塔原理最核心的理念是"结论先行、同层穷尽且独立",即以结果为导向去论述过程,如图4-2所示。

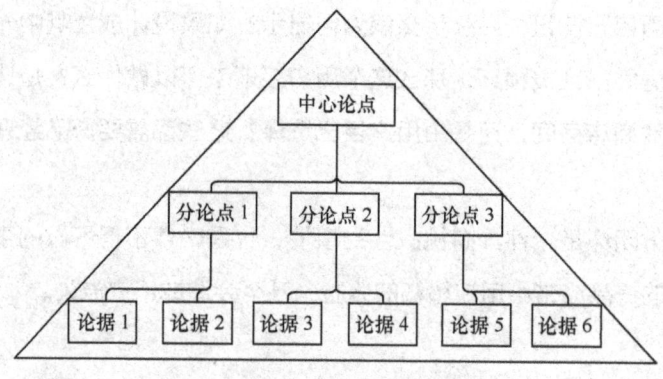

图4-2 金字塔原理

我们以"销售团队主管给团队成员打气,希望他们今年好好干"为例,具象地认识金字塔原理。

(1)销售团队主管错误的表达方式

小伙伴们,大家好,今年我们的KPI指标已经定下来了,本年度我们一共有三项指标需要达到,才能通过KPI考核。A产品的销售额达到100万元,B产品的销售额达到200万元,C产品的销售额达到300万元。我希望大家今年好好努力,争取年末时每个产品在销售额上都能突破,超额完成KPI。为了能更好地完成指标,我们需要每周进行汇报,包括工作进展与指标完成情况等,然后每月需要启动月会制度,大家分享销售方面的心得。同时,每两个月我们会盘点一次,给予销售业绩好的成员一定程度的奖励,而销售业绩垫底的成员则要请大家吃饭。但是,如果有成员连续两次销售业绩垫底,则在年底时将无法参与公司年度最佳销售的评选,还会有绩效打C的风险。我希望大家好好努力,争取超额完成我们的KPI任务。

销售主管这样的表述让大家弄不清楚到底想表达什么,这就是条理不清晰。下面用金字塔原理对销售主管的表达进行梳理。

(2)销售团队主管运用金字塔原理的表达方式

小伙伴们,大家好,今年我们的目标是超额完成KPI考核。

首先,一共有三项指标需要达到,才能通过KPI考核。A产品的销售额达到100万元,B产品的销售额达到200万元,C产品的销售额达到300万元。

第 4 章
B端产品经理的产品思维

但是,仅达到 KPI 还不够,我们需要超越,我们的目标是 A 产品的销售额达到 200 万元,B 产品的销售额达到 400 万元,C 产品的销售额达到 500 万元。

因此,我们制定了一些制度:

第一,每周汇报,包括工作进展和指标完成情况;

第二,每月月会,包括工作进展、指标完成情况和销售心得分享;

第三,每两个月销售业绩盘点,业绩排名第一的员工有奖励,业绩垫底的成员要请大家吃饭,连续两次销售业绩垫底的员工在年底时将无法参与公司年度最佳销售的评选,还会有绩效打 C 的风险。

通过这种结构表述,销售主管的想法就能很清晰地传达给团队的每一位成员,如图 4-3 所示。

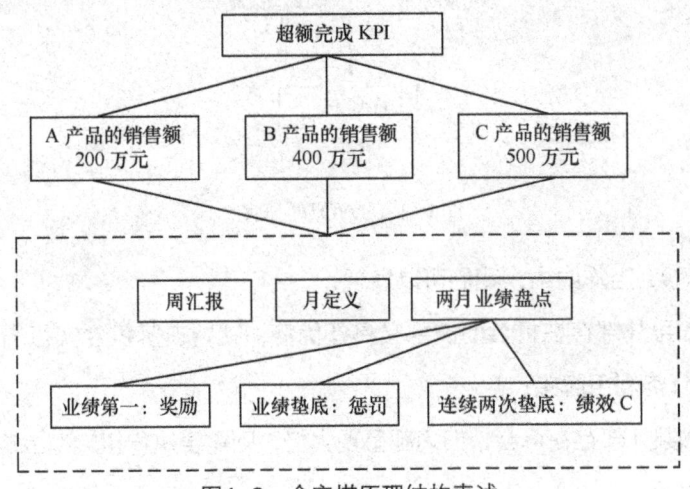

图4-3 金字塔原理结构表述

4.4.2 分析方法:SWOT

在 MBA 的课程中,SWOT 问题分析法是一门必修课。只有透彻地了解市场的情况、对手的状态、自己的优劣势,才能做出更出色的决策。一家公司如果不知道自己的优劣势在哪里,不知道外界的环境状况,就很有可能做出错误的决策,以失败告终。

SWOT分析法是指企业或个人基于内外部竞争环境和条件，分析研究对象内部的优势和劣势、外部的机会和威胁，并通过矩阵视图对这些因素进行排列，然后使用结构化的思维方式对它们进行分析并得出一系列可执行的方案的过程。SWOT中的S是指优势（Strengths）、W是指劣势（Weaknesses）、O是指机会（Opportunities）、T是指威胁（Threats），如图4-4所示。

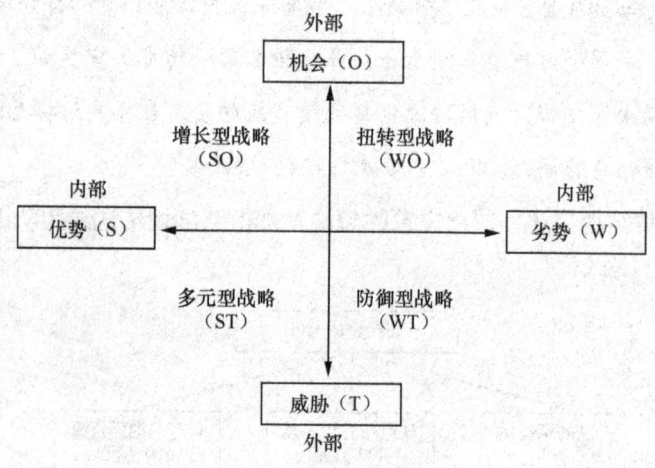

图4-4　SWOT矩阵图

从SWOT矩阵图中，我们可以发现：

（1）如果外部存在机会而内部又具备优势，就要抓紧机会实行增长型战略（SO），将优势利用起来；

（2）如果外部存在机会，但内部呈现劣势，则需要执行扭转型战略（WO），改进当前局面；

（3）如果外部存在威胁且内部又是劣势，就要执行防御型战略（WT），尽快逃离或转型，将威胁和劣势消除；

（4）如果外部存在威胁，但内部具备优势，就要考虑实施多元型战略（ST），时刻保持警惕。

下面笔者以"交互设计师要转岗B端产品经理"为例，让大家能更清晰地认识SWOT问题分析方法。

第 4 章
B端产品经理的产品思维

小 A 是一名有两年 B 端产品设计经验的交互设计师，他的日常工作是协助产品经理进行需求分析、原型绘制、输出 PRD 文档等。经过两年的磨炼，小 A 对 B 端产品经理日常要做的工作已经非常熟悉且做得很好，得到同事的认可。但他不希望自己一直只是协助产品经理完成工作，而希望自己能独立负责一款 B 端产品。因此，小 A 打算转岗为 B 端产品经理，可小 A 拿不准自己转岗成功的把握。此时不妨用SWOT矩阵图为小 A 分析，如图4-5所示。

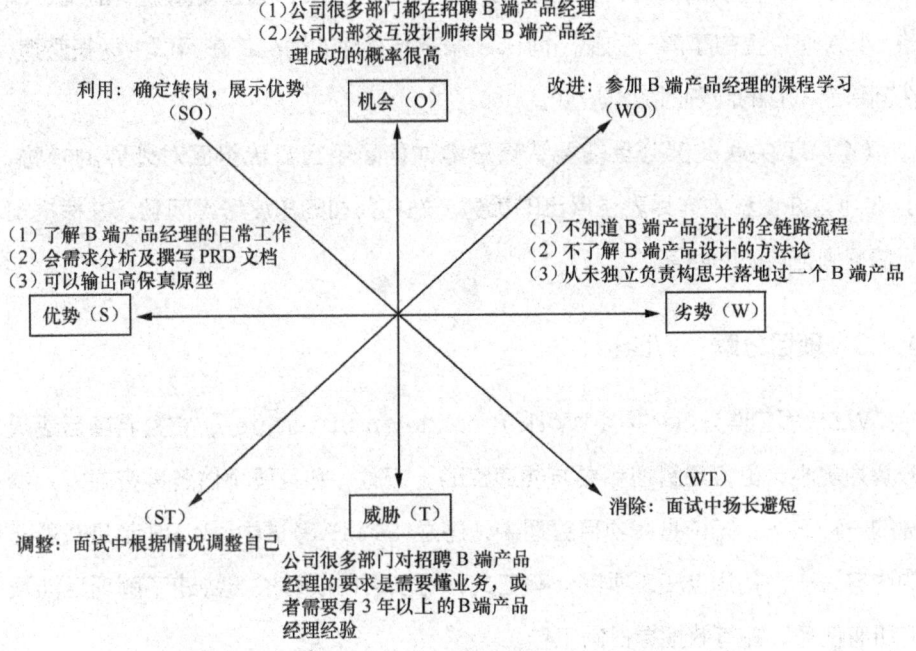

图4-5　用SWOT矩阵图分析小A转岗B端产品经理

由图 4-5 可知，小 A 的优势是了解 B 端产品经理的日常工作、会需求分析及撰写 PRD 文档、可以根据 PRD 文档输出高保真原型；小 A 的劣势是不知道 B 端产品设计的全链路流程、不了解 B 端产品设计的方法论、从未独立负责构思并落地过一个 B 端产品；外部给小 A 带来的机会是公司很多部门都在招聘 B 端产品经理、统计数据表明公司内部交互设计师转岗 B 端产品经理成功的概率很高；外部给小 A 带来的威胁是公司很多部门对招聘 B 端产品经理的要求是懂业务，或者需要有 3 年以上的 B 端产品经理经验。

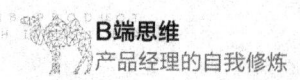

根据自身的优势和劣势，以及外部环境带来的机会和威胁，小 A 可以制定以下转岗方案。

（1）SO 关联的部分是做事的重点，需要抓紧机会行动。小 A 需要快速确定转岗的想法，将简历准备好，投递出去，并在面试中充分展示自己的优势。

（2）WO 关联的部分是必须要找到方法解决的。小 A 可以通过学习 B 端产品经理的相关培训课程，快速熟悉与 B 端产品和 B 端产品经理相关的知识点。

（3）WT 关联的部分是会威胁到内部转岗的因素，必须要重视、避免、消除。小 A 可以提前了解一些部门面试 B 端产品经理的情况，在面试中扬长避短，在回答面试官的问题时随机应变。

（4）ST 关联的部分是需要认真思考如何运用自身优势面对外界的威胁。小 A 可以在面试中详尽表述自己的优势，站在公司的角度考虑问题，并根据实际情况调整自己的回答。

4.4.3 项目分解：WBS

WBS 即工作分解结构（Work Breakdown Structure），它是将项目逐层分解为更小、更容易管理和更方便追踪的子任务，并且可预估各种资源投入情况的一种方法。无论是在项目管理中，还是在 PMP 考试中，WBS 都是最重要的内容之一。使用 WBS 项目分解工具，可以帮助项目成员快速了解项目涉及的所有任务，并有效把握日常工作。

如果你被指派负责建造一栋大楼，你要如何着手呢？大多数人认为自己根本无法着手，因为一点经验也没有。但如果你是一名大楼建造师，并且有多年经验，是否就可以有条理地完成这件事情呢？其实也未必。因为在应对复杂的工作上，一方面是经验和专业知识，另一方面是自身是否懂得一些项目管理上的方法论，以辅助自己更好地拆解项目。因此，B 端产品经理要学习 WBS，能逻辑合理地将自身负责的项目拆解清楚，同时也能体现 B 端产品经理的结构化思维。

使用 WBS 对项目进行分解的主要作用包括以下三个方面。

（1）项目成员可以快速了解整个项目涉及的所有任务，以及明晰任务之间的相互关系，同时明确自身的任务范围。

（2）项目成员可以识别哪些是关键任务，关注重点任务，因为这些一旦出问题就会拖延整个项目。

（3）便于项目管理者从可视化角度进行项目进度的跟踪和把控，估算更精准的人力资源投入和项目完成时间。

在使用WBS对项目进行分解时需要注意以下事项。

（1）在分析项目总体目标和情况的基础上，详细对项目的任务进行拆解，对节点任务的完成工期、成本、交付物要求等界定明确的责任人。

（2）任务分解颗粒度需要合理，不同经验的项目组对项目分解颗粒度的要求不同。经验丰富的项目组倾向于颗粒度稍微大一些，这能够让他们更自主地围绕任务产出成果，并且更新任务不会太频繁。

（3）项目分解后的任务要保持互相独立，不能有交集，否则将会给未来的任务分配和完成造成困难。

使用WBS对项目分解有两种形式：一种为树型结构图，适合中小型项目，如图4-6所示；另一种为列表形式，能很详尽地描述项目情况，适合大项目，如表4-2所示。

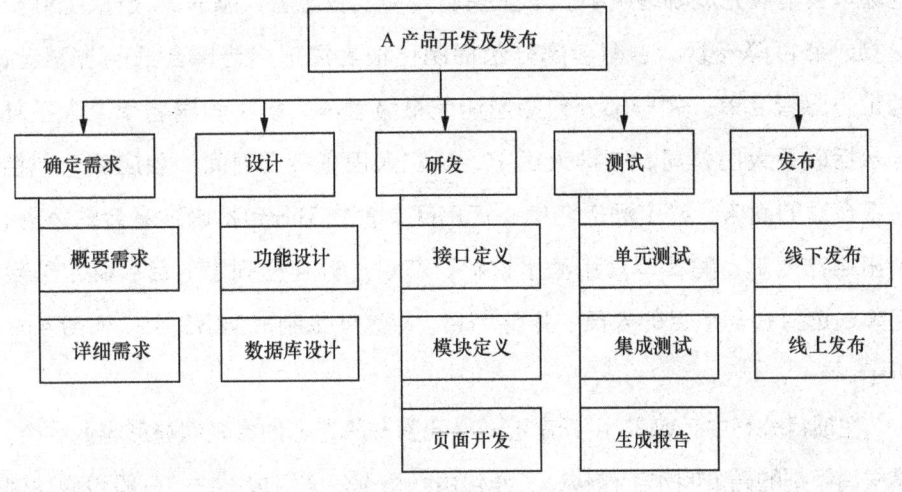

图4-6 树型结构图

表 4-2　项目分解列表

	任务名称	工期（天）	开始时间	结束时间	责任人
1	任务1	5	×月×日	×月×日	王小小
2	任务1-1	1	×月×日	×月×日	王小小
3	任务1-2	1	×月×日	×月×日	王小小
4	任务1-3	3	×月×日	×月×日	王小小
5	任务1-3-1	1	×月×日	×月×日	王小小
6	任务1-3-2	1	×月×日	×月×日	王小小
7	任务1-3-3	1	×月×日	×月×日	王小小
8	任务2	4	×月×日	×月×日	王小小
9	任务2-1	2	×月×日	×月×日	王小小
10	任务2-1-1	1	×月×日	×月×日	王小小
11	任务2-1-2	1	×月×日	×月×日	王小小
12	任务2-2	2	×月×日	×月×日	王小小
13	任务2-2-1	1	×月×日	×月×日	王小小
14	任务2-2-2	1	×月×日	×月×日	王小小

下面笔者以"举办公司年度宴会"为例，说明WBS项目分解法。

当被安排要组织举办一场公司年度宴会时，我们就要思考在开始举办这场年会前应完成哪些事项。一般来说会涉及志愿者、领导、大巴、酒店、食物、节目等元素。志愿者部分包括制作报名海报、选择合适的志愿者、确定志愿者名单。领导部分包括邀请重量级领导、确定领导名单。大巴部分包括联系大巴公司、安排大巴车、确定大巴车接送时间。酒店部分包括联系合适的酒店、确定酒店名单、订房间。食物部分包括确定宴会的菜谱、列出购物清单、购买零食和酒水饮料。节目部分包括列出节目、确定节目名单、选择参与节目的人员、排练节目。将这些绘制成WBS图，如图4-7所示。

在项目分解中，WBS由元素组成，元素一般为名词或名词与形容词结合。最末梢级别的元素叫作工作包，工作包由一个个任务组成，它们一般包含动词描述。

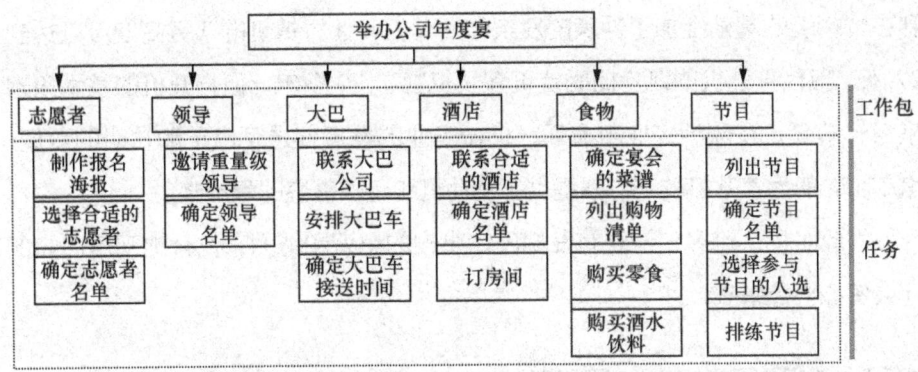

图4-7 使用WBS分解"举办公司年度宴会"图

4.5 创新性思维

产品人梁宁说过:"没有创新的产品,根本不应该去做。"那么,如果市场上已经有同类产品,用户也用得不错,要不要去做?如果一个产品,市场上没有,要不要去做?如果想对产品进行创新,要不要去做?这些问题回答起来不容易,但我们可以用一些方法探索某个产品是否需要做、可以怎么做。

4.5.1 跨界创新

如今,跨界创新已经成为一种重要的创新方式,而且是创新灵感的重要源泉。跨界创新具有极强的突破性,它广泛地借鉴跨界要素,找到另辟蹊径的解决方案。

飞机的发明是根据鸟类的滑翔原理,人类希望能像鸟一样可以上天飞翔。英国空气动力学之父乔治·凯利发现鸟类的翅膀可以提供动力和升力,因此提出了通过固定机翼提供飞行升力的想法,并于1849年发明了三翼滑翔机。莱特兄弟经过对鸟类飞行的研究,1903年终于在美国西海岸成功试飞了自行研制的飞机。飞机的发明是科学家们对鸟类持之以恒地研究的成果,是人类对上天愿望迫切之念的结果。

直升机的发明以竹蜻蜓为基础,上文提到的英国空气动力学之父乔治·凯利在竹蜻蜓的基础上加了钟表的发条作为动力,让竹蜻蜓的飞行高度可以达到27米。现代直升机的诞生比固定机翼飞机晚了30多年,但直升机的基本原理来自竹蜻蜓。在欧洲产业革命后,机械工业的发展促进了汽车和轮船的发展,汽车和轮船为直升机的飞行器提供了发动机和可供借鉴的螺旋桨。

由此可见,跨界创新要有发掘已知事物的意识和能力,充分地利用已知的社会资源构建未来。

4.5.2 在旧物种中植入新要素

植入新要素是旧物种在市场上继续生存的手段,但我们不仅要生存,还要生存得很好。

在2010年美国报业低迷时,号称"互联网第一大报"的《赫芬顿邮报》仍然屹立不倒。《赫芬顿邮报》成功的法宝是什么?它将读者变成了记者,拥有1万多名"群众记者"为其提供报道,是一种UGC模式。《赫芬顿邮报》将这种模式称为"分布式新闻"。在2008年美国大选期间,《赫芬顿邮报》将一个采访任务分配给了这些"群众记者",让他们收集素材,生产内容。《赫芬顿邮报》的创建人乔纳·柏瑞蒂将这种模式解读为"一个在生产者和消费者之间共享的事业"。这种UGC模式对于固有的媒体工作方式是一种创新,在传统的《赫芬顿邮报》中植入UGC模式这种新要素,使《赫芬顿邮报》在2010年美国报业发行量骤减的情况下依旧活得很好。

有一家卖鞋子的企业叫TOMS,其创始人布莱克·麦考斯基(Blake Mycoskie)在阿根廷遇到一对兄弟,他们两人只有一双鞋,而学校要求上学必须穿鞋,因此兄弟俩轮流穿鞋去上学。后来,布莱克·麦考斯基的TOMS成了买一双鞋、捐一双鞋的企业。很多人都会优先来TOMS买鞋,因为买一双鞋就可以为贫困地区出一份力。本来是卖鞋的TOMS因为植入了"买一捐一"的理念,超越了功利性的商业模式,迎来了很高的销量。由此可见,品牌不仅仅是商业化的,更是人文化的,恰当的品牌愿景会让品牌保持持续的发展。

在旧物种中植入新要素并没有改变物种本身,而是改变了物种内在的商业逻辑和品牌内涵，使其成为一个更有价值的新物种。

4.5.3 颠覆式创新

颠覆式创新是企业将自身原有的价值网打破、重塑新的价值网的过程。价值网具体包括哪些组成部分，业界没有定论。但是，混沌大学创办人李善友提出价值网包含客户、对手、投资者三个核心点。笔者在这里补充一点，企业的管理层也是企业价值网的重要组成部分。

（1）客户

每家企业都有固定的客户群体，但其在一定程度上限制了企业走出去的动力。因为企业只想维护好自己现有的客户群体，而不想服务一群不确定的客户。例如，IBM 的客户群体是使用大型商用机器的客户，这些客户不需要小型机器。因此，IBM 错过了推出小型机器获得增长的机会。

（2）对手

企业在市场中一定有竞争对手，而忽视竞争对手则会失去市场。1998 年，诺基亚已经成为世界上销售最好的手机品牌，其质量被广为称赞。但因为在行业里一直处于巨头地位，所以当苹果的 iOS 系统和谷歌的 Android 系统发力时，诺基亚依然感觉自己的塞班系统是最优秀的。这就是诺基亚忽视对手、盲目自大，最终令自己在手机行业的巨头地位不保。

（3）投资人

企业如果涉及投资人，那么投资人的观念会在一定程度上影响企业的创新和发展。百度初期的投资人是美国投资者，他们看重搜索引擎技术对中国互联网的影响，因而让百度潜心研究百度搜索引擎，他们则会解决好金钱问题。而当时搜狐的投资人虽然也都是美国投资者，但是他们更希望搜狐能成为赚钱的工具。因此，搜狐在取得成功后做事情也一直以赚钱为目的，导致其发展非常缓慢，以至于没有赶上互联网的红利机遇期。

（4）管理层

每家企业都有管理层，其思维价值观念对企业创新的影响也会很大。例如，诺基亚的陨落就与管理层有非常大的关系。当诺基亚的地位受到影响时，其管理层依然没有创新求变，中层管理者害怕讲出真相而失去工作，高层管理者害怕讲出真相后失去投资人的投资及客户的拥护。

如今，有两家企业可以称得上是颠覆式创新的引领者——苹果和特斯拉。它们勇于打破自身原有的价值网，构建新的价值网，同时也给社会带来了正向发展。

2005年，苹果公司生产的iPod大卖，使自己从一家生产计算机的供应商变成了世界上最有价值的科技公司。iPod终结了CD时代，改变了音乐行业。但是，乔布斯已经提前思考什么产品会抢占iPod的市场份额。他想到的不是MP3，而是手机，他认为手机是iPod的竞品。而在此之前，苹果公司从来没有生产过手机。而iPhone不是一台普通的手机，它开启了手机的触屏时代。2007年，苹果公司拿到了多点触控技术的专利，并将该技术运用在iPhone上。在发布会上，乔布斯自信地说："苹果将重新定义手机。"如今，多点触控方式已经不足为奇，很多产品都使用了多点触控技术。当诺基亚的管理者看到第一台iPhone时觉得并不怎么样，因为iPhone有的功能，诺基亚以后都会开发。而且，他们觉得iPhone的产量太少，不值一提。然而，事实上乔布斯对苹果的创新是颠覆式的，他在重要时刻以敏锐的洞察力打破了现有的企业价值网，构建了新的价值网，为全世界的用户提供了新的科技体验。

特斯拉在刚生产出来时，很多汽车制造商也是非常不屑，觉得特斯拉的功能，自己也可以生产，而且特斯拉的产量小到不值一提。实际上，特斯拉让人们逐渐认识到锂电池电动汽车只要电池容量足够，就会与内燃机汽车一样出色。特斯拉使用的锂电池不是新事物，但是当汽车可以使用锂电池后，供应商竞争的业态就会发生改变。而且，特斯拉正在研究自动驾驶技术，它将以更深刻的方式改变世界。

很多企业都害怕颠覆式创新，因为那样可能让企业陷入危机。但是，笔者想说，颠覆式创新也是企业开启新世界的好机会。

第 5 章
五要素模型构建B端产品

2.2.5 节介绍了"用户体验五要素"模型,本章将以用户体验的五要素为维度,剖析如何从 0 到 1 打造一款 B 端产品。用户体验五要素模型一开始是服务于网站构建的,但该模型有很强的普适性,因而被广泛应用在各个领域。根据 B 端产品的特性,笔者对用户体验五要素模型做了一些针对 B 端产品的修改和完善,如图 5-1 所示。由于每一层要素都是由其下一层要素决定的,因此,笔者将从最底层的要素开始讲述。

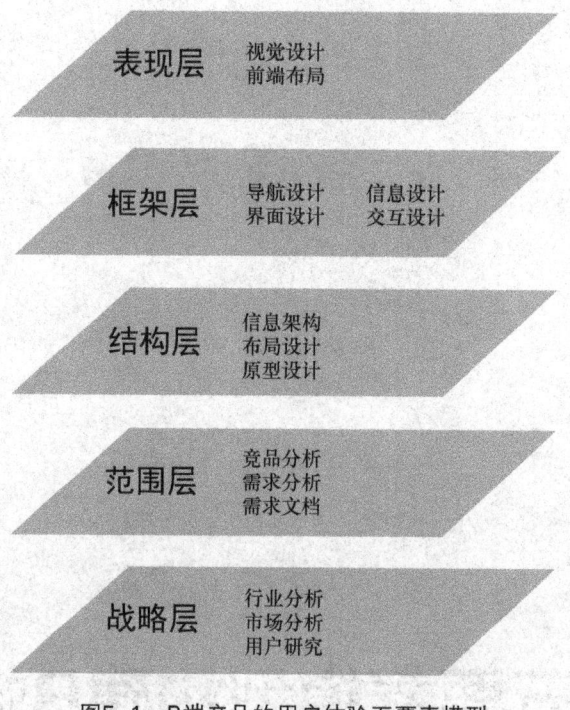

图5-1　B端产品的用户体验五要素模型

5.1　战略层

战略层处于用户体验五要素模型的最底层。在战略层上，B端产品经理需要解决两大问题：第一，经营者要通过产品得到什么；第二，用户想从产品上得到什么。因此，B端产品经理在战略层上要做的事情就是行业分析、市场分析和用户研究。

5.1.1　行业分析

B端产品经理在着手孵化一款B端产品前，必须对行业做出分析。如同当宏观经济处于萧条时期，行业不能获得良好的发展一样，当某个行业所处的外部环境不利于其发展时，相关的企业也很难取得良好的业绩。同样，好的环境会造就一个行业，成就一批企业。例如，现在网约车行业的蓬勃发展离不开技术环境（大数据、云计算）、社会环境（人们有便利出行的需求、每个人都有一部智能手机）及宽松的政策环境等因素的驱动，涌现了神州专车、滴滴出行、优步、曹操专车等优秀的网约车公司。

行业分析的意义

行业是所有供给方的集合，行业分析具有全局性和战略性的意义。B端产品经理进行行业分析，可以了解行业当前的状态，预测行业未来的发展趋势，进而为产品规划提供更多的参考依据和决策建议。具体地说，行业分析的意义体现在以下方面：

（1）了解行业在国民经济发展中的地位及其当前的发展阶段；

（2）了解影响行业发展的正面因素与负面因素，判断这些因素可能给行业带来的影响；

（3）预测行业未来的发展趋势，快速、合理地调整产品规划。

行业分析的基本思路

对于刚入门或还没有做过行业分析的B端产品经理来说，他们在着手进行行业分析时可能不知道如何展开。实际上，行业分析是有层次的，有一些基本思路可以借鉴。

（1）明确行业分析的目的。不同的目的对应行业分析的广度和深度不同，同时要避免为了分析而分析。

（2）行业分析方案要与分析的目的相匹配，并能出具相应的决策建议，不要仅分析而无结论。

（3）行业分析不需要面面俱到，而重在分析的内容精简和见解独到。

（4）可以分析行业的历史，包括行业与国民经济波动的相关程度。

（5）可以分析行业的现状，包括行业的总体概况、行业的特征、产业链、行业成功的关键因素。

（6）可以分析行业的前景，包括行业的关键成功因素及企业核心竞争能力分析。

PESTEL 模型

在行业分析中，PESTEL是常用的针对行业宏观环境的分析模型，如图5-2所示。

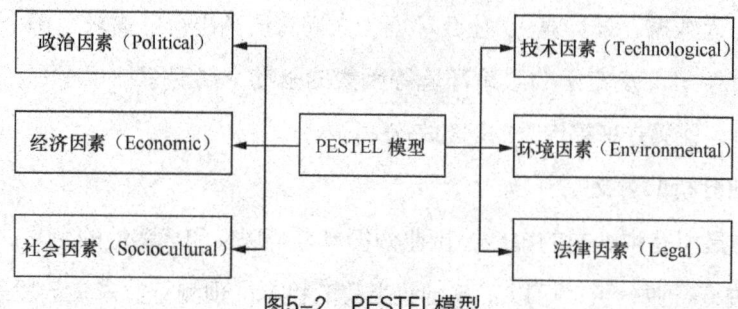

图5-2 PESTEL模型

（1）政治因素（Political）是指与行业有关的政治制度、政策法规等因素。

（2）经济因素（Economic）是指经济发展状况、经济走势、汇率、居民可支配收入等因素。

（3）社会因素（Sociocultural）是指人们的文化传统、价值观念、年龄结构等因素。

（4）技术因素（Technological）是指社会目前拥有的新技术、新工艺、新材料等因素。

（5）环境因素（Environmental）是指行业与其所在环境发生互相作用的因素。

（6）法律因素（Legal）是指与行业相关的法律因素。例如，法律对该行业的限制或法律对该行业的保护等。

PESTEL模型案例拆解

假设我们计划设计一款HR SaaS产品推向市场，但还不确定这款产品是否会被市场接受，也不确定这款产品是否可以为企业带来长期的销售额增长。按照PESTEL的框架模型，笔者以HR SaaS行业为例，对六大宏观因素逐一进行分析，进而探究HR SaaS行业前景可观的结构性因素。

（1）政治因素

2015年，国务院印发《国务院关于积极推进"互联网+"行动的指导意见》。"互联网+"是将互联网的创新成果与经济社会各领域深度融合，推动技术进步、效率提升和组织变革，提升实体经济的创新力和生产力。同年，我国企业级SaaS迎来了资本的风口。

2016年5月31日，教育部、国家语委发布了《中国语言生活状况报告

（2016）》。"互联网+"入选十大新词和十个流行语，这是人们对未来社会要进入信息化时代的认同。

国家层面对"互联网+"的高度认同，不断出台利好政策，包括《国家信息化发展战略纲要》《推动企业上云实施指南（2018-2020）》等，加速了我国企业级 SaaS 浪潮的兴起，而 HR SaaS 产品作为 SaaS 产品中聚焦人力资源管理环节的业务垂直型产品同样获得了高度的关注。

在社保个税改革新政推进的当下，传统的 HR 软件无法快速调整以适应快速变化的政策，但 HR SaaS 产品可以。

（2）经济因素

原来本地部署的 HR 软件需要企业一次性买断，并且后期的软件维护服务和定制化模块开发还需付费，价格昂贵，大量中小企业没有足够的支付能力。而 HR SaaS 产品则采用按需订购的灵活付费模式，减轻了很多中小企业的资金压力。

处于传统行业的企业，其各种成本都在不断上升，其中也包括人力成本。企业信息化的发展能有效降低人力和管理成本。由于 HR SaaS 产品可以提升企业人力资源部门的工作效率，因此自然可以减少人力成本。从 2014 年到 2019 年上半年，我国 HR SaaS 领域共有 156 笔融资事件[①]。在 2019 年上半年，有超过一半的企业获得了 B 轮及以上的融资。

（3）社会因素

2020 年上半年，受到疫情的影响，企业在招聘时都采取了电话或视频的方式，这让 HR SaaS 产品的发展势头突飞猛进。肯耐珂萨的人力资源管理、在线学习等系统订单增长 50% 以上，2 月获得数亿元 D1 轮融资。海比研究的调查数据显示，2020 年有 19.7% 的用户对智能办公应用感兴趣，其中有 21.7% 的用户对 HR 科技应用感兴趣。由此可见，HR 软件成为最受关注的 SaaS 细分市场。

我国在经历了 20 多年的信息化发展后，企业管理者和员工早已熟悉了各种

---

① 数据来源：艾瑞咨询。

自动化的线上办公方式,如OA协同办公系统、ERP等。虽然很多员工抱怨自动化办公软件的用户体验不好,但是没有它们,原本半天可以做完的事情,人工去做可能需要三天。在企业管理者的价值观层面,企业级SaaS产品的优势与价值也早已经被接受并认可,这为HR SaaS产品进入企业奠定了基础。同时,在国家政策的推动下,我国大型企业逐渐开始接受SaaS产品的服务模式和采购模式。

(4)技术因素

技术的持续发展为企业级SaaS产品带来了诸多改善和变化。云计算技术的出现极大地提高了互联网资源的使用效率,为数据的计算、存储提供了技术基础。企业级SaaS服务产生的大量数据必须依赖云计算的发展。

得益于PaaS技术的成熟,海比研究调查显示,很多国内排名靠前的SaaS厂商都推出了自己的PaaS平台,可以极大地提高研发效率。

人工智能、物联网、大数据等技术的出现不仅颠覆了传统的软件架构模式,而且给人们带去了不一样的人机交互体验。

(5)环境因素

企业级SaaS产品体现了企业保护环境和可持续发展的理念,毕竟员工不用软件进行工作时就需要用大量纸张来记录事件,这会导致每年有很多树木被砍掉。而有了企业级SaaS产品就可以减少企业员工对纸张的使用,为社会环境的保护贡献了一份力量。

(6)法律因素

没有规矩,不成方圆。我国为了更好地保护计算机软件,于1991年6月4日发布、2001年1月1日修订实施了《计算机软件保护条例》。除此之外,与计算机软件保护相关的法律法规还有1994年7月1日施行的《对侵犯著作权行为行政处罚实施办法》、1998年1月1日开始施行的《电子出版管理规定》等。法律法规的完善推动了我国软件市场的蓬勃发展。

我们经过以上分析可以发现,HR SaaS行业是一个具有很大潜力的行业,未来将拥有很大的市场空间。

5.1.2 市场分析

市场分析是我们进入一个市场时运用相关的分析方法，了解消费者对产品的规格、质量、价格的要求，以及了解市场对产品的需求量和产品的市场占有率的过程，从而指导我们合理安排生产，参与市场竞争。

市场分析的意义

B端产品经理进行市场分析，可以更加了解市场的生态环境及市场中各个角色的具体情况，从而为产品制定相应的市场策略。具体地说，市场分析的意义体现在以下方面：

（1）了解目标市场的销售量，从而预测产品未来的销售量并开拓市场；

（2）分析市场中该产品的供需关系，采取正确的经营策略，从而满足市场的需求；

（3）有利于集中企业的人力物力投入目标市场，从而获得经济收益。

市场分析的基本思路

市场分析是一门技术活，虽然B端产品经理的首要工作职责不是做市场分析，但在工作中也需要进行市场分析。因此，B端产品经理学会一些市场分析的基本思路，有助于在做产品规划时提前考虑更多的细节，避免在开发产品时才发现需要调整。

（1）在开始投入市场分析前，先要了解市场分析的目的和范围；

（2）了解竞争对手的情况，包括其产品生态、核心产品、受众群体、市场打法和策略；

（3）了解市场上替代品的情况，提前做好防御准备和布局；

（4）了解市场上目标受众的价值观、消费能力、生活喜好等；

（5）了解当前环境下同类产品的市场规模、市场增长率和占有率。

STP理论

由美国营销学家温德尔·史密斯最早提出、美国营销学家菲利浦·科特勒完善并最终确定的STP理论是指企业进行市场细分后确定自己的目标市场，最终把产品或服务定位在目标市场的确定位置上。其中，S是指市场细分

（Segmentation），T 是指选择适当的市场目标（Targeting），P 是指市场定位（Positioning）。

B 端产品经理在使用 STP 理论进行市场分析时，最重要的是对细分市场的分析。市场是一个多层次、多元化的消费需求集合体，企业的目标用户群不可能覆盖市场上所有的群体。因此，企业要根据消费者的需求、购买行为等因素对市场进行细分。在完成细分市场的划分后，企业需要找到具有发展前景且符合自身发展战略的子市场作为自己的目标市场。最后，企业需要将产品匹配目标消费者，并通过一系列的营销活动让人们感知，继而消费产品。

STP 案例解析

低代码开发平台是指不需要编码或通过少量编码就可以快速生成应用程序的开发平台。近两年，B 端产品低代码开发平台异常火热，很多企业都在采购第三方低代码平台进行开发。同时，低代码领域也日益受到资本市场的追捧。2019 年，数式科技获盈动资本数千万元人民币的天使轮融资，ClickPaaS 获晨兴资本数百万美元的 A 轮融资。2020 年，低代码领域依然持续吸引着资本市场的关注。我国低代码领域尚处于早期，未来的市场需求将出现暴增。

Gartner 预测，2021 年市场对应用开发的需求将 5 倍于 IT 企业的产能；到 2024 年，65% 的企业在开发应用时将采用低代码开发平台。Forrester 指出，2020 年低代码市场规模或将达到 155 亿美元，超过 75% 的应用程序将在低代码或无代码平台中开发。

在这种情况下，A 软件开发商嗅到了低代码开发平台的商机，了解了低代码开发平台的市场规模和状况，决定开发一款低代码平台。但在开发产品前，A 软件开发商需要给产品找市场定位，这样等产品开发出来后就可以在目标市场上有针对性地推广了。下面笔者用 STP 理论给低代码开发平台做市场分析。

（1）市场细分

市场细分的依据是从消费者的需求和动机出发，因此，我们以消费者为中心对低代码开发平台展开市场细分。我们提取对低代码开发平台保持欢迎态度且愿意尝试的消费者群体，如表 5-1 所示。

表 5-1 低代码开发平台消费群体细分

消费者群体	需求
有软件定制化需求的企业	软件定制快速开发
软件开发供应商	软件快速开发
软件代理与服务企业	不需要专业人员即可开发软件
企业的IT部门	减少采购成本与开发成本

①有软件定制化需求的企业。企业内部人员使用的软件是通过采购而来的，但传统的软件是以一次性买断的付费方式获得的，后续的定制化开发费时费力。而低代码开发平台即使不懂代码的人也可以使用，满足了企业随时根据自身情况调整软件的诉求。

②软件开发供应商。软件开发供应商有 IT 能力，但传统的代码开发方式周期长。而低代码开发平台可以协助开发者数以倍计地提高开发效率。

③软件代理与服务企业。它们有业务能力，但没有 IT 能力，当遇到客户有需求时不得不交给软件开发商去做。而基于低代码开发平台，它们可以直接为客户定制软件。

④企业的 IT 部门。IT 部门需要为企业内部开发很多管理系统，但由于人力不足，大部分系统都直接从外部采购，这样 IT 成本就会变高。同时也因软件是从不同开发商处采购的，软件开发语言不同，这就导致如果要将这些系统打通使用，系统间数据关联的难度增大。而低代码开发平台可以帮助 IT 部门减少采购成本和开发成本，并降低数据关联的难度。

（2）选择目标市场

选择目标市场是指明确企业为哪一类消费者服务，满足他们的哪一类需求。从上述内容可知，低代码开发平台的目标消费者群体是对低代码开发平台保持欢迎态度且有刚需的群体，该群体主要包括有软件定制化需求的企业、软件开发供应商、软件代理与服务企业、企业的 IT 部门，它们对低代码开发平台的诉求主要是上手快、开发快、减少成本、数据关联方便。于是，A 软件开发商就可以将目标市场确定下来，选择对低代码开发平台有刚性诉求的这四个细分消费者群体。

（3）市场定位

市场定位包括品牌定位、产品定位、市场竞争战略定位等。B端产品经理主要考虑的是低代码开发平台的产品定位。通过前面的分析，我们可以确定A软件开发商低代码开发平台的产品定位为"用少量代码或无代码化的方式改变企业原始的软件开发工作"，最终提升企业的软件开发效率。

对于"有软件定制化需求的企业、软件开发供应商"，A软件开发商在推广时主要以低代码开发平台如何帮助它们提升开发效率为核心卖点。

对于"软件代理与服务企业"，由于它们没有IT能力，A软件开发商在推广时主要以低代码开发平台如何让不懂编码的人快速上手、随心所欲地搭建各种产品为核心卖点。

对于"企业的IT部门"，A软件开发商在推广时主要以低代码开发平台如何帮助它们减少采购成本和开发成本，及减轻数据关联的难度为核心卖点。

5.1.3 用户研究

我们在设计产品时往往会陷入一种理想化的状态，认为自己就是用户，自己想的就是用户想的。其实不然，用户想要的和关注的与我们所想的可能根本不一样，我们需要了解用户及其需求，并投入时间仔细研究，才能真正站在用户的角度重新审视产品。

用户研究的意义

B端产品经理要研究的不是个体用户，而是企业用户。企业用户是指具有企业属性特征（行业属性、商业属性）和企业内部一类或多类角色（决策者属性、使用者属性）的属性特征结合的组织。B端产品经理进行用户研究，可以更加了解企业用户的诉求。其具体意义体现在以下方面：

（1）对于新产品来说，用户研究可以了解企业用户的需求点，帮助团队明确产品开发的方向；

（2）对于已经在市场上运营的产品来说，用户研究可以发现产品存在的问题，继而优化用户体验；

（3）用户研究不仅对产品优化有很大的帮助，而且对产品的使用者也是有益的。

用户研究的基本思路

用户研究不是广撒网。在进行用户研究前，我们首先应确定要解决什么问题，然后决定需要调研的对象——与我们需要解决的问题相关度最高的用户。B端产品经理在开展用户研究时可以借鉴以下基本思路：

（1）将问题梳理清楚并分类整理，寻找核心用户作为调研的目标对象；

（2）分析当前问题是适合定性调研、定量调研，还是数据分析，选择合适且有效的调研方法推进调研；

（3）输出用户研究分析报告，用于指导产品设计。

企业用户画像模型

很多互联网企业会对其目标用户进行画像，那么如何对B端产品进行用户画像呢？我们可以使用企业用户画像模型，它是B端产品经理在B端产品的用户研究过程中经常用到的模型，通过获取和分析企业及角色的信息，总结提炼特征，构建标签化的企业用户模型。

构建企业用户画像的步骤如下。

第一，调研对象，收集数据。

大量的数据是构建企业用户画像的基础，B端产品经理可以从企业用户的行业属性（如行业的运作模式、运行规律等）、企业属性（如企业的规模、成立的时间、收入情况、人员规模等）及企业内部各类角色（如决策者、管理者、使用者等）的属性特征采集所需要的数据。我们可以根据企业用户画像使用的目的不同而有针对性地收集需要的数据，无须面面俱到。

第二，构建用户画像的标签体系。

收集完数据后，我们就需要构建标签体系了。标签代表了我们对企业用户的认知，也为大家提供了解企业用户的角度。例如，对于一些信用好的企业，我们可以给予"高信用合作伙伴"的标签。构建标签体系的主要流程如下：首先对收集到的原始数据进行整理和分类；然而剔除无效数据，提取共性的有效数据；最后整合起来，预测企业用户的行为偏好。

第三，呈现画像。

以合适的展现形式将企业用户画像呈现出来，可以帮助我们更清晰地了解企业用户的全貌及其各维度之间的关系。

企业用户画像模型案例解析

A 软件开发商准备为中小互联网企业开发项目管理软件，但是对中小互联网企业不熟悉。因此，A 软件开发商的产品经理准备为中小互联网企业建立企业用户画像，对中小互联网企业先做大致的了解，再着手开发项目管理软件。

（1）确定要调研的基础数据范围

由于准备开发项目管理软件给中小互联网企业，因此，A 软件开发商选取的数据范围为中小互联网企业数量、人员规模、年收入、单个研发团队人员数量、研发流程、研发痛点、决策者关注的研发流程的要点、使用者关注的研发流程的要点等数据。

（2）确定调研方法

从需要调研的数据内容出发，A 软件开发商的产品经理确定了两种调研方法，第一种是网上查阅数据，第二种是用户调研。调研内容里，中小互联网企业数量、人员规模等数据可以使用网上查阅的方式，而决策者关注的研发流程的要点、使用者关注的研发流程的要点等数据可以使用实地用户调研的方式。

（3）确定调研对象

以上部分的数据需要通过调研对象获得。因此，A 软件开发商的产品经理选定的调研对象为研发团队的项目管理者、项目经理、技术主管和开发人员，他们是直接使用项目管理软件的人员。研发团队的项目管理者即决策者，他们是决定是否购买项目管理软件的关键人物，具有很大的话语权。如果产品得到了项目管理者的认可，他们很可能就会向信息部门推荐购买这款产品。同时，项目管理者会有自己对项目管理软件在流程和功能上的管理层需求，例如，可以查看统计数据等。而对于其他调研对象来说，我们调研他们是为了优化用户体验，将他们关注的点记录下来，并在产品中进行优化。例如，开发人员关注项目管理软件在具体功能上是否全而好用，他们的建议在后续产品续费时会起到很大的作用。

第 5 章
五要素模型构建B端产品

（4）构建标签体系

产品经理对调研出来的数据进行清洗和抽取，输出一份标签体系表，如表5-2所示。

表 5-2 中小互联网企业标签体系

一级维度	二级维度	标签
行业属性	行业发展趋势	有前景
	行业政策	利好
企业属性	企业数量	×××万左右
	人员规模	××～×××人
	年收入	×××万～×××万元
研发属性	研发流程	需求-设计-研发-测试-上线
	研发团队人员数量	×～××人
研发链角色属性	项目管理者	决策者、监控数据报表使用者
	项目经理	明细数据报表使用者
	技术主管	任务委派使用者
	开发人员	任务操作使用者

（5）企业画像呈现

产品经理通过对标签进行更具体的描述后，输出一份中小互联网企业用户画像，如图5-3所示。

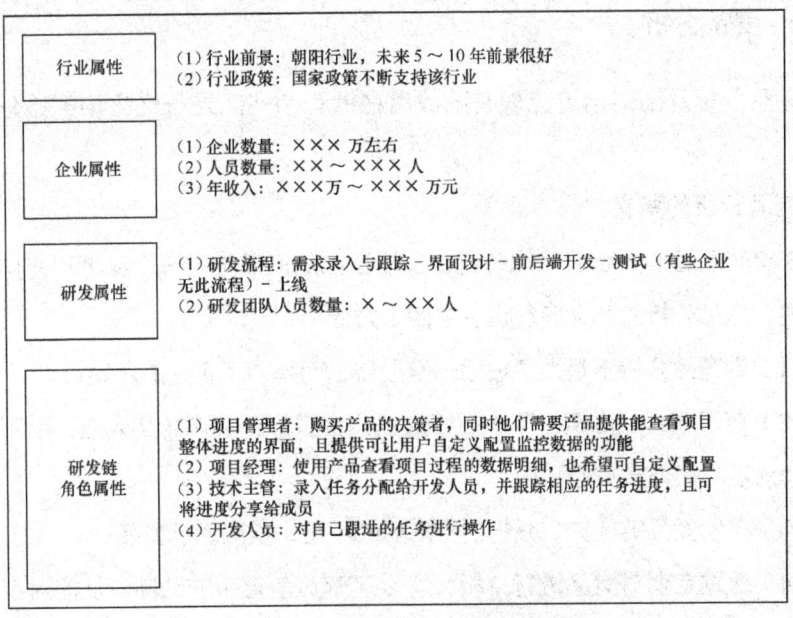

图5-3 中小互联网企业用户画像

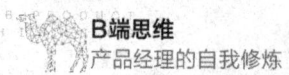

通过对中小互联网企业的实地调研和构建其标签体系，产品经理最终输出了中小互联网企业用户画像。基于企业用户画像，A 软件开发商的产品策略可以变得更加精准，还有可能产生更细分的产品形态。例如，项目管理软件按模块化设计与开发，如果 B 互联网公司的研发流程需要测试，就加入测试模块；而 C 互联网公司研发流程中没有测试环节，那就将测试模块拿掉。

当然，企业用户画像并非一成不变，也需要进行迭代和优化，这样才能更好地指导我们的产品策略。

5.2 范围层

范围层处于五层要素的倒数第二层。在范围层上，B 端产品经理需要解决两大问题：产品的功能和内容。所以，B 端产品经理在范围层上要做的事情是竞品分析、需求分析和编写需求文档。

5.2.1 竞品分析

竞品分析是指对市场上现有的或潜在的竞争产品进行优势和劣势分析的过程。

竞品分析的意义

B 端产品经理需要整体梳理竞品，给自己的产品提供一个参考和方向。具体地说，竞品分析的意义表现在以下四个方面：

（1）做竞品分析不是为了输出一份报告，而是为了企业的发展；

（2）在了解竞品的情况下，更好地找到自身产品的市场切入点，而不是跟在竞争对手后面亦步亦趋；

（3）了解竞品的优势，分析自身产品的不足，从而超越竞品；

（4）通过定期对竞品进行分析，可以了解竞争对手的动向，从而对自己的产品做出预防性布局策略。

第 5 章
五要素模型构建B端产品

竞品分析的基本思路

竞品分析可以分析竞争对手的背景、战略定位、目标人群、运营策略、盈利模式、产品功能及产品界面等。对于 B 端产品经理来说，上述这些并非都要逐一分析，可以借鉴以下基本思路进行。

（1）明确竞品分析的目的。带着目的进行竞品分析，才会达到更好的效果。例如，要想提高销售额，那就围绕竞争对手的营销策略进行研究；而如果想提升功能的覆盖度，那就围绕竞争对手的功能进行研究。

（2）寻找直接竞品或以分析的目的为核心选择竞品。例如，B 端产品经理想改进当前产品中某个业务流程的设计方式，除了可以分析直接竞品以外，还可以分析其他行业或其他产品的业务流程设计方式。

（3）对竞品进行分类——直接竞品、间接竞品。直接竞品是与自身产品相似度极高的产品，包括目标人群一致、业务模式一致、产品界面功能一致等。间接竞品是指竞争对手产品的某些方面与自身产品有契合度，但不是全部。

波士顿矩阵

波士顿矩阵又被称为"市场增长率－相对市场份额矩阵"，1970 年由美国著名的管理学家、波士顿咨询公司创始人布鲁斯·亨德森首创。它通过销售增长率（反映市场引力的综合指标）和市场占有率（反映企业实力的综合指标）分析和决定企业的产品结构。使用波士顿矩阵可以帮助企业分析现有的产品结构，有效调整现有的产品规划。

波士顿矩阵由"销售增长率"与"市场占有率"两个因素相互作用形成四个象限，依次为"问题产品""明星产品""现金牛产品""瘦狗产品"，如图5-4所示。销售增长率代表企业的发展前景，市场占有率代表企业的竞争力。

（1）问题产品是指销售增长率高、市场占有率低的产品。对于此类产品，我们需要研究其市场占有率一直无法上升的原因，考虑其是否符合企业长期的发展目标。如果实在无法渗透市场，就要考虑是改进还是放弃该产品。

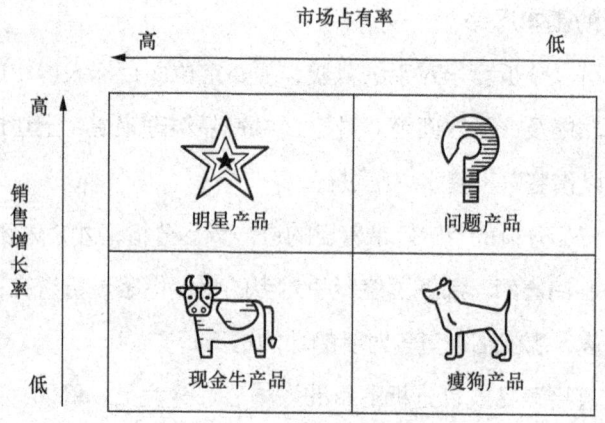

图5-4 波士顿矩阵

（2）明星产品是指销售增长率高、市场占有率也高的产品。对于此类产品，需要研究其双高的原因，并加大投资力度，支持其迅速扩张和发展。

（3）现金牛产品是指销售增长率低、市场占有率高的产品。此类产品在市场上已经有了高的占有率，市场已经成熟，能给企业带来大量的现金流。企业不需要大量投资来扩展市场规模，而可以进一步进行市场细分，持续优化和改进以提升其增长速度。

（4）瘦狗产品是指销售增长率低、市场占有率也低的产品。此类双低产品无法为企业带来利润，企业应考虑将其淘汰或整合。

波士顿矩阵案例解析

以A软件开发商要为中小互联网企业开发项目管理软件为例，使用波士顿矩阵进行竞品分析。目前国内国际市场上较知名的项目管理软件有微软的ms project、金蝶项目管理软件、SAP项目管理软件、智邦项目管理软件等。但是，这些项目管理软件比较适用于大型企业，因此不适合作为A软件开发商产品的竞品进行分析。而Worktile是目前市场上中小企业选择最多的SaaS化项目管理软件，因此选择Worktile进行分析。截至目前，Worktile拥有70多万家企业用户、3000多家付费用户，覆盖了互联网、教育、电商、金融、零售等30多个行业，其中60%的付费用户都在重度使用软件开发、协作与数字化场景，并且企业付费用户规模还在高速增长。Worktile 从 2016 年开始就建立了 WMC 管理咨询团队，致力于提升企业的管理效能。2020 年 7 月，Worktile 宣布完成 B+ 轮融资。由此可见，Worktile 在波士顿矩阵中的象限为明星产品，如图 5-5 所示。

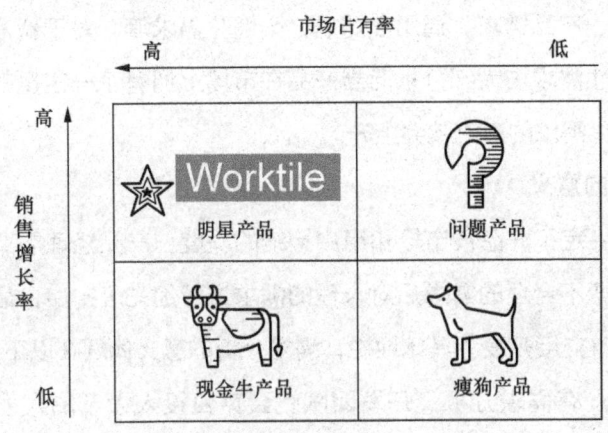

图5-5　Worktile的波士顿矩阵

笔者总结了几点 Worktile 可以成为项目管理软件方面明星产品的设计思路和模式，A 软件开发商为中小互联网企业开发项目管理软件时，可以参考。

（1）定位清晰，Worktile 解决了 30～1000 人规模的企业的协作办公及项目管理的痛点，帮助企业进行项目管理、规范项目流程。

（2）Worktile 在功能设计上不仅满足了基础功能，还从用户角度出发，将社交属性的功能融入 B 端产品中，如分享、点赞等功能，提高了用户的黏性。

（3）一般的 B 端产品只追求功能全面，而不太注重用户体验。Worktile 能够不断优化产品，给用户带去不一样的产品体验。其多轮投资方——宽带资本表示："Worktile 在不断优化企业协作流程和用户体验的同时，利用了新型互联网技术为客户实现人、事和数据的无缝连接与交互，能够帮助企业真正提升核心竞争力。"

（4）SaaS 行业的发展相对漫长，要设计出一款好的 SaaS 产品需要工匠精神，而 Worktile 从 CEO 到团队的每一位成员都具备这样的产品精神。

（5）Worktile 经过 6 年多的发展，不断地收集和分析用户需求，使其能力强大、高度可配置，可适应更多项目管理中复杂场景的需求。

5.2.2 需求分析

需求分析是 B 端产品经理必须学会的专业技能，很多企业甚至将产品经理直接称为需求分析师，可见需求分析与产品经理的紧密程度之高。需求的类型包括用户需求、产品需求、通用性需求、个性化需求等。对于新产品而言，产品需求和通用性需求占大部分；而当产品在市场上拥有了一定量的用户时，用户需求和个性化需求的占比就会上升。

需求分析的意义

需求分析决定了产品被市场和用户接纳的程度。产品经理需要收集尽可能多的需求，过滤不合理的需求后对合理的需求进行优先级排序，最终将需求落到原型中并评审交接开发。具体地说，需求分析的意义体现在以下三个方面。

（1）如果没有需求分析，开发团队就会盲目投入大量的人力、财力、物力，这样不仅开发出来的产品不符合实际，也会产生大量浪费。而合理的需求分析可以帮助团队清晰地规划产品的人力、财力、物力的投入程度。

（2）需求分析可以将产品的场景化呈现出来，能让我们从点到线再到面地看待产品的设计。

（3）需求分析越透彻，产品规划和设计就会越合理。例如，在需求分析时，如果没有关注到某个字段 99% 的用户都会选择某个值，因而没有在需求中明确该字段需要给予默认值，就会导致用户在使用产品时每次都要填写同一个值，这样的产品设计显然是不合理的。

需求分析的基本思路

每一个人都可以是需求的提出者，他们通常会站在自己的角度阐述需求，此时就要考验产品经理清理和把握需求的能力了。在着手需求分析时，B 端产品经理可以借鉴如下一些基本思路。

（1）先想清楚你的需求会通过哪些地方输入，然后列出需求来源表。一般而言，B 端产品的需求来源一是产品本身的需求，例如，项目管理软件就一定要有建立需求的功能和分解任务的功能；二是用户提出的需求；三是竞品分析时得到的需求；

四是用户在使用竞品时提出的反馈。确定了需求来源，才可以逐一收集需求。

（2）在过滤需求的过程中，要学会辨别真伪需求。这个过程中最重要的就是要问自己"用户会为了这些需求买单吗、有和没有这些需求是否会影响用户使用"等问题。

（3）需求是具有优先级的，根据企业战略、产品规划、用户痛点等维度，B端产品经理需要梳理需求的优先级。梳理需求的优先级可以使用KANO模型。

（4）所谓"一图胜千言"，需求不能只落在PRD文档上，还需要转化为原型稿。

KANO 模型

B端产品经理经常会遇到有新需求不断加入需求池的情况。需求逐渐变多，但不可能所有需求都一并开发。面对这些问题，KANO模型可以帮助我们梳理清楚需求的优先级。

KANO模型从用户满意度和功能完善程度两部分衡量需求，并将需求划分为必备属性、期望属性、魅力属性、无差异属性和反向属性，如图5-6所示。

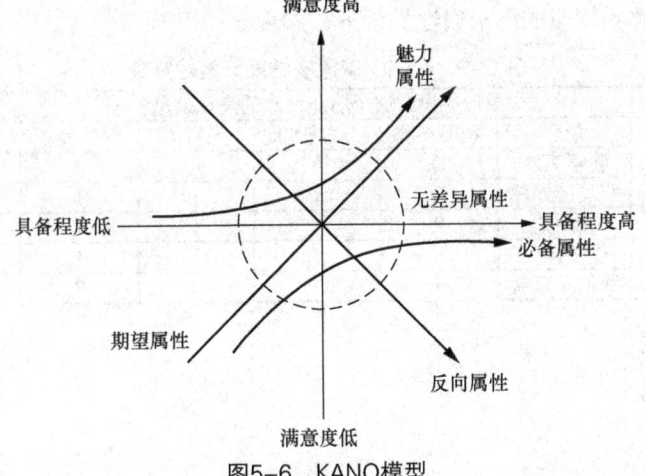

图5-6　KANO模型

（1）必备属性是指产品如果没有这个功能，用户会觉得这个产品无法使用。这是用户的基本需求，但这类功能做得再好，用户的满意度也不会上升。例如，微信需要有聊天功能、手机要可以打电话、外卖App要可以看到骑手当前的状态。所以，这类需求无需投入过多，当达到一定程度时就可以停止。

（2）期望属性是指产品如果有这个功能，用户的满意度会提高。例如，手机可以续航的时间越长，用户的满意度就越高；电脑可以存储的东西越多，用户的满意度就越高。当这类需求产品越多时，用户的满意度就会越高，产品经理可以考虑多集中设计这类需求。

（3）魅力属性是指用户在使用此类功能后，能惊呼太棒了。例如，使用iphone的滑屏解锁功能、使用微信的语音交流功能。这类需求会成为产品的亮点，能极大地提高用户的满意度。但是，这类需求很难挖掘，需要产品经理多关注。

（4）无差异属性是指这类功能对用户来说有和没有都一样。如果产品经理收集到了这类需求，无须投入时间和精力。

（5）反向属性是指这类功能会引起用户强烈不满，导致用户对产品的评价会很低。很多用户并没有此需求，如果产品提供了，用户满意度反而会降低。

当收集到需求后，我们可以针对每个需求向用户提问：（1）如果产品有这个功能，你的满意度是？（2）如果产品没有这个功能，你的满意度是？并最终将需求归类到相应的需求属性类别下，如表5-3所示。

表5-3 KANO满意度结果分类对照表

		如果产品没有这个功能，你的满意度是？				
	量表	我很喜欢	它理应如此	无所谓	勉强接受	我很不喜欢
如果产品没有这个功能，你的满意度是？	我很喜欢	Q	A	A	A	O
	它理应如此	R	I	I	I	M
	无所谓	R	I	I	I	M
	勉强接受	R	I	I	I	M
	我很不喜欢	R	R	R	R	Q

A：魅力属性
O：期望属性
M：必备属性
I：无差异属性
R：反向属性
Q：可疑结果（通常不会出现，除非问题本身有问题或用户理解错误）

通过KANO满意度结果分类对照表，我们可以对产品需求的优先级进行探索。一般来说，要优先实现必备属性的需求，因为这类需求一旦缺失，用户就觉得产品无法使用，满意度就会下降。需要注意，具体的产品需求优先级还会和产品战略、具体业务有关系，需要视实际情况而定。

KANO 模型案例解析

笔者曾经负责过 B 端产品组件的需求分析。当拿到一堆组件需求时，按照 KANO 模型，对组件需求进行逐一的分析，并输出组件需求开发优先级的报告。B 端产品的组件需求如图 5-7 所示。

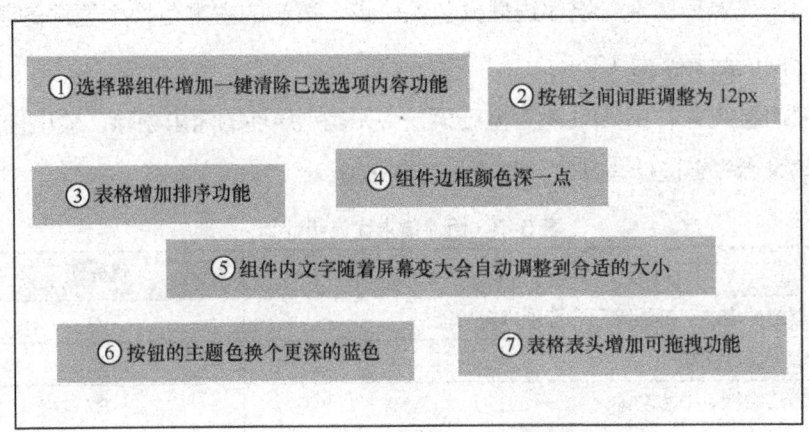

图5-7　B端产品的组件需求图

基于以上需求，笔者围绕以下两个问题与相关调研对象进行了沟通：

（1）如果产品有这个功能，你的满意度是？

（2）如果产品没有这个功能，你的满意度是？

调研后，总结如表 5-4 所示。

表 5-4　组件需求 KANO 满意度结果

		如果产品没有这个功能，你的满意度是？				
	量表	我很喜欢	它理应如此	无所谓	勉强接受	我很不喜欢
如果产品有这个功能，你的满意度是？	我很喜欢	Q	A	A	A⑤	O⑦
	它理应如此	R	I	I	I②	M①③
	无所谓	R	I	I	⑥I④	M
	勉强接受	R	I	I	I	M
	我很不喜欢	R	R	R	R	Q

A：魅力属性
O：期望属性
M：必备属性
I：无差异属性
R：反向属性
Q：可疑结果（通常不会出现，除非问题本身有问题或用户理解错误）

（1）必备属性：选择器组件增加一键清除已选选项内容功能、表格增加排序功能；

（2）期望属性：表格表头增加可拖拽功能；

（3）魅力属性：组件内文字随着屏幕变大会自动调整到合适的大小；

（4）无差异属性：组件边框颜色深一点、按钮的主题色换个更深的蓝色、按钮之间间距调整为 12px。

根据组件需求 KANO 满意度结果，将无差别属性的需求剔除，输出相应的组件需求优先级设计与开发计划，如表 5-5 所示。

表 5-5 组件需求优先级计划

需求	优先级
选择器组件增加一键清除已选选项内容功能	P1
表格增加排序功能	P1
表格表头增加可拖拽功能	P2
组件内文字随着屏幕变大会自动调整到合适的大小	P3

5.2.3 需求文档

需求文档又称为 PRD 文档。现在市面上针对 B 端产品的需求文档非常少，那么应该怎样写呢？

编写需求文档的意义

需求文档不仅是用文字的方式将产品开发的需求呈现出来，同时也要使团队成员能够对产品相关问题进行探讨并达成一致的意见。具体地说，编写需求文档的意义表现在以下四个方面。

（1）整理产品会涉及的功能，梳理产品的逻辑规则，为产品原型设计奠定扎实的基础。

（2）描述业务主流程并绘制相关业务流程图，使甲方及团队成员整体了解产品的核心要素。

（3）需求文档可以让其他部门的协助人员清楚地知道他们需要起到哪些方面的作用。

（4）编写需求文档可以提前评估产品风险。

编写需求文档的基本思路

所有好的需求文档都有一些相似的特性，B端产品经理在编写时可以借鉴以下基本思路。

（1）需求文档除了要将产品的业务流程、功能性需求、非功能性需求等统统描述清楚之外，还需要明确价值，即让团队成员认为他们现在的工作是有价值的；

（2）需求文档中除了描述产品模块正常场景的情况，还需要考虑到其在异常场景的流程与处理逻辑；

（3）在考虑到产品长远形态的前提下，在当下的需求文档中尽可能地给自己的设计方案预留产品扩展的空间，并在需求文档中进行标注；

（4）需求文档的可读性要强，无论是开发人员、测试人员、设计人员都需能读得懂，这样可以提升团队的协作效率。

B端需求文档案例解析

需求文档包括纯文档、纯原型、文档+原型三种形式，这里以纯文档形式为大家介绍一款B端企业网盘产品的部分功能，需求文档的整体结构如表5-6所示。

表5-6 需求文档目录结构

一级目录	二级目录
引言	编写目的
	背景概述
	术语定义
	全局约定
	参考资料
需求综述	项目背景
	产品定位
	产品结构
	业务流程
	功能概述
功能需求	需求描述
	前置条件
	业务规则

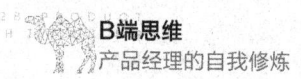

（续表）

一级目录	二级目录
功能需求	逻辑规则
	输入描述
	输出描述

接下来进入正式的需求文档编写阶段。

（1）文档修订记录

文档修订记录如表5-7所示。

表5-7 文档修订记录

版本	修订人	修订日期	说明	审核人	审核日期
V1.0	小A	××××-××-××	新建文档	大B	××××-××-××

（2）引言

①编写目的

本文通过定义企业网盘产品的需求，主要为企业提供网盘管理，与项目组成员达成一致的需求描述，进而为下一步设计提供依据。

②背景概述

背景概述如表5-8所示。

表5-8 背景概述

项目名称	企业网盘管理系统
项目简称	企业网盘
任务提出者	A公司
开发者	B公司
用户	A公司职能部门相关管理人员
与其他系统的关系	独立系统

③术语定义

企业网盘：指企业为经营管理公司需要而创建的公司性质网盘，在该网盘内，员工只拥有对公司制度类、产品类、晋升类信息内容的查看与下载的权限，而无上传、编辑、删除的权限。

企业文件：包括文档、图片等所有属于企业的资料。

④全局约定

需求优先级：如果有需要，请使用 P1、P2、P3 标注需求优先级；P1 代表优先，P2 代表一般，P3 代表可选。

字段必填：标注该字段用户是否必填时，用"是""否"说明。

⑤参考资料

《企业网盘建设方案》《企业网盘商业需求文档》。

（3）需求综述

①项目背景

中小企业对企业信息化管理越来越重视，同时也希望将企业战略、企业文化、企业精神、企业中的各项规章制度快速并有效地传达每一位员工，通过使用一款良好的企业网盘管理系统可以极大地提高企业内部信息传达的效率。

②产品定位

企业网盘管理系统是一款 SaaS 系统，主打企业内部资料的在线化共享，不仅可以极大地提高企业将信息传达员工的速度，而且能推动中小企业的无纸化办公及走向更规范的信息化管理。

③产品结构

产品结构是指产品由哪几部分组成，并且每部分分别完成哪些业务诉求。企业网盘管理系统由三大模块组成——企业文件、查询文件和回收站。企业文件模块是企业内部有权限的人员管理企业文件的地方；查询文件模块是员工查询企业相关文件的地方；回收站模块是当管理人员误操作将企业文件删除时可以还原文件的地方。

④业务流程

企业文件管理通过建立不同的文件夹，对企业文件进行分类，同时可为上传的文件添加标签，便于使用者查询和下载。

⑤功能概述

功能概述是指对产品涉及的全部功能进行罗列与简要的说明，团队成员可以从全局角度认识产品的具体功能点，如表 5-9 所示。

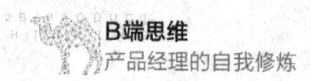

表 5-9 功能概述

模块	一级菜单	功能点	说明（无具体说明可不填）
企业网盘	企业文件	新建文件夹	普通员工无权限
		上传文件	普通员工无权限
		移动文件到	普通员工无权限
		复制文件	普通员工无权限
		删除文件	普通员工无权限
		编辑文件	普通员工无权限
		重命名	普通员工无权限
		下载文件	全员皆可用
		设置标签	普通员工无权限
		预览文件	全员皆可用
	查询文件	查询文件	全员皆可用
		重置查询条件	全员皆可用
		保存常用查询条件	全员皆可用
	回收站	清空文件	普通员工无权限
		还原文件	普通员工无权限

（4）功能需求—"企业文件"模块

企业文件是管理文件分类和存储各类型文件的地方。

A. 新建文件夹

①需求描述

新建文件夹用于建立存放企业文件的分类目录，用户可以按照自己的定义为文件夹命名。在界面上，文件夹以树形结构展示，方便对目录进行管理。

②前置条件

在建立一个新的文件夹之前，需要先选择一个父目录。

③业务规则

文件夹名称必填，父文件夹必选。

④逻辑规则

先点击"新建文件夹"，然后在弹出窗口输入必要的信息，最后选择保存。

⑤输入描述

"新建文件夹"涉及的字段情况描述，包括字段是否必填、组件形式和具体数据要求说明，如表 5-10 所示。

第 5 章
五要素模型构建B端产品

表 5-10 "新建文件夹"涉及的字段情况描述

要素名称	必填	形式	说明
文件夹名称	是	输入框	支持汉字、英文字母、数字、英文格式的下划线，必须以英文字母或汉字开头，4~50个字符
父文件夹	是	下拉框	不可以为空
文件夹描述	否	文本框	输入描述

⑥输出描述

文件夹分类目录中多了一个对应的节点。

B. 上传文件

①需求描述

上传文件是将企业需要传达员工的文件上传到对应的文件夹中。

②前置条件

在上传文件之前，需选择一个文件夹。

③业务规则

上传的文件必选。

④逻辑规则

点击"上传文件"，选择系统文件；点击"确定"，上传文件完成。

⑤输入描述

"上传文件"涉及的字段情况描述，包括字段是否必填、组件形式和具体数据要求说明，如表 5-11 所示。

表 5-11 "上传文件"涉及的字段情况描述

要素名称	必填	形式	说明
文件名	是	系统读取	选择文件后，系统读取文件的信息
大小	否	系统读取	选择文件后，系统读取文件的信息
上传人	是	系统读取	选择文件后，系统读取文件的信息
上传时间	是	系统读取	选择文件后，系统读取文件的信息

⑥输出描述

文件列表中多了一条数据。

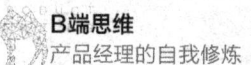

以上为 B 端产品的需求文档编写格式,其余功能描述按照"新建文件夹"和"上传文件"的描述方式编写即可。不同企业和团队对产品需求文档的要求会有一些差别,笔者给出的是通用型的 B 端产品需求文档。对于一些安全性要求较高的 B 端产品,产品经理在编写需求文档时还需加入安全性要求的条目。对于一些有软件配置要求的产品,产品经理在编写需求文档时还需注明操作系统、数据库管理系统等条目。

5.3 结构层

结构层处于五层要素的第三层,B 端产品经理在本层需要解决的问题是如何将碎片化的需求整合起来,具体要做的事情是进行信息架构、布局设计和原型设计。

5.3.1 信息架构

列举一个生活中的例子。我们去百货大楼买洗发水,首先会根据百货大楼的导航地图来到卖洗发水的店铺所在的楼层,接着根据该楼层的区域牌找到店铺,最后按照店铺的指示牌找到放置洗发水的货架,就可以找到自己喜爱的洗发水了。信息架构设计的过程就如同我们通过导航找到楼层、区域、货架,最终找到洗发水的过程。

信息架构着重于对产品的布局整理、导航梳理和信息分类,是将原始的需求信息转化为产品界面上需要展示的各类内容元素并将其合理组织起来的过程。

信息架构设计的意义

优秀的信息架构要具备扩展性和易用性,扩展性是对产品本身来说的,而易用性则是对用户来说的。具体地说,信息架构设计的意义体现在以下两个方面。

(1)对繁杂的内容进行信息架构设计,可以提升信息传递的效率。

(2)有序的信息架构可以方便用户快速理解和查找信息。

信息架构设计的基本思路

产品是否能让用户快速准确地获取自己想要的内容,其信息架构起到了决定性的作用。清晰的信息架构不仅显得产品更专业,而且体现了B端产品经理良好的逻辑思维能力。B端产品经理在设计信息架构时可以借鉴以下基本思路。

(1)首先明确用户想从自己的产品中获得的信息,思考用户期望如何使用产品和获取信息,然后着手梳理信息架构。

(2)将导航体系梳理出来。

(3)梳理界面上的信息架构,运用认知心理学等更合理地组织内容。例如,格式塔心理学中说道:"当不同形状的物体之间距离一样时,我们会优先将相似的图形归为一类。"

(4)根据用户的浏览习惯进行信息架构设计。例如,当界面数据量很大时,大部分用户习惯树形结构或列表式的信息组织方式,而不是卡片式的。

四大信息架构模式

《用户体验的要素》一书中讲到:"信息架构的基本单位是节点。节点可以对应任意的信息片段或组合——它可以小到是一个数字(如产品的价格),或者大到是整个图书馆。"而对于B端产品来说,节点可以是页面、页面上的元素组,也可以是目录树等。节点组织和安排的常用模式有以下四种。

(1)层级结构

在层级结构中,节点与节点之间存在父级/子级的关系。当然,不是每一个节点都会有子节点,但是每个子节点都会有父节点,如图5-8所示。在B端产品中,该结构被大量地使用,而且效果不错。

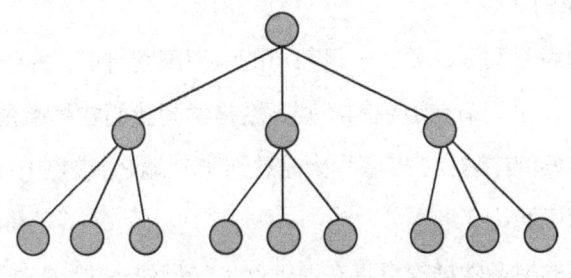

图5-8 层级结构

（2）矩阵结构

矩阵结构是一种多维度的信息组织结构，它允许用户根据自身的不同需求获取信息，如图5-9所示。例如，我们想在淘宝买一件衣服，可以通过品牌、颜色、身高等多维度去搜索。

（3）自然结构

自然结构讲求探索，它没有明晰的路径及分类，用户很容易迷失在界面中，如图5-10所示。因此，自然结构的信息架构更适合娱乐类或野外探险类的网站，而不太适合B端产品。

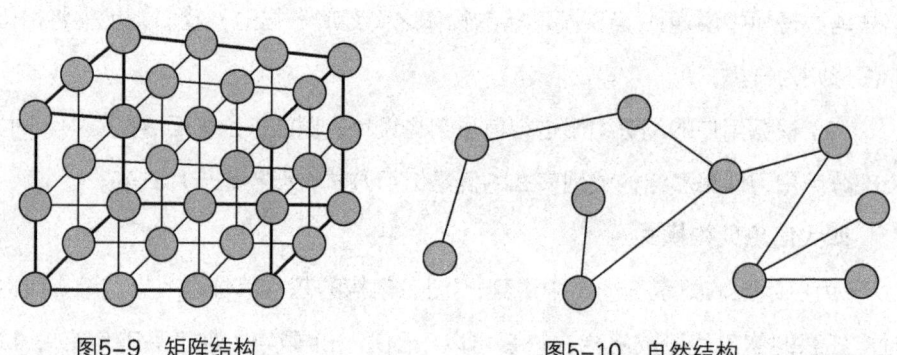

图5-9　矩阵结构　　　　　　　图5-10　自然结构

（4）线性结构

线性结构具有非常直观的流程性，如图5-11所示。例如，阅读、听音乐都是属于线性结构。在B端产品中，线性结构一般应用在某个页面的内部。

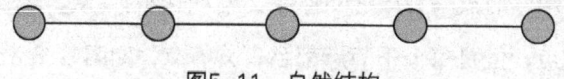

图5-11　自然结构

节点组织原则

学习节点组织原则很重要，一旦节点的组织原则有误，对于用户来说该产品直接就无用了。学习节点组织的原则，就是学习我们要将哪些节点编排成一组，而哪些节点要保持独立。笔者为大家总结了B端产品的三个节点组织原则。

（1）时间组织原则

B端产品中的很多数据信息具有时效性，如操作日志、待办事项、预定会议室数据等。因此，时间组织原则经常被用到。列表内容的排序基本都遵循时间组织原则，将最近的数据往前靠，如果用户想查询几天前的数据，则可以使用列表上方的筛选条件查询相关数据。

（2）流程组织原则

B端产品中很多信息呈现出先后关系，就要用到流程组织原则了。例如，需要用户填写的认证信息，其数据就会有先后关系；监控系统中要给一个监视器添加告警信息，就需要将监视器的其他基础信息补充完整才能添加告警，因为没有基础信息的输入就不存在告警一说。

（3）独立组织原则

独立组织原则是指节点与节点之间没有强烈的因果或先后关系，它们相对独立，但要共同完成某件事情。例如，要把A任务分解成3个子任务，这3个子任务之间是没有先后关系的，它们可以同时进行，当把它们都完成了，A任务就算完成了。

B端产品经理在使用节点组织原则时，需要注意两个事项。第一，当在产品层使用节点组织原则时，要从产品战略和用户需求的角度出发。第二，当在产品页面使用节点组织原则时，就要从页面内容和功能着手。例如，为什么在推送新闻时要按照时间的维度呢？因为这是符合用户需求的，毕竟没有用户会希望看到历史新闻，他们希望看到的是时事新闻。

5.3.2 布局设计

在梳理B端产品信息架构时，笔者通常将其分解为布局和原型两部分。布局是指B端产品的全局导航体系与工作区的关系，而原型是指B端产品全局导航对应的概览页面。接下来，笔者将为大家逐一讲解这两部分。

布局是指B端产品的整体框架结构中全局导航体系与工作区的关系。在布局设计中，B端产品经理的主要工作是规划产品的全局导航体系。因此，在信息框架的梳理中，布局设计是第一步。

布局设计的意义

布局设计是产品的门面。B端产品的布局较有序与严谨，其意义体现在以

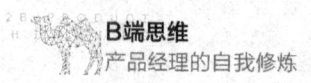

下两个方面。

（1）符合产品调性和产品内容信息的布局形式，能给用户以极好的第一印象，提高用户对产品的黏性。

（2）合理的布局可以让用户快速找到自己想要的信息。

布局设计的基本思路

B端产品的布局设计有其自身的范式，也可以借鉴以下基本思路。

（1）要符合B端产品常用的布局模式。例如，侧边导航通常置于左侧，而有些没有经验的产品经理会将侧边导航置于右侧，觉得这样会给用户带去新奇的感觉，让自己产品很快被人记住。但这种全局性的布局设计还是需要再三思考，毕竟用户的习惯已经养成，要是改成右侧导航，会大幅度降低用户在产品上的操作效率。

（2）布局要呈现出清晰有序的感觉，不能让用户在界面上停留了半天也不知道从哪开始着手。

（3）在整体布局设计上，要尽量留位置给工作区，全局性的导航尽量让位，不要占据用户工作区的大量位置。

四大布局模式

B端产品需要逻辑性强，因此大部分遵循层级结构的设计模式。该模式又分为四大布局模式：单层顶部布局模式、双层顶部布局模式、侧边布局模式和顶部—侧边布局模式。

（1）单层顶部布局模式

当B端产品的导航数量极少（通常只有2～5个）且层级只有一级时，就可以使用单层顶部布局模式，如图5-12所示。在单层顶部布局模式下，主工作区域的信息展示效率可以提高。这时主工作区可以使用占满整个屏幕的方式，也可以只使用正中间区域，屏幕左右两边留白。

（2）双层顶部布局模式

当B端产品的导航数量较多且导航层级大于一级，但又不希望占据页面顶部或侧边的空间时，可以使用多层顶部布局模式，如图5-13所示。多层顶部布局模式是通过鼠标点击触发以看到更多的子导航项。

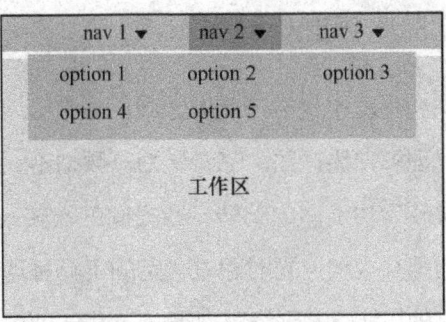

图5-12 单层顶部布局模式　　　　图5-13 双层顶部布局模式

（3）侧边布局模式

当B端产品的导航数量非常多且导航层级达到三级时，可以使用侧边布局模式，如图5-14所示。侧边布局模式通常以树形结构展示，这样不仅能增加导航可展示的数量，也符合用户的浏览习惯，是非常经典的导航结构。但在此模式下，左侧的导航区占据了一部分工作区，导致可展示信息内容的区域变少。因此，B端产品经理也可以考虑给侧边导航区增加收展功能，让侧边导航在用户操作工作区时收起来。

（4）顶部—侧边布局模式

当B端产品的导航层级达到三级以上时，可以使用顶部—侧边布局模式，如图5-15所示。一般来说，大型的B端产品或合并类的B端产品会采用该布局模式。但是，笔者建议B端产品经理不要设计三级以上的导航体系，因为这样会使用户获取信息的路径过长、效率降低，同时导航层级一旦过深，就需要更复杂的布局模式支持。

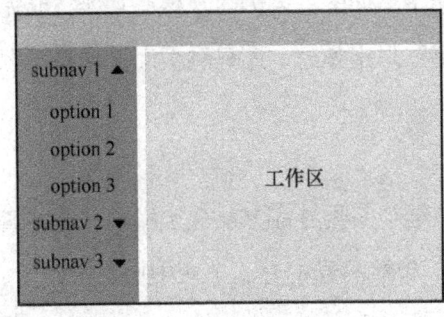
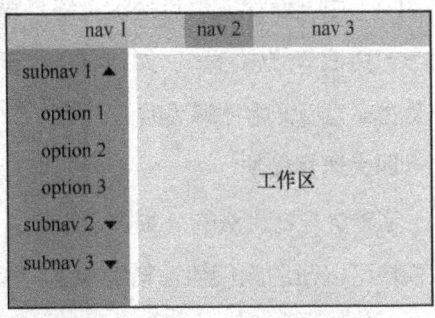

图5-14 侧边布局模式　　　　图5-15 顶部—侧边布局模式

5.3.3 原型设计

在设计 B 端产品时，我们通常会用到原型设计与交互设计，这里的原型可以理解为线框图。笔者认为，原型不一定带有细致的交互跳转（包括页面间的跳转、功能间的跳转、数据间的流转），而是仅对界面信息的内容进行大概的组织与规划，同时通过一定的工具呈现出来即可。这有利于让团队成员看到产品的初样，并围绕原型进一步进行探讨。

原型设计的意义

优秀的原型图能建立团队成员之间沟通的桥梁，需求文档中的文字相对难以理解，原型图却是直观的。具体地说，原型设计的意义体现在以下两个方面。

（1）原型图不是最终设计稿，所以当原型图出现不符合逻辑的设计时方便修改。

（2）原型图可以让团队成员提前发现产品设计中的潜在问题，及时进行调整。

原型设计的基本思路

做产品犹如盖大楼，楼盖得好不好，主要看初期的建筑图能否从整体上考虑大楼的结构。如果初期考虑周全，提前解决暴露出来的问题，那么后期精细化的建筑图就会设计得更合理。原型就好比初期的建筑图，那么 B 端产品经理如何设计好原型呢？笔者认为可以借鉴以下基本思路。

（1）做原型设计前，要对产品有整体的考虑和把控。

（2）B 端产品界面有很多通用模块，如用户设置、系统设置、工作台设置等，将这些通用模块梳理出来，做原型设计时可以复用。

（3）原型设计的重点是定义每个导航下页面的主要内容及核心功能，而无须考虑更细节的内容。例如，点击"新增"是出弹窗，还是跳页面，这些问题都是在交互设计中才解决的。

四大通用模块

笔者参与过大量的 B 端产品设计，总结了一些 B 端产品通用模块。这些通用模块可以帮助我们快速搭建原型界面，包括消息中心、个人中心、工作台、角色权限管理。

第 5 章
五要素模型构建B端产品

（1）消息中心

消息中心可以说是 B 端产品的标配，能够让用户及时收到重要的消息和系统通知。同时，这也是 B 端产品运营品牌与内容的有效渠道。但是，我们不能将消息一股脑地都推送给用户，而要根据产品的特性将需要推送的消息内容梳理出来，并进行分类和整理。

在消息中心里，最近的消息、已读的消息、未读的消息等内容会通过消息浮层面板来承载。用户通过点击消息面板的"查看全部消息"按钮，进入消息中心的页面。笔者以知乎消息中心和 Teambition 消息中心的设计内容为例，解析 B 端产品消息中心的设计形式。

知乎的产品定位是一个问答社区，它将有共同兴趣和爱好的人连接在一起，分享彼此的知识、经验和见解。注册了知乎账号的用户可以互相关注、收藏好的回答或文章、评论相关话题等。因此，知乎的消息中心除了展示系统通知以外，还会展示与用户相关的其他消息，如关注我的、赞同与喜欢、评论与回复、提到我的等内容，如图 5-16 所示。

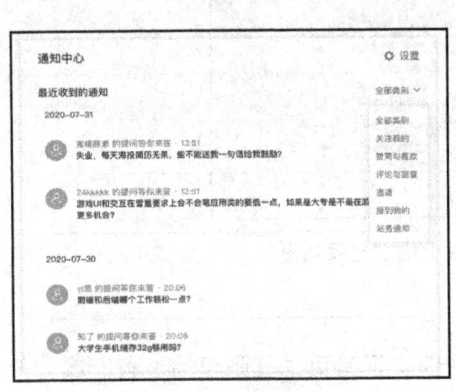

图5-16　知乎消息中心

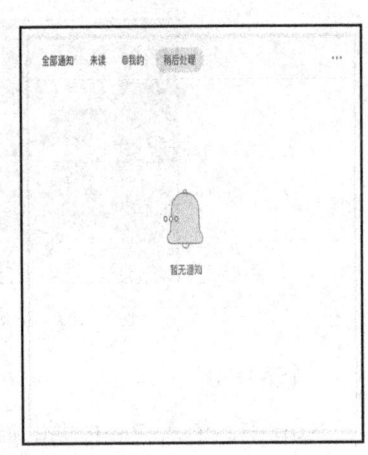

图5-17　Teambition消息中心

Teambition 的产品定位是一款团队协作办公软件，团队可以通过 Teambition 共享和讨论工作中的任务、文件、日程等内容，让团队协作变得灵活且高效。由于 Teambition 是一款办公工具，产品的所有内容和功能都是围绕提升团队协作效率而产生的，因此它不会像知乎一样有关注、点赞、喜欢等社交属性，而是重点帮助用户关注待办事项，让用户及时发现没有完成的工作，提醒他们及时处理。因此，Teambition 的消息中心包括稍后处理、全部通知等板块，如图 5-17 所示。

由此可见，由于不同产品的定位和内部功能不同，消息通知的内容也不同。但是我们可以看到，消息中心在设计上是有规律可循的。第一，消息需要分组；第二，需要有全部通知、未读消息、已读消息等固定的分组维度。我们可以整理出 B 端产品消息中心模块原型图，如图 5-18、图 5-19、图 5-20 所示。

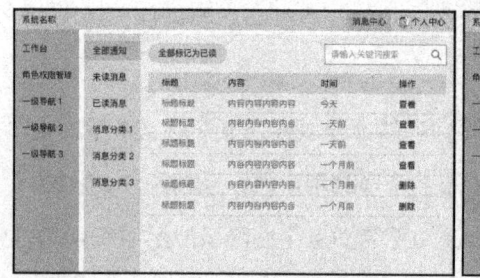

图5-18　消息中心的"全部通知"　　图5-19　消息中心的"未读消息"

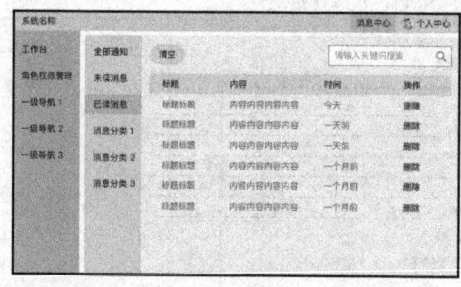

图5-20　消息中心的"已读消息"

（2）个人中心

在 App 中，个人中心页面的流量仅次于首页，其重要性不言而喻。个人中心是承载与用户相关内容的地方，在这里可以查看个人基本信息、修改个人配置、查看个人相关的内容等。当然，现在很多产品经理也会在个人中心设计一些功能入口，以达到运营和品牌宣传的目的，同时也能帮助用户高效地使用产品。除此之外，个人中心还与产品的整体功能有关系。例如，淘宝用户在个人中心里可以看到"我的订单""我关注的店铺""我的足迹"等功能；在知乎中，个人主页的内容会涉及"我的动态""我的文档""我的专栏""我的收藏"等功能。下面笔者以阿里云个人中心和Teambition个人中心的设计内容为例，解析B端产品个人中心的设计形式。

阿里云个人中心的内容较丰富，这与阿里云本身所提供的服务有关系，其包括安全设置、基本资料、实名认证、联系人管理等，如图5-21所示。

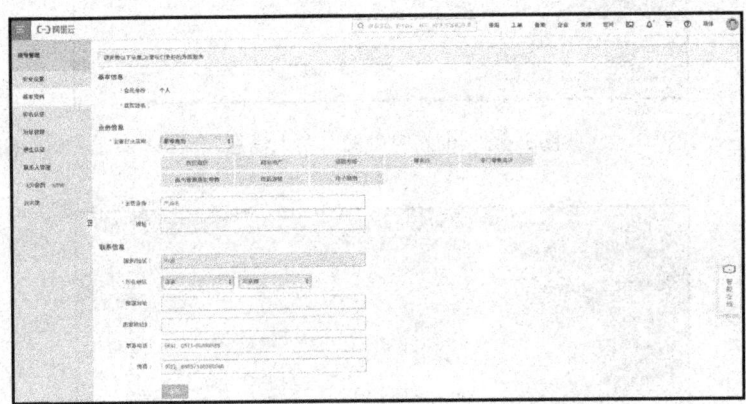

图5-21　阿里云个人中心

Teambition个人中心包括个人信息、账号密码、安全设置、应用管理等，如图5-22所示。

图5-22　Teambition个人中心

我们可以发现，个人中心会有一些基础的功能入口，如个人信息和账号密码。还有些功能入口则与产品本身有关系。例如，阿里云有联系人管理，而Teambition没有；Teambition有应用管理，而阿里云没有。下面是笔者整理的B端产品个人中心模块原型图，如图5-23、图5-24所示。

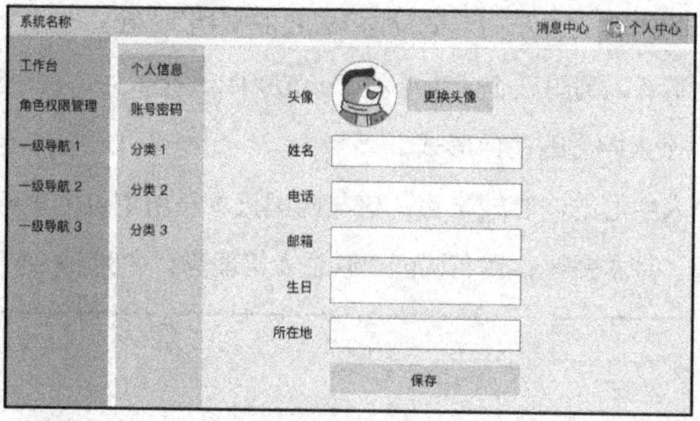

图5-23 个人中心的"个人信息"

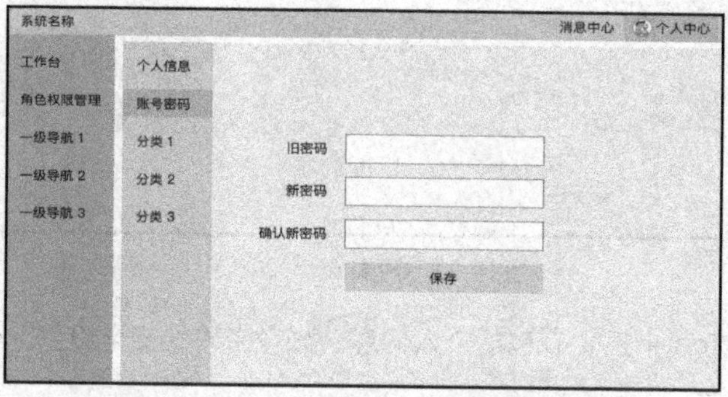

图5-24 个人中心的"账号密码"

（3）工作台

工作台在网站、C端等产品中不常见，但在B端产品中是必备的界面。B端产品的业务种类繁多，流程较复杂。如果没有工作台，用户在处理问题时就需要在多个页面间切换，无法将事情一并处理完。但是有了工作台，它就可以将用户的待办事项、事项处理进度等内容完整地展示出来，方便用户随时查看。同时，工作台还有集成信息的作用。如果某系统是由多个系统组成的，那么工作台可以将每个系统中的重要内容汇集起来，为用户提供统一的入口。总之，工作台是一个帮助用户快速掌握工作进度和将用户导航到其他页面的总览页面，它可以将系统的场景串联起来，提升用户的工作效率。下面以阿里云工作台和Bugout工作台的设计内容为例，解析B端产品工作台的设计形式。

第 5 章
五要素模型构建B端产品

阿里云工作台的内容非常丰富，包括资源预警、安全预警、最近使用的产品（阿里云是一个集合非常多产品的系统）、公告等，它们以卡片的形式存在，用户可以通过点击卡片进入详情页查看明细，如图 5-25 所示。

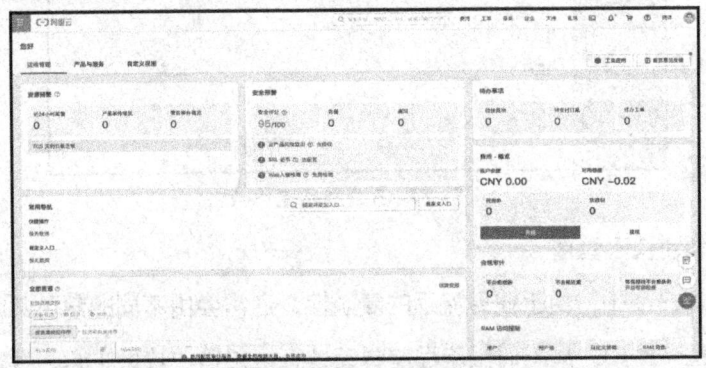

图5-25　阿里云工作台

Bugout 是一款免费的 Bug 管理工具和缺陷管理系统，因此 Bugout 工作台的内容包括与我相关缺陷、每日问题概况趋势图、历史记录等，如图 5-26 所示。

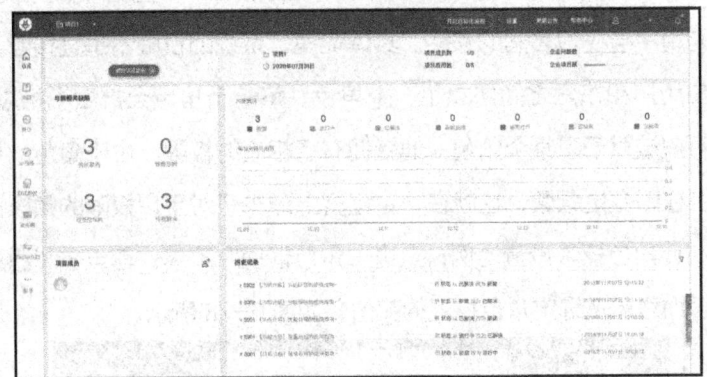

图5-26　Bugout工作台

由此可见，B 端产品的工作台内容与产品提供的功能息息相关，如果产品不提供该功能，就无法统计相应的数据。工作台依然可以抽象出一些可复用的模块，包括产品重要数据总体统计、核心数据明细、待办事项、我的常用入口、平台公告等。但是，工作台的内容不宜展示过多，否则不仅用户用不着，还会给用户造成信息噪音。下面是笔者整理的 B 端产品工作台模块原型图，如图 5-27 所示。

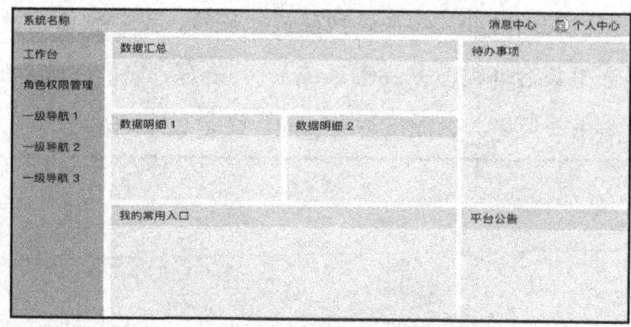

图5-27　B端产品工作台

（4）角色权限管理

在B端产品中，由于业务流程的复杂性，通常会由不同的角色共同完成一个业务流程。例如，员工请假流程需要经过直接主管、片区主管、考勤文秘的层层审批。在这个过程中，该流程只有员工自己和到达该节点审批的角色可以看，其他人则无法看到，这就涉及角色权限管理。角色权限管理的模型是RBAC（Role-Based Access Control）模型，该模型定义了角色与权限之间的关系，而非传统的用户与权限之间的关系。具体地说，系统的权限不是直接赋予具体用户，而是在用户和权限之间建立了一个角色。每一个角色会被赋予相应的权限，一旦某个用户被赋予了某个角色，他就拥有了相应的权限。由于角色的权限变更没有用户的权限变更频繁，这就在一定程度上减少了对用户权限的频繁设置。下面以Bugout角色权限设置为例：点击"角色管理"菜单，再点击"添加角色"，就会弹出添加角色及绑定角色权限的弹窗，如图5-28所示。

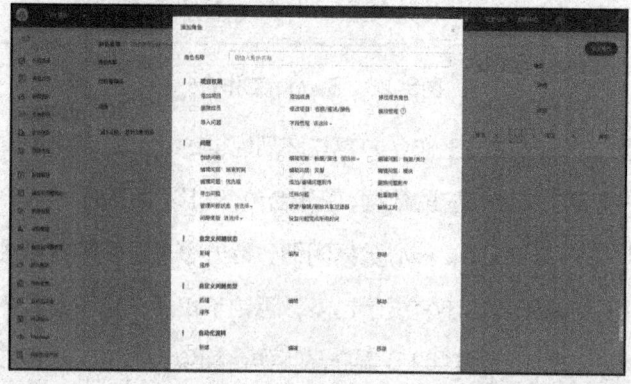

图5-28　Bugout角色权限管理

下面是笔者整理的 B 端产品角色权限管理模块原型图，如图 5-29 所示。

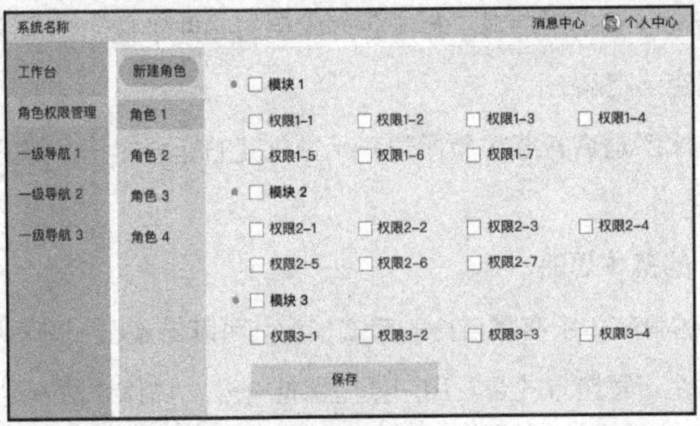

图5-29　B端产品角色权限管理

5.4 框架层

框架层处于五层要素的倒数第四层，我们在结构层已经提炼了大量的结构，包括产品整体的布局形式和产品页面的布局结构等，在框架层就需要更进一步地提炼界面细节的要素。例如，详细地确定每个导航的名称、每个导航下的页面内容信息、页面之间的跳转方式与页面内部的交互逻辑等，使结构性的框架变得有血有肉。所以，B 端产品经理在框架层上要做的事情是导航设计、界面设计、信息设计和交互设计。

5.4.1 导航设计

B 端产品界面的导航包括全局导航和页面导航，两者缺一不可。当我们将 B 端产品界面的导航都去掉时，就会发现界面无法使用，要寻找信息却无从下手。这就好比我们站在马路口，没有指路牌，周围的建筑物也没有任何标注，让人进退两难。因此，导航设计的好坏对于 B 端产品甚至所有产品都是非常重要的。

导航设计的意义

导航发挥了引导用户在页面之间切换和移动的作用，其意义表现在以下两个方面。

（1）清晰的导航是用户对产品产生好印象的必要条件，它也决定了今后用户是否会持续使用产品。

（2）导航体系是否有层次是评判产品专业度的标准之一，好的产品离不开好的导航体系。

导航设计的基本思路

B端产品的导航体系有其自身的范式，我们可以借鉴以下基本思路。

（1）一致性：导航方式要与用户期望保持一致，具体方法是尽量遵循B端产品的导航模式。例如，在页面内部，导航模式有横向标签页、纵向树形目录等，它们有各自的使用场景。

（2）简易性：尽量减少导航的层级，一般而言不要超过三级。试想一下，如果在一个页面内，用户需要通过三级以上的导航才能达到自己的目的，那就太耗费时间了。

（3）明确性：导航的命名要能让用户第一眼看到就知道其对应的页面将会呈现的内容及可进行的操作。例如，当导航被命名为"×××管理"时，一般页面上都会有大量数据，而且数据可被增删改查；标签页被命名为"已完成"时，则此标签页的数据都是被标记已完成状态的数据。

（4）直观性：B端产品的内容信息量很大，我们不能试图让用户凭借记忆获取信息，而是要让导航变得直观和简单，使用户无须思考就可以在页面上自由地穿梭。

九大导航模式

在结构层，我们已经确定了产品整体性的导航体系模式。进入框架层，我们大部分的精力将用于设计页面级的导航。B端产品的页面级导航模式可以分为九大类。

（1）页头

页头是当前页面的标题，作用是告知用户当前处于什么位置、页面主要包含哪些信息、接下来可以做什么操作，如图5-30所示。这就好比一篇文章有自己的大标题，大标题概括了文章的中心思想，我们从大标题就可以知道这篇文章的主要内容是什么。

（2）标题

标题服务于页面的内容信息，起到为内容信息分组的作用，可以帮助用户更快速地查找信息，如图5-31所示。这好比一篇文章除了有大标题，还有小节标题，B端产品页面上的标题就对应了文章的小节标题。

图5-30　页头

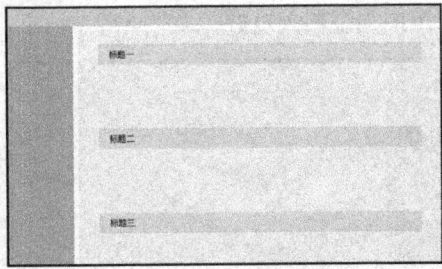

图5-31　标题

（3）导航菜单

导航菜单是一组纵向的菜单列表，用户可以依靠导航菜单在各个页面跳转。由于一个菜单对应一个页面，因此使用导航菜单的页面，用户无法一次性看全页面的所有信息，必须点击切换菜单查看，如图5-32所示。

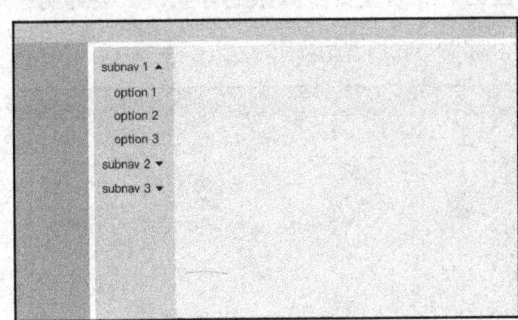

图5-32　导航菜单

（4）面包屑

"面包屑"的概念来自一个古老的童话故事——"汉赛尔和格莱特"。有一天，汉赛尔和格莱特穿过森林时迷路了，但他们提前沿路撒下了面包屑，后来这些面包屑帮助他们找到了回家的路。"面包屑"的方式后来被广泛应用于大型网站：当系统拥有两级以上的层级结构时，面包屑能显示当前页面在系统层级结构中的位置，并能向任意层级返回，如图5-33所示。

（5）标签页

标签页是B端产品页面设计中十分常见的导航设计手法，它提供平级的区域对大块内容进行收纳和展现，保持界面整洁。标签页在使用中还可以逐层嵌套（见图5-34），灵活度较高，但是我们不建议在设计时嵌套超过三层，否则对用户来说不太友好。

图5-33 面包屑

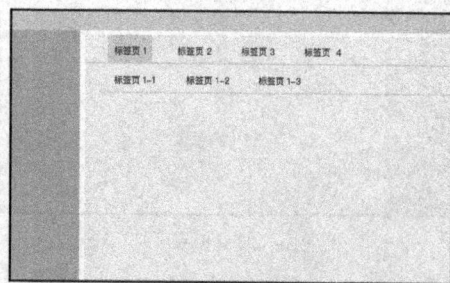

图5-34 标签页

（6）步骤条

当任务复杂或必须有先后顺序时，我们可以将其分解为一系列的步骤，用于简化用户的操作任务。此时使用步骤条的导航模式会给用户一种线性的体验，让页面充满节奏感，如图5-35所示。

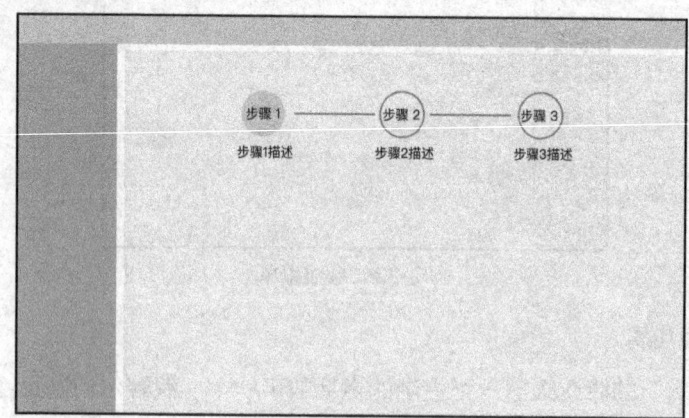

图5-35 步骤条

（7）锚点

当页面上同一层级的分块信息过多、需要用页面滚动条支撑查看时，我们可以使用可供跳转的锚点链接，以达到快速在区块之间跳转的目的，如图5-36所示。

（8）分页器

分页器通常和大数据量的表格一起使用，可以通过点击数字或输入数字快速跳转到某一页，如图5-37所示。

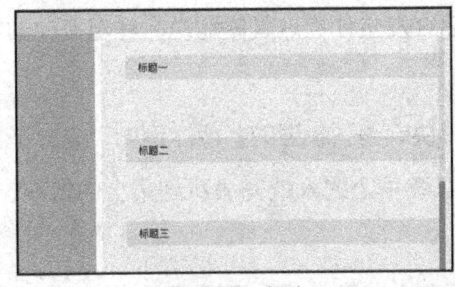

图5-36 锚点

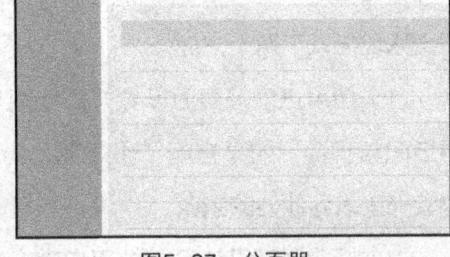

图5-37 分页器

（9）树形控件

树形控件通过逐级大纲的形式展现信息的层级关系，是一种高效的信息查看和浏览模式。使用树形控件组织信息，用户可以在不同的节点间来回切换，如图5-38所示。

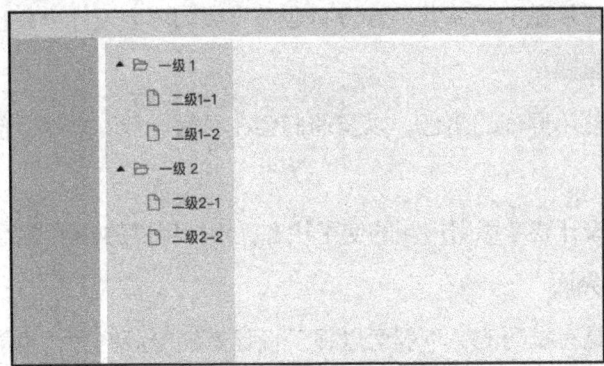

图5-38 树形控件

5.4.2 界面设计

B端产品界面设计包括页面场景设计、页面元素排版设计、组件使用设计、内容信息设计等。本小节侧重于页面场景设计的讲解，说明不同的

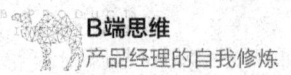

场景需要使用何种界面承载。例如，大量数据类的场景需要使用表格页，而不是卡片页展现信息；展示详细信息的页面则要使用详情页，而不是表单页。

界面设计的意义

成功的界面设计可以让用户一眼就看到页面上最重要的东西，让用户快速知道自己在这个界面能做什么，做了以后会发生什么。具体地说，界面设计的意义体现在以下两个方面。

（1）使用正确的界面设计方法让用户快速得到想要的东西。例如，高桌子要搭配高脚凳，如果搭配了小矮凳，坐在凳子上的人就无法看到桌上的情况，也就无法拿到他要的东西。

（2）好的界面设计可以给用户带来极佳的体验，因为界面是用户与系统交流的地方，用户认识系统全靠界面展示出来的内容。

界面设计的基本思路

B端产品的界面设计相比C端会更有规律可循，我们可以借鉴以下基本思路。

（1）在设计界面前，首先要对产品的大业务流程非常了解，其次要知道当前设计的界面所承载的具体业务。没有业务支撑的界面设计出来也只是功能的堆砌。

（2）把握使用界面的角色，以及他们会在界面进行的操作，使界面设计收放自如。

（3）界面设计要考虑用户侧的使用状态，模拟用户的使用路径。

六大典型界面

设计界面是有技巧的，不仅可以显示设计者的专业能力，也能让用户在完成目标的过程中操作更容易和高效。B端产品以处理业务为主，大量的数据不可避免。因此，B端界面可以抽象出很多典型界面，这类典型界面为我们提供了设计B端页面常用的模式。

B端产品的典型界面主要有Dashboard、表格页、表单页、详情页、异常页及结果页六类。

（1）Dashboard

Dashboard 通常被认为是 B 端产品的首页、主入口，是一个为用户提供快速导航和便利的页面，它以自身为中心连接点，将用户导航至产品的其他页面。Dashboard 页在 B 端场景下可分为工作台、指标监控页和数据分析页三种。

①工作台

工作台界面要素详细展示如图 5-39 所示，设计时需要注意以下几点：第一，页面展示的内容要与用户的日常工作强相关，模块数量以 5～9 个为宜；第二，如果某些模块暂无内容，例如，今天暂无待办事项，则需要在模块中有空状态的提示；第三，将用户常用的模块放在首屏，不常用的模块可以让用户通过滚屏发现。

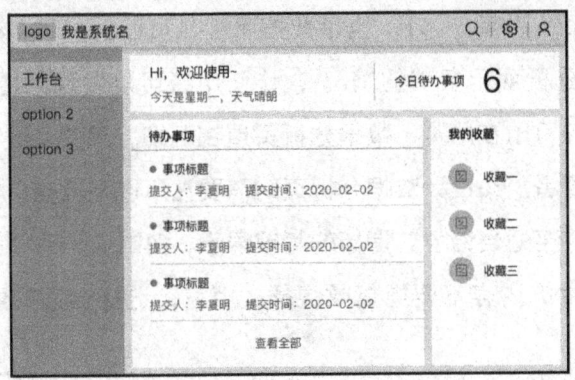

图5-39 工作台

②指标监控页

指标监控页（见图 5-40）是数据可视化页面的一种，它通过一系列对数据高度概括的图表展现系统的核心指标。指标监控页的使用者通常是管理者（即决策者），他们需要看到系统整体的运行状态，监控全局数据，从而调整自己的决策。指标监控页的设计需要注意以下几点：第一，页面上模块的数量控制在 5～9 个，过多的话会导致页面信息量过载，不利于用户分析；第二，模块中可以加入链接，让使用者查看数据的细节；第三，如果指标的重要性都差不多，采用模块平均布局，如果某个指标需要重点展示，则可以将该模块的占比放大。

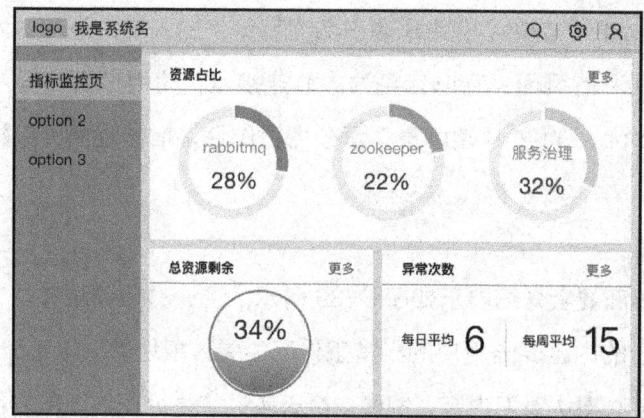

图5-40 指标监控页

③数据分析页

数据分析页（见图5-41）也是数据可视化页面的一种，它通过对系统多维度的详细分析展示系统的情况，让使用者可以发现问题并及早解决。不同于指标监控页重在总览，数据分析页重在明细。因此，数据分析页的使用者通常是执行者。在设计数据分析页时需要注意以下几点：第一，在展示数据明细时，也要适当给予总指标的简单展示；第二，一张卡片对应一个主题内容，各卡片的内容不要重复或混插；第三，选择合适的组件表达数据明细。

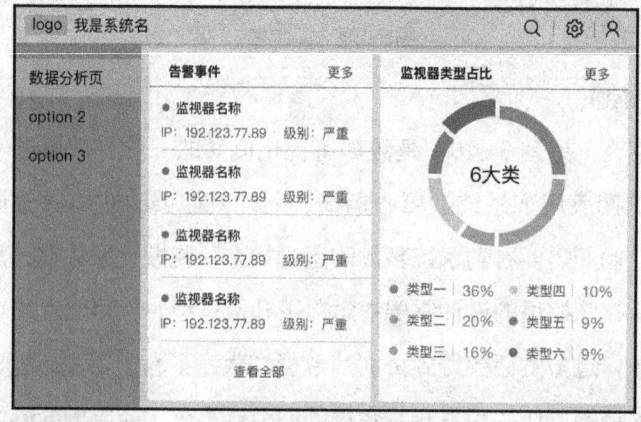

图5-41 数据分析页

(2)表格页

表格页可以处理大量的数据条目,也可以将用户导航至对应数据的详情页。在表格页中,用户可以查询自己需要的数据条目,以及对比数据条目、新增数据条目、删除数据条目等。B端产品界面中常见的表格页有全表格页、左树右表页和左右表格页。

①全表格页

全表格页(见图5-42)是最常见的B端产品界面,主要由筛选条件、操作区和表格、分页器组成。表格是表格页中的主角,它为B端产品界面数据展示提供了用户快速浏览和定位数据的路径。全表格页面设计时需要注意以下几点:第一,将重要的字段和用户使用频率较高的字段放在表格靠前的位置;第二,保证让用户可以完整地看到表格中重要的字段和数据;第三,表格中的数据格式要保持合理展现,例如,使用千分位帮助用户阅读,脱敏部分的数据用"*"展现;第四,完整展示表格中的时间、状态、操作栏及其他业务规定的字段;第五,表格上方的筛选条件以3~8个为宜,如果过多则对于用户来说反而不知道如何着手查询。

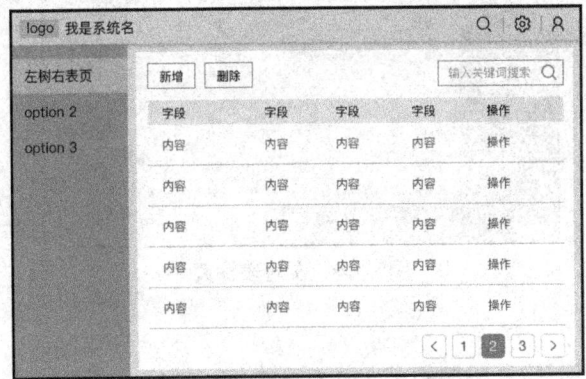

图5-42 全表格页

②左树右表页

左树右表页(见图5-43)的界面基本与全表格页差不多,只是多了一棵左侧的"树"帮助用户导航。这是由于表格的数据不完全来自同一个地方。例如,学生信息来自不同的班级,左侧导航就是一棵以班级为维度的目录树,右侧列表是对应班级的学生信息数据。

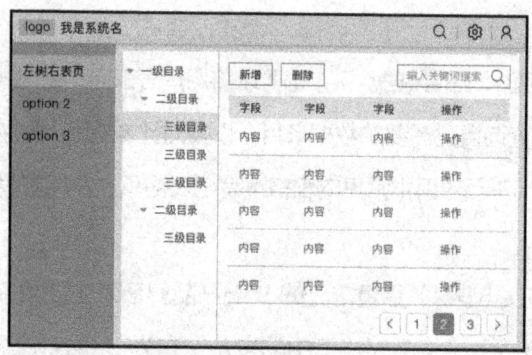

图5-43 左树右表页

③左右表格页

左右表格页（见图5-44）的出现是由于主体数据也需查看明细。同样以班级数据为例，如果用户不仅想看每个班级学生信息的相关数据，还想看每个班级本身的相关数据（如班级的班主任是谁，得过几次优秀班级荣誉），这时就需要用左右表格页的方式展示了。

图5-44 左右表格页

（3）表单页

表单页是用于信息添加和录入的页面类型。用户根据系统的要求将必填字段信息填写完整，提交给系统，由系统接收并输出信息。表单页分为基础表单页和高级表单页。

①基础表单页

基础表单页（见图5-45）通常没有大量的信息需要用户填写，因此我们只需要通过简单合理地组织表单信息，就可以让用户快速完成表单的填写。在设计基础表单页时要注意以下几点：第一，必填字段需要明确标明，而且字段名称要便于用户理解；第二，当用户填写有误时，系统需要明确地指出，这样用户才可以有针对性地修改；第三，如果有些字段可以给出默认值，就应直接给出，以加快用户的信息录入速度；第四，对于一些有输入要求的项目，可以给出简单明确的提示信息。

②高级表单页

高级表单页（见图 5-46）通常需要用户填写大量的信息，这样大型且复杂的数据录入任务需要被拆解为多个部分逐一进行。在设计高级表单页时，除了要遵循基础表单页的规则以外，还要注意以下几点：第一，任务的分组需要有层层递进关系，而不是无序的分组；第二，如果任务分组过多，分为 2～5 组较合适，并可以采用锚点定位的方式帮助用户定位信息。

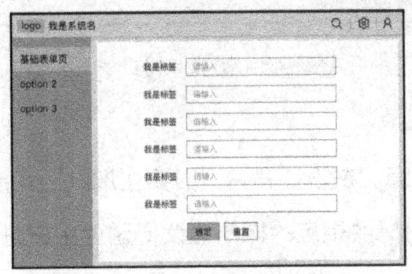

图 5-45　基础表单页

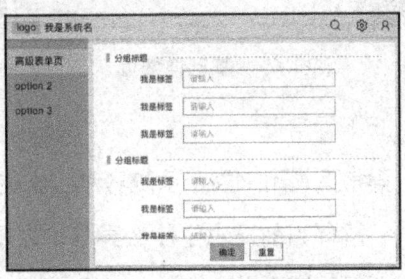

图 5-46　高级表单页

（4）详情页

详情页的作用是向用户展示对象的完整信息，帮助用户浏览信息，同时允许用户对详情页的整体数据或某部分数据发起编辑等操作。在 B 端产品中，详情页主要分为基础详情页和高级详情页。

①基础详情页

基础详情页（见图 5-47）要展示的数据信息较少，因此只需对信息平铺展示即可，而无须大量隐藏或折叠操作。在设计基础详情页时需要注意以下几点：第一，数据展示要层次分明，让用户聚焦于信息本身；第二，不要将表单组件以直接置灰的方式展示详情，而要使用详情页展示常用的方法。

②高级详情页

高级详情页（见图 5-48）需要展示的内容较多且复杂度高，需要拆分为多个组别帮助用户浏览信息。在设计高级详情页时需要注意以下几点：第一，关联度高的内容要组成一组，而且组与组之间的展示形式要相近；第二，使用标签页、分步骤、卡片分区等方式展示时，要考虑信息本身的属性和特质。

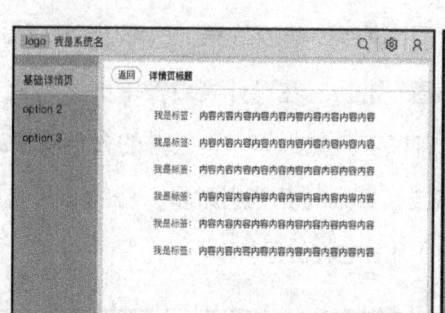

图5-47　基础详情页

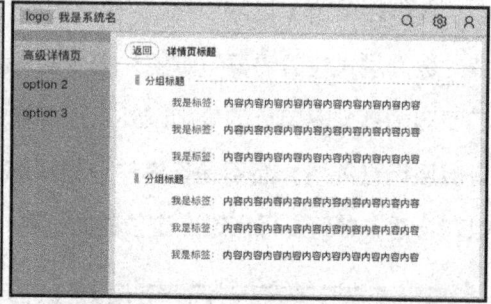

图5-48　高级详情页

（5）异常页

异常页是用来展示系统异常状态的页面。在设计异常页时要注意以下几点：第一，解释当前发生了什么异常，为用户提供相应的操作建议，避免用户进入异常页后不知所措；第二，对异常状态的文字描述要简单、清晰、友好。

① 403 页面

403 页面表示用户无权限访问该页面，如图 5-49 所示。

② 404 页面

404 页面是指用户在浏览网页时，服务器无法正常提供信息或无法回应，从而导致用户请求访问的资源找不到，如图 5-50 所示。

图5-49　403页面

图5-50　404页面

③ 500 页面

500 页面表示服务器出错，无法向用户提供服务，如图 5-51 所示。

④ 网络异常页面

网络异常页面是指当前没有联网、网速不好，甚至某些网页就是打不开等情况，导致用户无法访问，如图 5-52 所示。

图5-51　500页面　　　　　　　　图5-52　网络异常页

⑤ 浏览器不兼容页面

浏览器不兼容页面表示当浏览器不兼容时导致用户无法打开网页的情况，如图 5-53 所示。

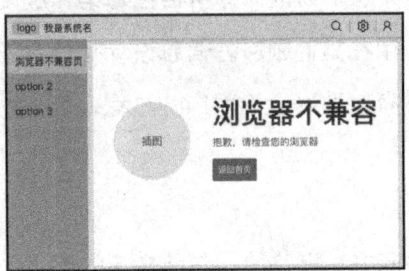

图5-53　浏览器不兼容页面

（6）结果页

结果页是指当用户完成页面操作后，给予用户反馈操作结果的页面。在设计结果页时要注意以下几点：第一，全页面展示操作结果，这是一个较重要的操作，产品经理要根据情况使用；第二，结果页上的信息要精简，并且使用"对象＋动作＋结果/状态"或"动作＋结果/状态"的描述，如"监视器创建成功"或"创建成功"。

① 基础结果页

基础结果页一般由反馈结果、结果解释和建议操作组成，如图 5-54 所示。

② 高级结果页

高级结果页除了显示基础结果页的内容以外，还会搭配补充信息，让用户在知道结果的同时能了解更多的有效信息，如图 5-55 所示。

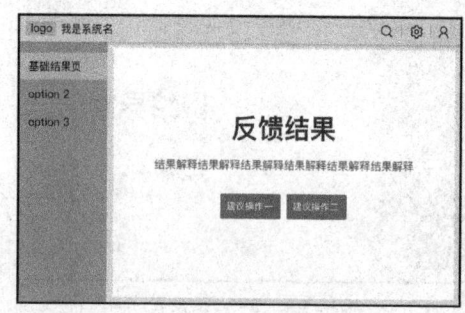
图5-54　基础结果页

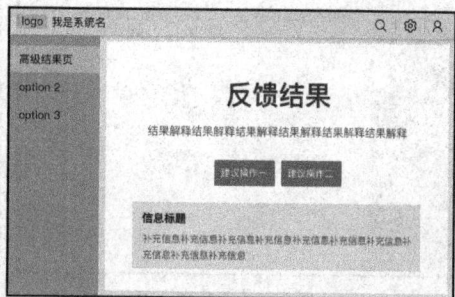
图5-55　高级结果页

5.4.3　信息设计

20 世纪 70 年代，英国平面设计师特格拉姆第一次使用了"信息设计"这个术语，继而被广泛应用在其他领域。信息设计是指对任意载体上的元素进行合理的分类和整理，并有效地展示给用户的过程。良好的信息设计可以提高人们应用信息的效能。

信息设计的意义

在日常生活中，说明书、指路牌、包装盒上的信息等都需要信息设计。可以说，信息设计已经渗透到了人们生活的方方面面。具体地说，信息设计的意义体现在以下两个方面。

（1）传达界面主次信息，帮助用户抓重点。

（2）为视觉设计师提供设计参考依据。信息设计得越明确，视觉设计师在排版时就越知道将视觉重点放在哪里。

信息设计的基本思路

在着手信息设计前，我们要知道用户是如何获取信息的。试想一下，如果我们想在美食街找到一家吃炸鸡的店，那么我们最终是如何吃上炸鸡的呢？首先，我们会调动五感（视觉、听觉、嗅觉、味觉、触觉）收集有关炸鸡的信息。例如，找写着炸鸡的广告牌，集中精力闻炸鸡的香味，等等。然后，我们的大脑会将这些信息重组起来，形成哪里可能会有炸鸡的判断。最后，我们在一堆信息中提取关于炸鸡的有效信息，进而指导自己的下一步行动。由此可见，我们处理信息是通过"收集信息—识别和重组信息—选出有价值的信息—指导行动"的步骤进行的。因此，我们在信息设计时可以借鉴以下基本思路。

（1）根据自己的经验与用户需求收集尽可能全面的信息。

（2）分析信息池中哪部分信息是用户最关注的。但是，当产品的目标用户不止一类时，我们就需要考虑多方案满足不同的用户对信息的需求。例如，在天猫搜索商品，我们既可以通过店铺搜索或商品搜索，也可以通过天猫提供的商品目录树直接查找。

（3）信息呈现。B端产品经理要思考如何呈现信息才能让用户更容易接受和理解，只有会组织信息，才可能打造一款用户喜爱的产品。

简约至上四策略

英国易用性专家协会主席贾尔斯·科尔伯恩（Giles Colborne）的《简约至上》一书详细讲解了简约的四策略：删除、组织、隐藏和转移。我们在进行B端产品信息设计时，可以围绕"简约四策略"进行设计。

（1）删除

删除是指将界面上不重要的内容及元素删掉，只保留对用户来说重要的内容。这样不仅可以让设计师在设计界面时只专注于重要的问题，也有利于用户专心完成自己的操作目标。因此，我们提出了删除对应的目标，即"聚焦"，让所有人（包括开发、测试）聚焦于产品的核心要素。聚焦可用信息，去掉分散用户精力的信息，从而为用户提供价值。我们在删除的过程中，切记不要随意删除。那么，如何判断哪些信息可以删除呢？

假设A小组要给外卖平台设计一个卡片流，其中单张卡片承载的信息是推荐附近好吃的店铺。那么，卡片应该放哪些信息才是对用户有用的呢？A 小组进行了头脑风暴，他们列举了很多可以放在卡片上的信息，如表 5-12 所示。

表 5-12 卡片信息

序号	信息	序号	信息
①	店铺的展示图	⑧	店铺的送货时间
②	店铺的名称	⑨	店铺好评度
③	店铺的位置	⑩	月销量
④	店铺实体店的大小	⑪	起送金额
⑤	店铺有几位厨师在做饭	⑫	是否需要配送费
⑥	店铺配置了几位外卖送货员	⑬	关于店铺的标签
⑦	店铺与用户当前位置的距离	⑭	店铺的优惠活动情况

对于以上信息，是否都要纳入卡片展示呢？粗看之下感觉都很有必要，但是我们仔细推敲会发现，有些信息是否被展示，并不会对用户是否选择下单起到实质性的决定作用，反而会让用户感觉卡片展示了多余的信息。那么，用户会通过哪些信息决定下单呢？A 小组首先划定了卡片的展示方——外卖 App 平台；其次确定了卡片的受众方——下雨天不想出门买菜的用户、忙碌了一天不想做饭的用户、办公大楼里的上班族；最后，A 小组对他们列出的每条信息都进行了拆解，如表 5-13 所示。

表 5-13 卡片信息拆解

序号	信息	是否必须	原因
1	店铺的展示图	是	展示图可以给用户很直观的视觉感受，用户无须通过文字识别店铺
2	店铺的名称	是	名称是店铺的标识
3	店铺的位置	是	将店铺的位置告知用户，用户可以感知自己距离店铺的远近
4	店铺实体店的大小	否	店铺的大小不影响用户选餐
5	店铺有几位厨师在做饭	否	店铺有几位厨师在做饭不影响用户选餐。而且，目前到底有几位厨师在做菜，这是无法实际追踪的
6	店铺配置了几位外卖送货员	否	店铺配置了几位外卖送货员不影响用户选餐，用户只关注送餐是否快
7	店铺与用户当前位置的距离	是	确定的距离能给用户安全感
8	店铺的送货时间	是	显示送货时间是用户确定下单的参考
9	店铺好评度	是	好评度是用户下单的参考依据，大家都会选择好评度高的店铺

（续表）

序号	信息	是否必须	原因
10	月销量	是	月销量是用户下单的参考依据，大家都会选择销量高的店铺
11	起送金额	是	用户可以判断能否在此店铺消费到相应的金额
12	是否需要配送费	是	有些用户喜欢免配送费，因此需要展示
13	关于店铺的标签	是	用户可以通过标签搜索店铺
14	店铺的优惠活动情况	是	明确告知用户优惠情况，可以帮助用户做决策

根据表 5-13，A 小组将"店铺实体店的大小、店铺有几位厨师在做饭、店铺配置了几位外卖送货员"这三个信息从卡片上删除，只留下了对用户重要的信息，这些信息可以帮助用户做出下单的决策。

删除信息非常考验 B 端产品经理判断信息重要程度的能力，毕竟删除了不该删除的信息会给用户造成不好的体验。

（2）组织

组织是指对确定下来的信息进行有层次的整理。如果我们不对筛选出来的重要信息进行有序的整理，那么用户在使用过程中就会觉得很复杂。信息组织的要求是以产品定位和用户需求为线索，先考虑信息展示的主题，再考虑信息的分类方式（如时间、颜色、大小、字母等），最后将松散的信息组织起来，并保证信息间界限明确。

依然以 A 小组为外卖平台设计店铺卡片的需求例。A 小组已经将卡片的重要信息筛选出来，接下来要进行卡片的信息组织。首先可以确定信息组织的目的是"展示外卖店铺的信息，吸引客户下单，提高下单率"，根据目的对信息进行分类。

①店铺基础信息，包括店铺的展示图、店铺的名称、店铺的位置。

②店铺配送信息，包括起送金额、是否需要配送费。

③店铺位置信息，包括店铺与用户当前位置的距离、店铺的送货时间。

④店铺评价信息，包括店铺好评度、月销量。

⑤店铺其他信息，包括店铺的优惠活动情况、关于店铺的标签。

我们可以将店铺卡片的信息设计出来，将吸引用户下单的信息往前排，次要的信息往后排，如图 5-56 所示。

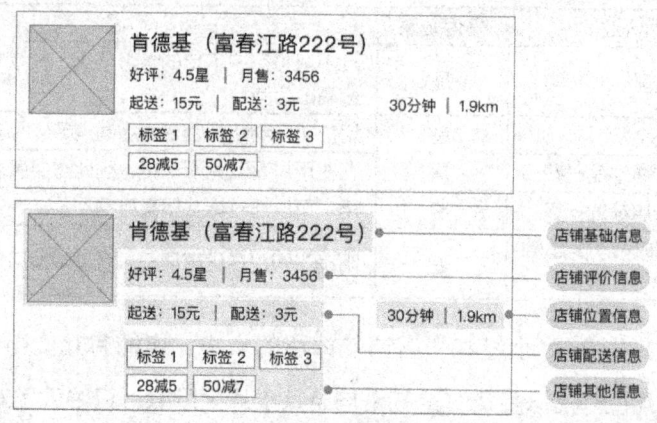

图5-56　店铺卡片

（3）隐藏

隐藏是指将用户不常用的信息隐藏起来，在用户需要时才出现。但是，我们要注意隐藏策略的使用方式。第一，隐藏与删除不一样，删除的信息是用户不需要的、多余的，但隐藏的信息是用户需要的，只是比较不常用而已。第二，在设计信息隐藏时，要考虑清楚使用隐藏是否给用户带来了不必要的麻烦。例如，信息隐藏时没有给用户应有的提示，用户就很难发现该信息。成功的隐藏是什么呢？首先，果断判断后彻底隐藏需要隐藏的信息，只在合适的时机出现相关内容。其次，能在界面中给出细微的提示，让用户顺利地找到隐藏信息。最后，提示要在用户的视线范围内，如果超出了用户的视线范围，即使提示再明显，用户也看不到。

在 B 端产品设计中，有一个永恒的争论话题：表格操作栏需不需要隐藏。关于这个话题，一部分产品经理认为不应该隐藏，原因在于隐藏了操作栏，用户就会以为表格数据是不能操作的。另一部分产品经理认为应该隐藏，因为每条数据都把操作栏展示出来，感觉太多余。那么，到底要不要隐藏表格操作栏呢？笔者认为这需要仔细分析，不能一概而论。

需要隐藏的情况：当表格列数很多、已经出现横向滚动条且操作栏的功能不常用时，可隐藏操作栏。当用户将鼠标移到数据行上，就会显示操作栏的功能。

不需要隐藏的情况：当表格操作栏的功能都比较重要，而且用户操作较高频时，无须隐藏操作栏。这时隐藏会导致用户在操作时不直接，需要用户将鼠标移上去才能显示操作功能。

隐藏一部分操作功能：当表格列数很多、已经出现横向滚动条，但操作栏的部分功能很常用时，这部分常用的功能就无须隐藏。当用户将鼠标移到数据行上，就会显示操作栏中不常用的功能。

（4）转移

转移就是将合适的信息放到合适的地方。例如，我们在设计一个B端产品注册界面时，期望用户除了填写账号、密码、验证码以外，还期望用户填写生日信息。因为产品经理希望在用户生日时给用户发送生日祝福，让他们感受到产品的温暖。但是，生日信息放在注册界面显然不合适，这时可以将生日信息填写步骤转移到用户注册完成后进行。例如，当用户完成注册时，系统可以给予温馨提示，告诉用户"你已完成注册，当你填写了生日，你将在生日的时候收到神秘礼物"，如图5-57所示。

B端产品经理在设计界面信息转移时，要清楚该信息被转移的原因，如果盲目地转移，反而会让用户无法在合适的位置找到合适的信息，降低了用户获

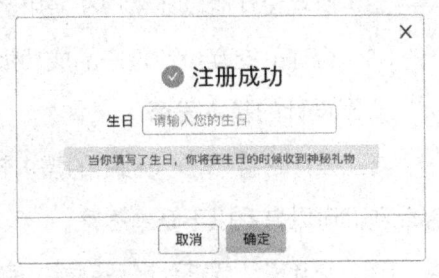

图5-57　生日信息填写提示框

取信息的效率。笔者见过不少原本只需两步就可以完成的事情，被硬生生地拆成了三步甚至更多步骤让用户完成，这种将步骤毫无理由地变多而转移信息的方法就不可取。

5.4.4　交互设计

一句话总结交互设计，即"人与系统如何互动"。生活中交互无处不在。例如，在学生时代，上课前老师都会喊"起立"，同学们也会立即站起来并回应"老师好"，这时老师回应"同学们好"，随即指挥学生坐下。这就是一个完整的人与人之间的交互过程。当然，交互不限于人与人，人与物、物与物之间也

存在交互。例如，我们口渴时拿着水杯到饮水机接水喝，按下饮水机开关时水会流出来，当我们再次按下开关时水流会停止，这就是人与物之间的交互过程。本小节要探讨的是人与系统之间的交互。

交互设计的意义

随着互联网的蓬勃发展，交互设计已经成为一门科学，大家都在研究如何让人机交互更加自然。在 Google 的后台，其服务器在网络上收集各种信息并运用复杂的算法进行运算；但在用户侧，我们只需要输入一些关键词，就可搜索自己想要的信息。这种人机交互的感觉太美妙了。具体地说，交互设计的意义体现在以下四个方面。

（1）交互设计可以让用户更快速地理解产品。

（2）交互设计可以让用户更容易地使用产品。

（3）交互设计可以让用户在使用产品时产生愉悦和轻松的感觉。

（4）合理的交互设计是产品成功迈出的第一步。

交互设计的基本思路

交互设计是将 PRD 文档中的需求转化成产品的过程。但这个过程并不简单，因此我们可以借鉴以下基本思路。

（1）交互设计要符合产品目标。例如，如果一个视频网站更强调的是向用户推荐视频，那么它就会在视频推荐的交互上多做文章；而另一个视频网站强调的是用户对视频的评论及用户间的互动，那么它就会在视频下方的互动区多做文章。

（2）交互设计要符合用户场景。例如，我们在开车时主要的精力都集中在驾驶汽车上，这时我们就要更多地考虑车载系统的语音交互。

（3）交互设计要符合不同端的设计原则和规范。苹果、安卓的移动端都有其自身的交互设计规范，符合交互设计规范的产品能让用户更易使用。所以，B 端产品在设计时也要遵循客户端或 Web 端的交互规范。

（4）如果产品已经拥有使用者，则可以进行可用性测试以优化和提升交互方案。

尼尔森十大可用性原则

尼尔森十大可用性原则是"启发式"的、广泛的经验法则，可以指导我们更具价值地思考B端产品界面的设计。该原则包括一致性原则、状态可见原则、环境贴切原则、用户可控原则、防错原则、易取原则、灵活高效原则、易扫原则、容错原则及帮助原则。

（1）一致性原则

B端产品界面的一致性包括结构框架一致性、导航方式一致性、色彩一致性、相似操作交互一致性、同类信息反馈一致性、相同层级文字一致性、相同功能命名一致性、类似元素呈现一致性、按钮展示方式一致性、习惯与业内标准保持一致性等。

使用一致性原则的根本目标是保证产品的专业性，给用户带去统一的体验感受。试想一下，当用户在使用某个产品时，如果有些页面的返回按钮是在左上角，有些页面的返回按钮是在右上角，用户在操作时就会产生不确定感，因而降低了用户的操作体验，并且让用户感觉产品设计不专业。以下是笔者对B端产品设计时需要遵循一致性原则的情况举例。

①色彩一致性，即相同的功能或信息要使用一致的色彩。例如，告警信息使用同一种黄色，正文内容使用同一种中性色（见图5-58），分割线使用同一种浅灰色，等等。

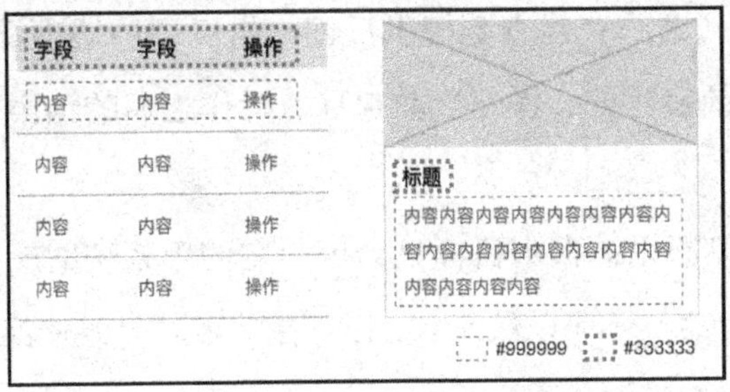

图5-58 正文内容使用同一种中性色

②同类信息反馈一致性，即如果是系统类型通知信息，那就要使其样式、内容排版及在系统中出现的位置均保持一致，如图5-59所示。

③相同功能命名一致性，即相同的功能要用同样的命名方式。例如，都是新增数据的功能，就统一称为"新增"或"创建"等，在同一个产品中不要

"新增""创建""添加"等命名共存，如图5-60所示。

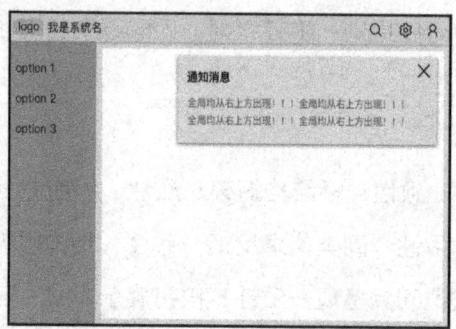

图5-59　信息从同一方向出现

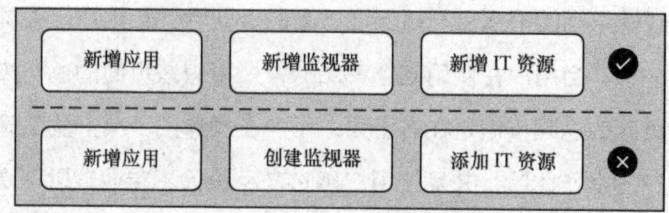

图5-60　相同功能命名一致

（2）状态可见原则

界面状态分为两种：静态和动态。静态即用户通过界面查阅，明确知道自己所处的位置、处于何种状态，或者知道界面数据的状态。动态即用户在进行界面操作时，系统应当立刻提供反馈，告诉用户该项操作被系统接受，让用户对操作之前发生的、操作当前目标、操作之后的结果有清晰的认识和判断。

使用状态可见原则的根本目标是给用户在使用系统时的确定感，让用户明确自己可以做什么、不可以做什么。以下是笔者对B端产品设计时需要遵循状态可见原则的情况举例。

①给待办事项添加数量提示（见图5-61），从而让用户直观地了解当前有多少事项还需处理。

②如果当前有一张一年级小学生的信息列表，而且需要突出记录学生是否会跳绳的信息，设计者在列表上应明确标明学生"是否会跳绳"的状态（见图5-62），而不能将这么重要的状态数据放到学生详情页中展示。

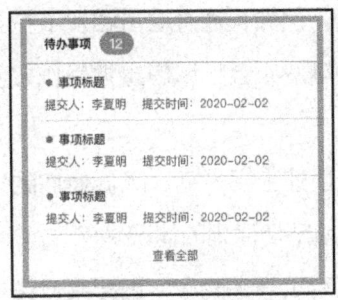

图5-61 待办数量提示　　图5-62 数据状态提示

③当用户对重要数据进行删除操作时,系统需告知用户当前操作有危险,要进行二次确认,如图5-63所示。

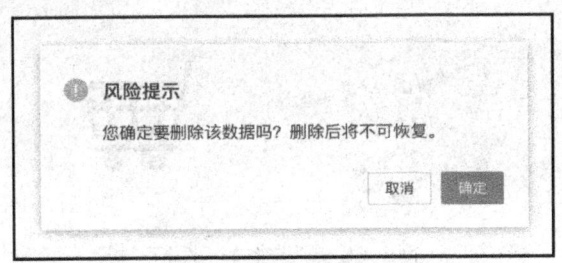

图5-63 删除提示

④当页面上有文件在传输时,系统需告知用户当前文件的传输进度,如图5-64所示。

图5-64 传输进度提示

（3）环境贴切原则

环境贴切原则是指界面设计要与用户现实世界和环境匹配。从现实生活中寻找界面设计上对标的具体物体,可以显著降低用户操作界面的认知成本和学习困难,增加用户的使用欲望。

第一,设计形式来源于自然。认知心理学认为,人们有约80%的外界信息是通过视觉通道获取的。所以,界面设计中的视觉要素应充分参考自然界的规律,从而降低用户的认知成本。

第二,交互行为来源于自然。设计者在界面设计时应充分理解用户、系统及任务目标之间的关系，让人机交互行为更自然。例如，通过双击触发下拉菜单按钮的浮层面板显然不合适，而让鼠标移上去触发则会让用户感觉操作方便且交互轻盈。

使用环境贴切原则的根本目标是让用户可以快速上手产品，降低他们的学习成本。以下是笔者对B端产品设计需要遵循环境贴切原则的情况举例。

①通过拟物化的图标设计让用户望图知意。例如，"购物车"图标来自线下我们使用购物车购买物品的场景，我们会将物品放入购物车，最后统一结账。用户看到"购物车"图标就知道自己可以做什么，如图5-65所示。

图5-65　"购物车"图标

②有时界面的表格会存在无数据的情况，如果只是"暂无数据"的文字描述，则略显单薄。在生活中，我们看到一个盒子，如何知道里面没东西呢？当盒子呈打开状态，并且很直观地看到里面没东西时，我们就知道盒子空了。因此，拿"空盒子"的插图告知用户"暂无数据"，就非常直观了，如图5-66所示。

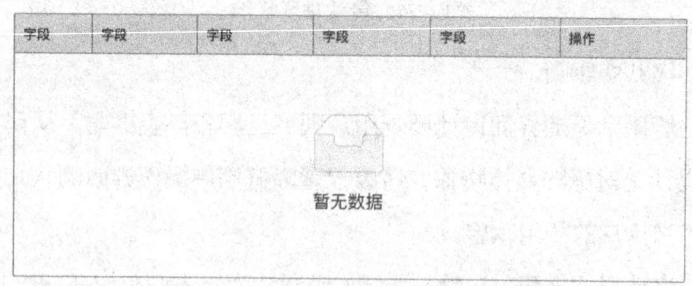

图5-66　表格"暂无数据"展示

（4）用户可控原则

用户操作界面时要可以自由地掌控界面，而不是到了界面或操作某项功能

第 5 章
五要素模型构建B端产品

时变得迷茫。所以，设计应该让用户能前进/后退，能撤销/重做，能马上去/马上回。

遵循用户可控原则的根本目标是让用户可以在界面上自由操作，而且无须为操作不当承担责任。以下是笔者对 B 端产品设计需要遵循用户可控原则的情况举例。

①用户已经在上传文件，但是发现文件传错了，这时我们可以设置"删除"按钮，让用户能删除正在上传的文件，如图 5-67 所示。

②当用户不小心打开一个新的页面、想要返回上个页面时，可以设置一个"返回"按钮完成此动作，如图 5-68 所示。

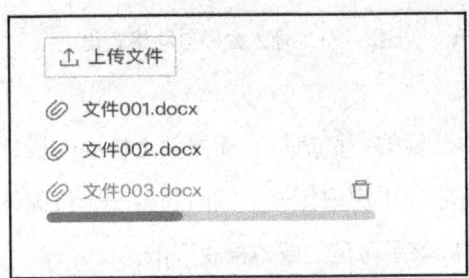

图5-67 删除正在上传的文件

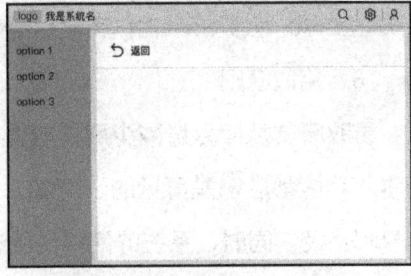

图5-68 返回上一页面

③在一些图形化拖拽的操作界面上，如果想返回之前的状态，但是返回后又想再前进，可以设置"撤销/重做"功能，如图 5-69 所示。

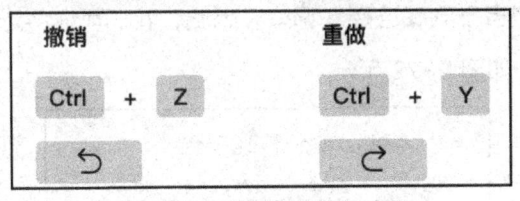

图5-69 "撤销/重做"功能

（5）防错原则

防错原则是指设置防错机制，防止用户在界面操作中犯错。这样既可以在用户操作之前预置防止用户犯错的设计以停止用户将要开始的错误，也可以在用户操作过程中设立防错机制。

使用防错原则的根本目标是阻止用户的错误行为，避免进一步犯错，指引用户正确地完成操作行为。以下是笔者对B端产品设计需要遵循防错原则的情况举例。

①操作前防错：如果我们希望在界面上对某个功能设计以图标展示的方式，但实际操作起来非常困难，就可以通过文字提示的方式解决。即让鼠标到图标上，通过hover反馈告知用户此功能的具体内容，从而减少不必要的错误，如图5-70所示。

②操作中防错：在用户输入金额过程中，通过自动格式化防止用户输入错误，如图5-71所示。

图5-70　鼠标hover图标展示文字提示

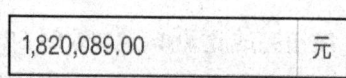

图5-71　输入金额自动格式化

（6）易取原则

易取原则是指尽量减少用户对操作目标的记忆负荷，即界面上核心的设计元素和功能都应该是可见的。例如，不应让用户记住一个页面到另一个页面的信息和路径。同时，系统的使用说明也应该是可见的或容易获取的。

使用易取原则的根本目标是提升用户在界面上的操作效率，系统应直观地协助用户完成任务。以下是笔者对B端产品设计需要遵循易取原则的情况举例。

①B端产品的表单中需要用户做选择的情况居多，而选项被选出来后不应该让用户主动记忆自己到底选择了哪些。因此，我们可以将选择项单独提取出来，供用户查看，如图5-72所示。

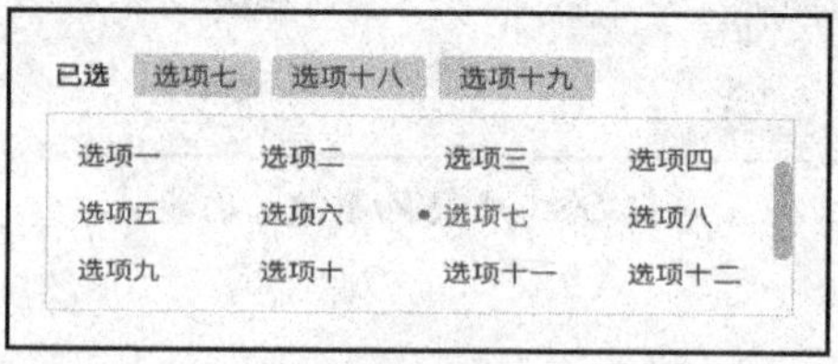

图5-72　直观的选项展示

②如果表格的数据行是可以被点击并能跳转页面查看详情的，那么当用户操作后再次返回表格页面时，应该将上次点击的那行数据高亮，让用户明确地知道自己上一次查看过哪一行数据，如图5-73所示。

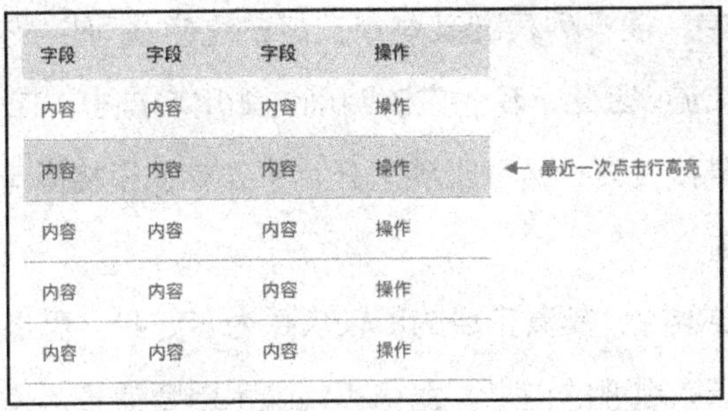

图5-73　表格数据行高亮

③如果用户要选择的数据很多且不在同一页，那么设置用户"已经选择的数量/总数量"则是一个很友好的展现方式，如图5-74所示。

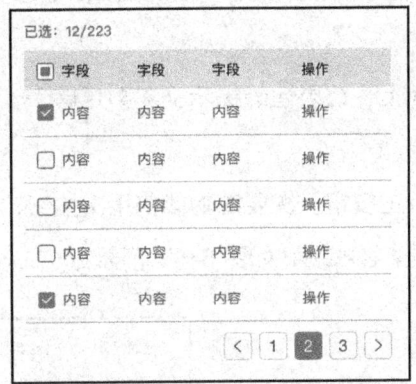

图5-74　"已经选择的数量/总数量"展示

（7）灵活高效原则

界面设计要分别满足经验丰富和缺乏经验的用户，不但对于新手用户来说简单易学，对于熟练用户来说更是快捷高效。

使用灵活高效原则的根本目标是保持系统的灵活性，以满足不同用户的不同需求。以下是笔者对B端产品设计需要遵循灵活高效原则的情况举例。

①B端产品中有很多难懂的术语，我们在必要时写明提示语，会让用户感觉很直观，如图5-75所示。

图5-75　术语提示语

②B端产品中，很多列表的某些单元格的文字是可以被点击的，但产品的新用户不一定知道。因此，我们应该明确告知用户点击"ID"还是点击"名称"可以指向其链接页面，给予明确区分、不要存在模棱两可的点击事件。

（8）易扫原则

界面设计需要层次，其真正目的不仅仅是为了好看，更是为了让用户在繁杂的信息中迅速获取重要的信息。弱化和剔除不重要信息，突出重点，能让用户心情愉悦。

使用易扫原则的根本目标是让用户快速找到界面上的重要信息，引导用户的视线流及操作行为。以下是笔者对B端产品设计需要遵循易扫原则的情况举例。

①在结果页的设计上，结果性的提示文字要足够大，表达足够清楚，如图5-76所示。

②重要的功能使用主按钮，次要的功能使用次按钮，主次分明，让用户一眼就知道页面的操作重点在哪里，如图5-77所示。

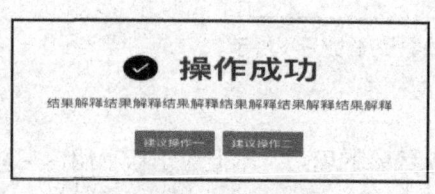

图5-76　操作成功

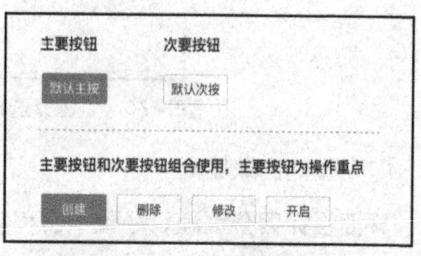

图5-77　主次按钮样式分明

（9）容错原则

用户在操作界面功能时，很希望人机交互是有温度的。当用户操作出现问题时，系统不要只显示出错的信息，同时也要提供解决方案。

使用容错原则的根本目标是让用户在操作出错后还能有挽回错误的余地，从而给用户一种产品很贴心的感觉。以下是笔者对B端产品设计需要遵循容错原则的情况举例。

①当用户无权限访问页面、出现403提示时，系统可以给予更多指引，如

图 5-78 所示。

②当用户面临多选二的情况时，界面在用户选择完后能给予直接的反馈，告诉用户下一步该如何做，如图 5-79 所示。

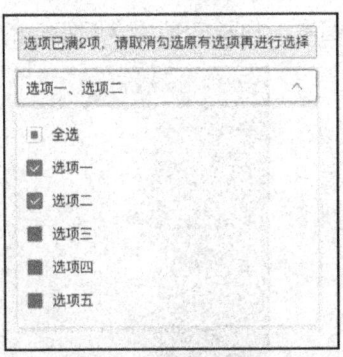

图5-78 403指引提示   图5-79 选项超过提示

（10）帮助原则

当用户在不知如何操作系统时，系统主动提供文档协助进行查阅，会让用户具有安全感。

使用帮助原则的根本目标是让用户在使用产品的过程中有所依循，因为产品已经贴心地为他们准备好了帮助方式，或者是即时提示和反馈，或者是页面底部的客服电话。以下是笔者对 B 端产品设计需要遵循帮助原则的情况举例。

①在产品顶部导航中设置搜索条或"帮助文档"按钮，如图 5-80 所示。

图5-80 帮助文档

②在输入框的下方直接显示提示文字，如图 5-81 所示。

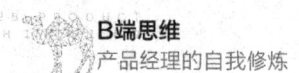

图5-81 文字提示

③页面右下角长期悬浮客服服务的帮助电话,如图5-82所示。

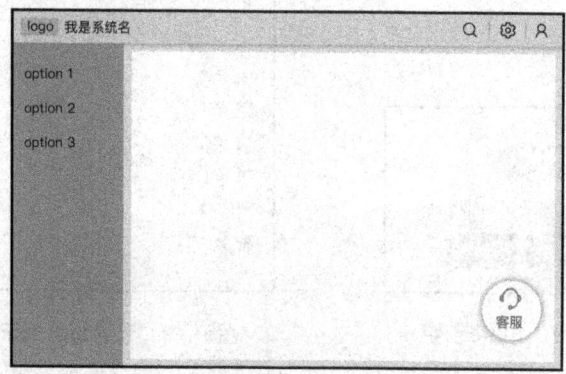

图5-82 客服帮助

5.5 表现层

表现层处于五层要素的最顶层,在这个层面,用户关注的是产品是否美观、让人赏心悦目。因此,B端产品经理在表现层要关注的事情是视觉设计和前端布局。

5.5.1 视觉设计

随着互联网的发展,视觉设计已不再局限于平面设计的范畴,而是延伸到了更广泛的领域。

视觉设计的意义

视觉设计到底有多重要?星巴克的猫爪杯可以解释这个问题。2019年2月,星巴克天猫旗舰店发售了3000个粉色双层玻璃猫爪杯,由于杯子的造型独特,其刚一上线就迅速售罄。虽然后来大家发现猫爪杯其实不太好洗,价格也不便宜（199元/个），但为什么那么多人买呢？调查发现，大家认为猫爪杯太萌了，造型独特，拿这个杯子喝水都有动力了。所以，视觉设计有其自身的意义。具体地说，视觉设计的意义体现在以下三个方面。

（1）视觉设计可以打造产品的品牌。有人评价过可口可乐："即使一把火可口可乐的所有资产烧光，可口可乐也能够凭着它的Logo重新崛起。"可见，视觉设计力量的强大。

（2）视觉设计可以为产品创造经济价值。

（3）优秀的视觉设计可以为产品带来趣味，提升用户对产品的好感。

视觉设计的基本思路

做出一份好的视觉设计作品是需要后天努力的，需要养成耐心、仔细、严谨的设计习惯。我们可以借鉴以下基本思路。

（1）视觉设计不是好看就可以，而是要基于产品的信息进行设计。

（2）运用间距建立元素与元素之间的关系。

（3）运用大小建立元素与元素之间的主次。

（4）运用颜色传达元素代表的含义。

四大设计原则

大部分人认为视觉设计全凭感觉，很难做出合理的解释。而实际上，视觉设计也是需要遵循设计原则的。在视觉设计中，四大设计原则被广泛提及，包括亲密、对齐、重复、对比。

（1）亲密

信息之间的关联性越高，它们之间的距离就应该越接近，也越像一个视觉单元；反之，它们的距离就应该越远，也越像多个视觉单元。

具体地说，元素之间的相对距离会影响我们感知它们是否是一起的。当元素彼此靠近时，它们倾向于被默认感知在同一个组织中，而那些距离较远的元素则自动被划分到组外。

①B端界面元素与元素之间，被视为一个维度的内容要更靠近；反之则要距离远些，如图5-83所示。

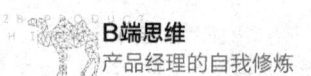

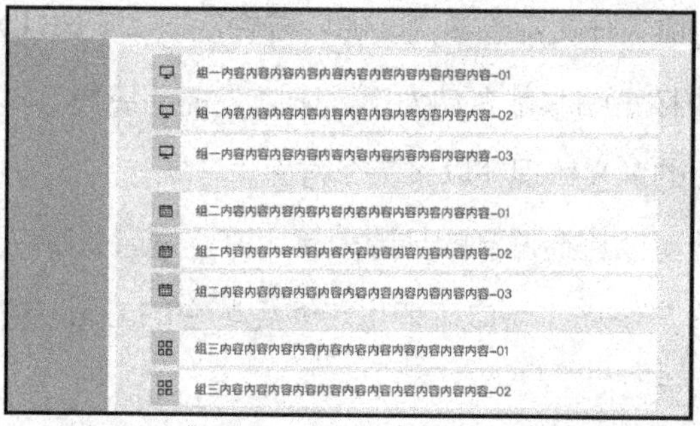

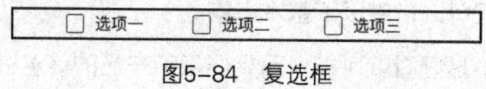

图5-83　卡片排列

②根据元素内部信息的特质，有时元素内部也需要形成多个视觉单元。复选框的示例如图 5-84 所示，单个复选框与其相对应的选项之间的距离会更近，而单个选项与选项之间的距离相对较远。

图5-84　复选框

（2）对齐

在界面设计中将元素对齐摆放，既符合用户的认知习惯，也能引导视觉流向，让用户更流畅地接收信息。如果界面元素找不到对齐的秩序，显得杂乱无章，没有美感，就会影响阅读；而合理地运用对齐原则，可以给界面带来秩序感，让界面看起来更加严谨、专业，信息传达效果更好。

①文案类对齐如图 5-85 所示。如果页面上有较多的文字展示，建议对文字确定统一的视觉起点，而不要随意地散乱摆放。

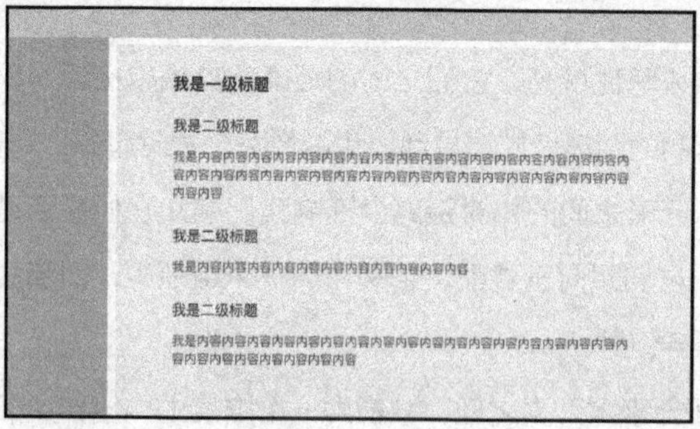

图5-85　文案类对齐

第 5 章
五要素模型构建B端产品

②表单元素对齐如图 5-86 所示。表单元素包括表单项标签与输入框，表单项标签右对齐、输入框左对齐，这样可以让用户顺着对齐的视线流高效地将表单填写完。

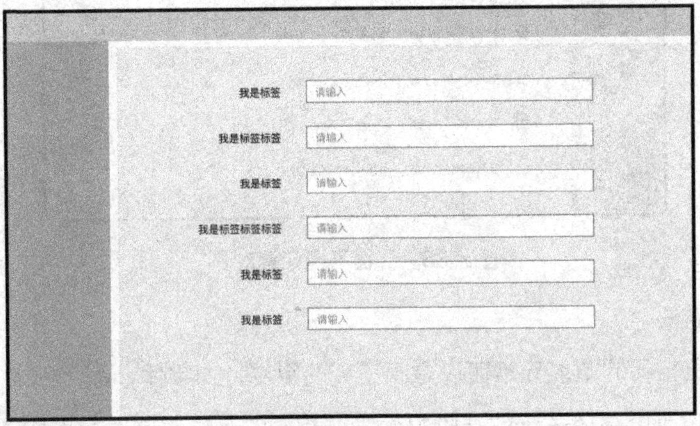

图5-86　表单元素对齐

③表格数据对齐如图 5-87 所示。表格内存在大量的数据信息，如果不对齐展示，用户就根本无法有效地查找数据。一般情况下，表格文本采用左对齐，数字采用右对齐。

文本左对齐	文本左对齐	数字右对齐	数字右对齐	操作
内容	内容	235	235	操作
内容	内容	55	55	操作
内容	内容	468	468	操作
内容	内容	8	8	操作
内容	内容	56	56	操作

图5-87　表格数据对齐

④界面不同元素对齐如图 5-88 所示。用户第一眼看到界面时不会注意界面上的细节，而是先整体地扫一下界面上所有的元素。因此，界面元素需要做到合理地对齐，保证界面的美感。例如，顶部元素上对齐、左侧元素左对齐、底部元素下对齐、右侧元素右对齐。

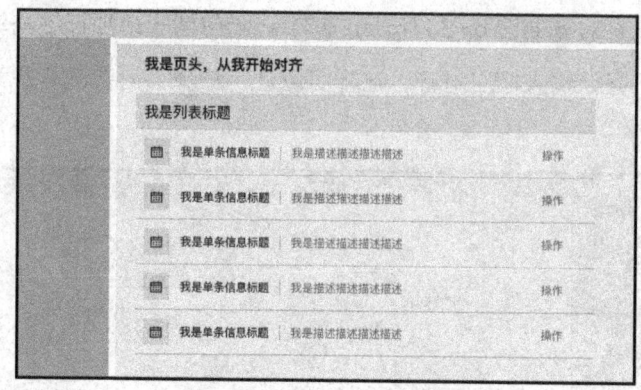

图5-88 界面不同元素对齐

（3）重复

界面上相同的重复元素可以是原子级的组件，如字体、颜色、卡片、设计要素等，也可以是分子级的高阶组件等。相同的元素在整个界面中不断重复，不仅可以帮助用户有效地降低学习成本，而且可以帮助用户识别元素之间的关联性。

①卡片排版重复及卡片内元素排版格式重复如图5-89所示。形式一致的卡片排版可以给人整体统一的感觉，这种形式在表格切换成卡片类展示时很常用。

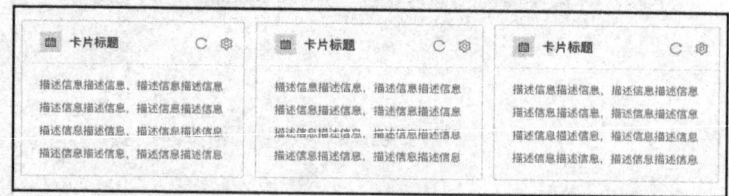

图5-89 卡片要素重复

②文案排版格式重复如图5-90所示。界面上的文案不仅要对齐，而且文案的排版形式需要考虑重复。重复的排版可以给用户传达"此区域文案在共同描述一件事情"的信号。

（4）对比

界面上的不同元素之间要有对比，以建立一种有组织的层级结构，达到吸引用户的效果，并让用户快速识别重要的关键信息。如果两个元素不完全相同，就应使其从视觉上就体现不同,而且是截然不同。

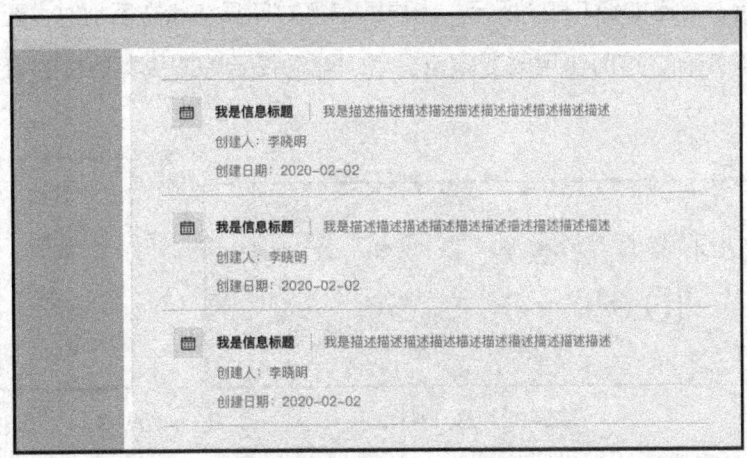

图5-90　文案排版格式重复

①主次按钮使用如图 5-91 所示。为了使用户能快速完成表单项的操作,我们可以强化主按钮,让该按钮与其他按钮之间形成强烈的对比。例如,图 5-91 中的"下一步"为主按钮,与"取消"和"上一步"做出了明显的区分。

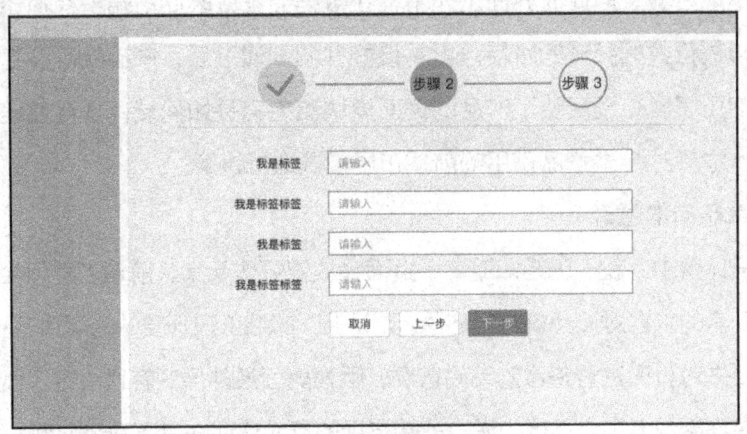

图5-91　主次按钮使用

②总分对比如图 5-92 所示。B 端界面通常有很多总分类型的统计项。例如,近 7 日共完成开发任务 10 项,其中需求类任务 3 项、缺陷类任务 5 项、个性化类任务 2 项。在这种情况下,总的统计项可以从文字颜色、大小等方面突出

显示，从而使页面更有主次感和张力。

③状态对比如图 5-93 所示。当界面信息之间具有状态区别时，要让用户能一眼就知晓，这时可用改变颜色、增加辅助提示等方法将信息的状态凸显出来。

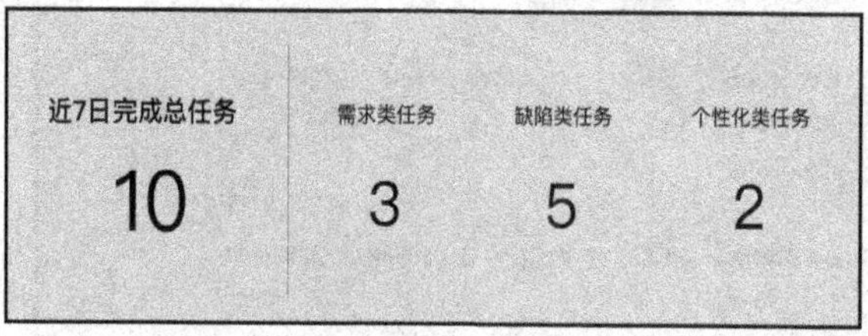

图5-92 总分对比

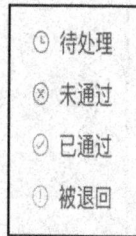

图5-93 状态对比

5.5.2 前端布局

产品设计稿是静态的，因此当产品还处于设计稿阶段时，并非一个成形的产品。当前端工程师对设计稿进行编码后，产品的交互雏形就出现了，用户也可以简单地体验。但此时界面上还不存在数据交互，因此前端工程师还要和后端工程师进行数据部分的对接。当对接好并测试通过后，产品就可以提供给用户正式使用了。布局反映了产品的页面模块和内容是如何被科学合理地组织与呈现的，本节对 B 端产品常用的前端布局模式进行讲解。

前端布局的意义

在设计稿中，我们已经知道每个页面会放置哪些元素，前端工程师会根据设计稿上元素的位置对设计稿进行还原。实际上，前端工程师要做的事情不止于此，他们需要先对页面进行整体的编码布局，因为页面最外层的容器决定了页面内部元素的最终展现情况。具体地说，前端布局的意义体现在以下两个方面。

（1）用户体验和感知产品的入口未采用合适的布局模式，会让用户在使用产品时感到不适。例如，当页面上的元素异常复杂时，就不适合使用响应式布局。使用简单的静态布局在屏幕小时会遮挡一部分元素，用户要借助滚动条才能看完整全部内容，但对于用户来说，查找和定位页面信息就很方便了。

（2）产品的前端布局合理与否，不仅体现了产品经理的分析能力和前端工程师的专业度，也体现了产品的专业度。例如，用户调研、竞品分析、需求分析等的结果最终还是通过前端布局展现出来的。

前端布局的基本思路

要使前端工程师如何为产品编码出合理的前端布局，B端产品经理对产品全方位的分析必不可少。因为产品经理的透彻分析在前，前端工程师着手编码在后。所以，在前端布局上，我们可以借鉴以下基本思路。

（1）B端产品经理要了解B端产品中常用的几种布局模式、这些模式的优缺点及其是如何相互嵌套使用的。

（2）分析当前产品页面上的信息展现方式，迁移到大小屏后希望被如何展现，这与信息的重要性、用户的需求密不可分。

五大前端布局模式

Web布局模式最早被用在网站中。为了吸引用户，网站在布局上很下功夫，常用的有静态布局、流式布局、自适应布局、响应式布局及弹性布局。但对于B端产品来说，较常用的前端布局模式是静态布局、流式布局和自适应布局。不过，B端产品在页面上适合使用哪种前端布局是需要产品经理逐一分析的，包括"是否符合产品规划，是否符合页面信息展示要求，是否符合用户对信息的浏览习惯"三点。因此，并不是说响应式布局、弹性布局就不可以用在B端产品中。

（1）静态布局

静态布局是指在页面区域宽度固定，当页面小于该宽度时，就会自动出现滚动条。

优点：这种布局模式不仅简单，而且在浏览器中的兼容性很好。

缺点：页面元素不能根据用户的屏幕尺寸做出调整，在页面小于固定宽度的情况下，用户只能通过滚动条全面获取页面的信息。

（2）流式布局

流式布局也叫百分比布局，其特点是页面元素的宽度能够根据屏幕分辨率进行调整，但是页面上元素的布局位置不会调整。

优点：页面元素的位置不变，用户只需记忆元素的位置即可。

缺点：此类型布局会导致在屏幕太大或太小的情况下，页面元素的信息无法正常显示。

（3）自适应布局

自适应布局与流式布局正好相反，其特点是页面元素的位置会根据屏幕分辨率进行调整，但是大小不会调整。

优点：页面元素不会因为屏幕分辨率不同而出现内容无法显示全的问题。

缺点：页面元素的位置不固定，在用户放大和缩小页面时，页面会给人闪动的感觉。

（4）响应式布局

简单地说，响应式设计就是一个网站能够兼容多个终端，无须为每个终端设计一个特定的版本。因此，它可以为不同终端的用户提供一致的用户体验。

优点：一个页面能适应多端显示，对用户来说很友好。

缺点：由于需要兼容各种设备，前端编码工作量大，效率低下。而且，代码多了以后会出现页面加载时间变长的情况。

（5）弹性布局

弹性布局也称为 rem/em 布局，使用 rem/em 进行布局，相对于百分比布局更加灵活，同时也可以支持浏览器字体的大小缩放。

优点：在自适应布局的基础上，字体大小可改变，体现了网站的易用性。

缺点：网页字体大小跟随屏幕改变，但是网页的美观度无法保证。

第6章
B端产品的数据分析

　　数据分析是指运用合适的工具或方法对收集的大量数据进行分析，提取有效数据，发挥其功能，并应用在企业决策中的过程。B端产品上线后，产品经理就需要根据市场反馈进行产品迭代。产品迭代不是随意的，也不是产品经理凭经验就可以完成的，合理的产品迭代需要基于数据分析。本章将带领读者了解数据分析的相关内容，进而推出B端产品的数据分析方法。

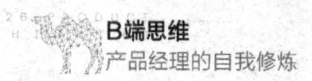

6.1 数据分析的相关知识

数据分析已经成为企业突破自身发展瓶颈的有效手段，包括政府部门、企事业单位等，其中互联网企业尤为突出。分析用户的行为、建立用户行为模型、设计和完善自身的产品、寻找市场未来的发展方向都离不开数据分析。

6.1.1 数据分析的价值

数据分析可以驱动业务发展，让企业在激烈的市场竞争中存活下来。具体地说，数据分析的价值体现在以下六个方面。

（1）图文并茂展现数据实况

数据分析能将业务需要的核心指标和细节通过数据可视化的方法展示出来，让相关决策者及时看到业务的现状。不同企业的业务属性不同，需要展示的数据指标也会不同。例如每年的"11.11"，为了让商家能更全面地分析流量，天猫在面向商家的数据大屏中加入了每个商家的访客数、流量来源、每件宝贝的访问情况等。面向阿里巴巴内部业务运营的数据大屏包含更加丰富的数据。面向媒体的数据大屏展现了"双十一"实时的总成交额。

（2）推导现象产生的原因

通过数据分析，我们可以推导现象背后的原因。例如，一家开业很久的面包店想提升销售额，便推出了一款红豆面包，限量100个并打五折。推出第一天，红豆面包销售一空。面包店老板看到第一天的销售情况，觉得大家应该都很喜欢吃这款面包，所以第二天多加了50个，也是打五折。第二天的结果也很好，果然150个都卖完了。第三天，面包店准备了200个红豆面包，但是没有打折，到了下班前清点面包时发现剩下很多，销量远不如前两天。第四天，面包店做了100个红豆面包，继续按照五折出售，可是晚上下班清点发现依然没有卖完。老板觉得奇怪，为什么第一天和第二天卖光了，后来就卖不掉呢？

于是在朋友的建议下，他请了一位数据分析师分析原因。经过调查，数据分析师发现，第一天和第二天买红豆面包的人基本没有重复，并且大家在面包留言区评价红豆面包的味道太甜，每次吃完都要喝大量的水。由此可以发现三点：第一，购买红豆面包的人是没有尝过该款红豆面包的人；第二，红豆面包打折后价格很便宜，大家愿意品尝一下，但是复购率几乎为零；第三，很多人看到留言区的评价，就放弃了购买该款面包。如果面包店老板不知道红豆面包卖不出的原因，就不能改善该产品，也无法提升店铺的销售额。

（3）预测未来的发展趋势

通过数据分析，我们可以预测事件未来的发展趋势。例如，滴滴出行利用大数据进行智能调度和供需预测。2016年，在国际顶级数据挖掘会议上，滴滴出行的叶杰平表示："滴滴每日处理超过70TB的出行数据，90亿次路径规划请求，90亿次地图定位，以及10亿次派单。"滴滴出行从大量的出行数据中寻找规律。例如，为每个司机建立用户画像，了解他们常去的区域与接单习惯，从而对供需情况进行预测，提前对司机进行智能调度。例如，当预测到某个区域将出现大量的供需不平衡时，滴滴就会派司机提前到达这些区域，以满足乘客的乘车需求。这样不仅可以提升乘客的体验，还可以增加司机的收入。

（4）提前规划产品策略

通过数据分析，我们可以提前为产品策略做好规划。凡事提前规划，就不会出现当困难来临时不知如何应对的情况。2019年全国保费收入是4万亿元，而互联网端仅占5%。京东安联财险发现其中的巨大商机。因此，即使在疫情严重的今年，618期间京东安联财险保费收入就超3亿元。这是如何做到的呢？京东安联财险通过数据分析提前规划了产品策略，早在2019年就使用GrowingIO通过数据分析，运用无埋点方式创建了上百个数据图表，为线上业务建立了全面的数据监控，提前对渠道获客进行优化，提供用户极致的运营体验，辅助商业决策。

Lnrix是交通流量数据公司，它通过数据分析发现司机们在早晚高峰时不知道哪条路的路况不好，以致选择失误，无法很好地规划自己的上班路线。Lnrix通过分析历史和实时的路况数据，提前开始规划产品策略，及时给司机提供当下的路况情况，帮助司机规划行程，避开正在堵车的路段。

（5）提供产品运营支持

运营人员作为活动策略的制定者和实施者，数据对他们来说尤为重要。运营人员不能仅凭感觉做运营，而要养成数据分析的习惯，建立对数据的敏感度。对于互联网产品而言，用户量十分重要。没有用户量，与产品相关的一切都是空谈。但有了一定的用户量后，又该如何让他们活跃起来呢？触宝科技认为，要提高活跃用户数，就需要精准了解现有用户的特征，建立用户画像。触宝科技向曾经在一段时间前使用过触宝的用户发送短信，定向发送 1000 人，然后查看这些人中有哪些被唤醒了，从而提取数据特征。通过一连串的数据分析后，触宝科技采取有关运营活动，向对应的用户发送短信，而不是一把抓地给所有用户发送短信，从而达到提升用户活跃度的目的。

（6）驱动产品迭代调整

产品要想优化以更符合市场和用户需求，就要以数据驱动产品的迭代调整，而不能只靠产品经理以往的经验或市面上普通的理论知识。上海第一财经新媒体科技有限公司旗下的第一财经 App 通过数据分析发现，用户下载和使用 App 是针对 App 上提供的 CBNData 及其他大数据报告。当看完这部分内容后，用户就会退出 App。用户在浏览第一财经 PC 端时，浏览深度会接近 80%～90%，是一个非常深度的阅读，但是在 App 端就没有这么深。原因在于用户使用 App 竖屏阅读报告时不便利，影响了阅读体验。通过以上数据分析，第一财经将报告入口提到了底部标签栏上，用户进来第一眼就可以看到该入口，从而提高了用户的触达效率。同时，为了让用户能更深度地阅读，第一财经又增加了横版阅读的按钮。

6.1.2 数据分析的应用

数据应用是数据分析的目标体现，所有的数据分析都是为了将分析结果应用到具体的对象中，从而获得更好的结果。如果没有应用，再多的数据也无法产生价值。亚马逊、谷歌、Facebook、百度、腾讯、阿里巴巴等公司都将通过整合的大数据信息应用到公司战略中，让公司的决策更加正确。数据分析主要应用在哪些方面呢？

（1）提高商品的销售量

大量商家正在通过对用户的购买记录进行分析来建立用户行为模型，以便为他们量身定制购物清单及个性化促销广告，从而提升销量。

沃尔玛在大数据尚未普及时就开始大规模地利用数据分析提高自身的销售额。1969 年，沃尔玛使用计算机跟踪货物的存量情况；1987 年，沃尔玛完成了公司内部的卫星系统安装；2012 年，沃尔玛将 10 个节点组成的 Hadoop 集群扩展到 250 节点组成的 Hadoop 集群。沃尔玛拥有全世界最大的数据仓库，它通过这些数据可以分析用户的购买行为。例如，沃尔玛通过分析社交媒体数据发现了大家都喜欢搜索"蛋糕棒棒糖"，于是迅速在各家门店上线该产品，并带来了很好的销量。

亚马逊有很好的推荐机制。在亚马逊上买商品时，用户会看到"买过 X 商品的用户也买过 Y 商品"的信息。看到这个信息，用户们通常都会因为好奇心而点进去看看大家买了什么。很多时候，用户都会买自己原本没有规划的商品。这个看似很简单却非常有效的功能大大提升了亚马逊的销量。

（2）进行库存管理

现代管理学认为，库存为零是最好的库存管理方式。但很多企业在库存管理上对此并不重视，认为库存管理就是商品剩余数量的管理。而实际上，库存数据可以反映企业在经营方面的水平和存在的问题。

京东商城是目前我国最大的自营电商商城，商品销量巨大，拥有 100 多个大型仓库。因此，其库存管理就尤为重要。京东建立的库存管理体系涵盖了销售预测、健康库存、供应商管理、智能化选品、定价策略和补充系统，能将多年的销售数据调取出来，并根据季节变化、人均销售额等因素，借助算法预测未来商品售卖的走势，最终确定库存量。京东的补货系统非常强大，它建立了一个补货模型，用补货点与安全库存点指导整个补货的过程，从而保证库存维持在一个合理的数值。

（3）建立匹配关系

Facebook 通过大数据分析用户的好友情况，从而给出用户新的好友建议。

当用户在 Facebook 上的好友越多时，他们对 Facebook 的黏性就越高。

LinkedIn 是全球最大的职业社交网站，约有 90% 的 TOP100 企业在使用 Linkedin 服务。如此庞大的用户数将会产生庞大的数据量，因此 LinkedIn 通过数据分析驱动其产品发展。例如，LinkedIn 会分析每个用户的分享、评论及互动情况，设计数据模型，让招聘者与求职者更加精确地匹配。

除了人与人之间的匹配以外，人与物之间也可以匹配，例如人和音乐。潘多拉是美国在线音乐网站，它会对每首歌的音乐属性进行分析，并通过分析用户听音乐的历史喜好猜测用户喜欢什么类型的歌曲，从而推荐给他们。

（4）展开金融服务

当下，金融与数据分析结合已经成为一种趋势，无论是传统的金融业务，还是互联网的金融业务，都在和数据分析进行深入融合。目前，数据分析能支持金融的主要是风险控制与个性化匹配投资产品。

银行主要的资金能力是吸收存款和发放贷款。在发放贷款上，需要做到风险控制，如果将贷款给一些信用很低的用户，那么极有可能给银行带来很大的风险与损失。因此，银行需要借助数据分析对个人的风险情况进行判定，从个人未偿还的贷款、个人资产、历史的信用表现等对个人信用进行打分，并给符合信用评级的人发放贷款。

除了以上应用场景以外，还有如通过数据分析预防客户流失、精准定向投放广告、提升用户活跃数等很多情况。数据分析已经深入各行各业中，我国大数据 IT 应用投资规模前三大行业为互联网、电信和金融，如图 6-1 所示。

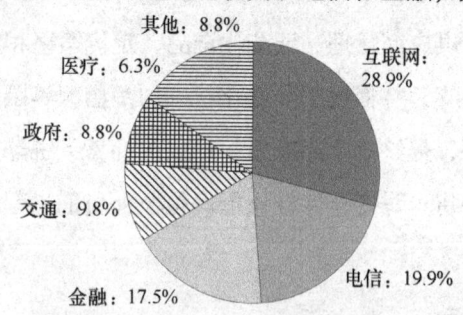

图6-1 我国大数据IT应用行业投资结构（来源：麦肯锡报告）

6.1.3　数据的性质要求

在着手数据分析之前，我们需要对数据进行选择以要保证质量。总体而言，进入数据分析的数据需要具备时效性、准确性和可靠性。

（1）时效性

互联网时代，企业越来越关注数据能否为其解决当下的问题，以及预测未来的发展趋势。因此，数据的时效性很重要。例如，用户行为数据、用户留存率数据、App 崩溃率数据等都是分析和研究近期的趋势，而几年前的历史数据几乎用不到。

产品经理在决定开展运营活动以提高用户留存率时，通常会关注平均用户的次日留存率、7 日留存率和 30 日留存率。为什么用户留存率中这三个时间节点最常用呢？因为这个周期刚刚好，留下来的用户基本都是目标用户了，可以根据他们建立用户画像，迅速推进针对目标用户群的营销活动，提高其在平台的活跃度，并通过他们或平台自身去拉新。如果时间周期太长，例如半年以后再计算用户留存率，很有可能丢失很多目标用户。

（2）准确性

准确性是数据分析的重中之重。一旦数据不准确，就会导致分析结果产生偏差，并最终导致企业决策失误，严重的甚至影响企业的经营战略。虽然保证数据准确非常难（数据不准确可能来自很多客观因素，如上游业务系统出错、调研对象给的数据本身就不准等），但作为 B 端产品经理，依然要努力保证数据的准确性。

A 公司的 App 上线后，在两年之内获得了几百万用户量。有了如此庞大的用户基数，A 公司决定引入广告主，为用户提供精准个性化的广告推荐，同时也推动产品走上变现之路。但是，在经过一段时间的广告投放后，广告的点击率并没有多少，更不用说转化率了。后来，A 公司的数据团队深入分析后发现，这几百万的用户量大部分是机器刷出来的，并非真实用户。如此一来，广告主不再信赖 A 公司，其名声也迅速下降。

（3）可靠性

数据的可靠性是指数据在其生命周期内的完整性、一致性与准确性。数据

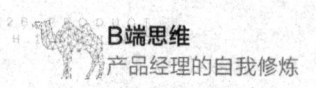

准确性着眼于数据本身是否精准,而数据可靠性则看重数据的来源、数据的处理方式、数据的使用等是否可信。

20世纪80年代末,FDA曾受到巨大影响,原因是其在批准仿制药产品上市过程中没有发现其中有些公司提供的数据是假的。不仅FDA受到了美国司法部门的调查,而且13家提供假数据的制药公司也受到了严重的惩罚。由此可见,数据的可靠性是制药企业药品生产的基本要求。

现在自动化系统日益普及,但大部分系统缺少数据审计与追踪功能,数据的修改控制不够严格与全面,数据有被篡改的风险。数据被篡改后自然就没有可靠性。例如,用户信息被故意篡改,那么用户标签的建立也会变得不准确。

6.2 数据分析的步骤

B端产品经理掌握数据分析的步骤,可以在产品的迭代优化中更游刃有余。数据分析主要有五大步骤,包括方案设计、数据采集、数据处理、数据分析和数据呈现。下面笔者以生活中的一件事——"帮助小A找到距离其小区步行30分钟内、土豆卖得最便宜且口感糯,并卖龙虾的生鲜超市"为例,为大家揭秘B端产品神秘的数据分析的过程。

6.2.1 方案设计

B端产品的数据分析方案设计主要是解答B端产品经理为什么要做数据分析、需要达到什么目的、怎样展开分析、分析的周期是多长及如何展开分析等问题。将这些问题想清楚了,我们才能有理有据地展开数据分析。如果没有捋顺这些问题,将会导致数据分析的周期变长,增加各种成本,分析出来的结果也会大打折扣。

我们可以使用5W2H分析法进行方案设计。5W2H分析法也叫七问分析法,可以帮助使用者梳理思路,进而优秀地完成任务。

第 6 章
B端产品的数据分析

（1）Why：为什么要做数据分析？数据分析的目的是什么？可否不做？

（2）What：具体要做什么事情？

（3）Who：调研对象是哪些？

（4）When：什么时间做？数据分析周期是多久？

（5）Where：调研地点在哪里？

（6）How：如何采集数据？如何处理数据？研究方法有哪些？

（7）How much：数据分析要做到什么程度？需要获取多少数据？样本容量是多少？

我们现在为小 A 设计方案。

Why：明确研究目的

在 B 端产品的数据分析中，明确数据分析的目的是核心工作。因为不同的研究目的会影响后续的调研方法、数据采集等方面。

在采访小 A 为什么要找"距离其小区步行 30 分钟内、土豆卖得最便宜且口感糯，并卖龙虾的生鲜超市"时，我们知道了原因：小 A 刚大学毕业，自己租了房子；妈妈搬来照顾小 A 的生活，但由于小 A 和妈妈都对居住的地方不熟悉，而且妈妈平时又喜欢走路运动，因此提出让小 A 找一下周边的生鲜超市；同时妈妈还要求买最便宜的土豆，因为妈妈非常爱吃土豆，喜欢口感糯的；小 A 爱吃龙虾，妈妈想做给小 A 吃，但是每次跑两个地方买菜太麻烦。因此，小 A 和妈妈商量，将目标锁定在距离居住地 30 分钟内的生鲜超市。

What：明确研究内容

明确研究目的后，我们需要将目的转化为研究内容。在 B 端产品的数据分析中，B 端产品经理研究内容的方法包括穷尽原则和不重复原则。穷尽原则是指将研究的内容尽量梳理完整，不要出现遗漏。不重复原则是指整理出来的研究内容是各自独立的，相互之间不能有交叉。

根据以上原则，笔者梳理了"寻找最合适的生鲜超市"的研究内容，如表 6-1 所示。

表 6-1　生鲜超市研究内容

研究目的	研究内容	需要的数据
通过调研，整理出距离小A所在小区步行30分钟内、土豆卖得最便宜且口感糯，并卖龙虾的生鲜超市	距离小区30分钟步行行程的生鲜超市	用高德、百度等地图搜索距离小区30分钟步行行程的生鲜超市
	卖土豆最便宜且口感糯的生鲜超市	（1）在符合30分钟步行行程的前提下，获取土豆一周内的售卖价格（分早晚时间段统计） （2）采访10名食用过购自该超市的土豆的用户，调研土豆的新鲜程度和口感
	卖龙虾的生鲜超市	在符合30分钟步行行程的前提下，调查有龙虾的超市

Who：明确调研对象

调研对象是指可以解决调研目的和内容的对象。这里的对象既可以指代访谈者，也可以指代数据指标。在B端产品的数据分析中，明确调研对象至关重要。如果选错了调研对象，得到的数据将是有误的。例如，我们想要调研一款新开发的咖啡受欢迎的程度如何，那么选择的目标群体不能是随便从街上拉来的用户，而是要精心挑选的咖啡爱好者。因此，调研对象最终如何确定，与研究目的和内容强相关。

我们从表6-1可以发现，小A想要找最合适的生鲜超市需要的调研对象主要是采访他们对土豆口感的描述，以此确定哪里可以买到口感糯的土豆。所以，这批调研对象应为"正在生鲜超市挑选土豆且食用过此处售卖的土豆的用户"。

When：明确数据分析周期

因为数据要有时效性，所以我们要明确数据采集的时间，以保证数据分析的有效结果。笔者梳理了"寻找最合适的生鲜超市"的数据分析周期表，如表6-2所示。

表 6-2　生鲜超市数据分析周期

工作内容	时间计划（天）
调研问卷设计	1
不同数据采集表设计	3
实地拦截访谈	10

（续表）

工作内容	时间计划（天）
实地考察	7
数据处理	2
数据分析	2
数据呈现	2
总计	27

Where：明确调研地点

调研地点是指我们在哪里可以对调研对象进行采访。通常来说，根据需要调查的内容和信息不同，B端产品的调研地点也不同，可以是实地调研，或者线上埋点数据采集。笔者还是以调研一款新开发的咖啡的受欢迎程度为例。我们的调研地点应该是咖啡厅，这是喝咖啡人群最密集的地方。如果条件允许，我们要尽量选择可以坐着而不是站着的地方调研，这样可以保证受访者保持轻松的状态，更好地与我们交流。

而"寻找最合适的生鲜超市"这项调研活动的展开地，毫无疑问是"符合距离小A所在小区30分钟步行行程的生鲜超市"。

How：明确数据分析方法

使用正确的数据分析方法可以帮助我们得出正确的结论，而错误的数据分析方法可能会导致最终决策的失误。所以，我们不仅要保证数据的准确性，还要保证使用正确的数据分析方法。常用的数据分析方法有对比分析法、趋势分析法、象限分析法、聚类分析法、交叉分析法、漏斗分析法、分组分析法及留存分析法等。具体在"寻找最合适的生鲜超市"这项调研活动中，我们将会使用对比分析法，对比各超市之间的关键数据指标，为小A妈妈做出决策。对比分析法是指对不同的事物进行比较，以达到认识事物的本质的目的。

How much：明确数据样本的容量

数据样本容量的大小与数据分析的准确性有直接关系。在总体数量既定的情况下，样本数容量大就意味着统计数据的误差小。而当样本容量小时，误差也会随即变大。但是，样本容量过大也会加大调研的工作量，造成人力、物力、时间的浪费。那么，样本容量要如何确定呢？这与调研目的密切相关。调研的样本容量要在调查成本能承受的情况下尽量多地获取，以保证数据的准确性。

在"寻找最合适的生鲜超市"这项调研活动中，我们要调研"食用过购自该超市的土豆的用户，对土豆新鲜程度和口感的描述"。由于调研土豆是否口感糯的最终目的是给小A妈妈食用，而不是某食品机构要输出土豆商品以指导来年的土豆采购计划，因此，此样本容量选定每个超市10名即可。这样不仅可以基本调研到位，而且减少了人力、物力等各种成本的投入。

6.2.2 数据采集

数据采集分为一手数据采集与二手数据采集。通常来说，一手数据采集是指实地调研，包括一对一访谈、一对多访谈、问卷调查等。二手数据采集是指直接获取他人已经整理好的数据结果，其获取成本较低，也相对容易；但与一手数据相比，其时效性、可用性、可靠性的程度会较低。因此，B端产品经理要根据自己项目的实际情况选择数据采集的方式。

在"寻找最合适的生鲜超市"这个过程中，我们用到了以上两种数据采集方式，如表6-3所示。

表6-3 "寻找最合适的生鲜超市"的数据采集方式

研究内容	具体做法	数据采集方式
距离小区30分钟步行行程	使用高德地图搜索"目标生鲜超市"	二手数据
土豆最便宜	实地考察"最近一周每天早晚土豆的售卖价格"	一手数据
土豆口感糯	实地采访"合适超市的10名食用过购自该超市的土豆的用户"	一手数据
卖龙虾的生鲜超市	实地考察"有龙虾的超市"	一手数据

确定了研究内容采集的方式，接下来就要制作数据采集表了。"距离小区30分钟步行行程""土豆最便宜""卖龙虾的生鲜超市"这三者的数据采集比

较简单，很容易确定。因此，笔者为大家讲解实地考察土豆口感糯的数据采集表该如何制作。土豆口感糯的数据采集表其实就是采访用户的问卷调查表。因此，笔者主要以问卷形式进行整理，如表6-4所示。在制作问卷调查表时，我们应注意每个问题的设计都要与目标一致。B端产品经理要牢记这一点，因为任何采集的数据是要为产品目标服务的，不要采集一堆无用的数据。

表6-4 "土豆口感糯"问卷调查表

问题类型	问题	设计问题的原因
封闭问题	您喜欢吃土豆吗？	不喜欢吃土豆的用户不是目标用户
	您每周要吃几次土豆？	吃土豆的频率可以验证用户对土豆的喜爱程度
	您通常是如何烹煮土豆食用的？	烹煮的方式会影响土豆的口感
	您觉得土豆的口感怎么样（觉得糯吗）？	先让用户表达，如果不知如何表达，再给予引导
开放问题	谈谈土豆在不同烹煮方式下的口感	如果用户是多元化烹煮土豆，可以问这个问题，这样可以收集到更多信息

6.2.3 数据处理

数据处理包括对数据的整合与录入、清洗与整理。笔者以"土豆口感糯"问卷调查表为例，讲述传统的数据处理方法。

（1）整合与录入

符合"距离小区30分钟步行行程"的生鲜超市有2家，那么采访的用户就是20位。笔者随机抽取4份问卷行整理与录入，如表6-5所示。

表6-5 "土豆口感糯"问卷调查表整合与录入

问题	访问地	用户	回答
您喜欢吃土豆吗？	A超市	用户一	喜欢
	A超市	用户二	不喜欢，但我儿子喜欢吃
	B超市	用户三	喜欢
	B超市	用户四	喜欢

（续表）

问题	访问地	用户	回答
您每周要吃几次土豆?	A超市	用户一	1次
	A超市	用户二	2~3次
	B超市	用户三	2~3次
	B超市	用户四	4次左右
您通常是如何烹煮土豆食用的?	A超市	用户一	红烧土豆
	A超市	用户二	土豆炖牛腩
	B超市	用户三	土豆炖排骨、炒土豆丝
	B超市	用户四	炒土豆丝
您觉得土豆的口感怎么样（觉得糯吗）?	A超市	用户一	粉粉的、沙沙的
	A超市	用户二	我儿子说有时候糯，有时候粉；不固定，粉的时候多点
	B超市	用户三	有点糯的
	B超市	用户四	感觉糯的
谈谈土豆在不同烹煮方式下的口感	A超市	用户一	都是红烧，就这个口感吧
	A超市	用户二	不做别的烹煮方式，不清楚
	B超市	用户三	烹煮久（10分钟左右）就比较糯，烹煮时间少就脆一点
	B超市	用户四	我感觉糯的，但是我喜欢土豆丝，所以烹煮时间少

（2）清洗与整理

在整合与录入数据后，我们就需要开始清洗数据了。清洗数据是指根据研究目的对数据进行筛选、去重、纠正的过程，这是保证数据的准确性和有效性的重要环节。

我们从以上"土豆口感糯"问卷调查表中可以发现，A超市的用户普遍都说土豆的口感不糯，而是粉粉的。因此，A超市的数据就可以被剔除，不纳入后续数据分析的范围。剔除A超市的数据后，我们再对B超市的用户访谈进行细化梳理，如表6-6所示。

表6-6　清洗数据

超市	用户	每周使用土豆次数	烹煮土豆的方式	土豆口感	备注
B超市	用户三	2~3次	土豆炖排骨、炒土豆丝	有点糯的	烹煮时间久（10分钟左右）就糯，时间短就脆
	用户四	4次左右	炒土豆丝	感觉糯的	

由此可以得出"土豆口感糯"问卷调查表的结论：A 超市由于土豆口感不糯而不属于分析范围，但 B 超市的土豆有个特色，即在烹煮时间长时表现出糯的口感，在烹煮时间短时则表现出脆的口感。

6.2.4 数据分析

数据分析是指运用适当的统计分析方法对处理过后的数据加以汇总的过程，以求透过现象看本质。到目前为止，"寻找最合适的生鲜超市"的各类研究数据都已经清洗并整理好，就要进入数据分析阶段了。"寻找最合适的生鲜超市"的数据指标有四大部分构成。

（1）距离小区 30 分钟步行行程

通过高德和百度地图搜索发现，距离小 A 所在小区 30 分钟步行行程的生鲜超市只有两家——A 超市和 B 超市，距离 A 超市步行需要 9 分钟，距离 B 超市步行需要 14 分钟，即 B 超市比 A 超市略远。

（2）土豆最便宜

通过分别对 A 超市和 B 超市最近七天土豆早晚的售卖价格记录，制作 A 超市和 B 超市近七天土豆早晚价格对比图，如图 6-2、图 6-3 所示。

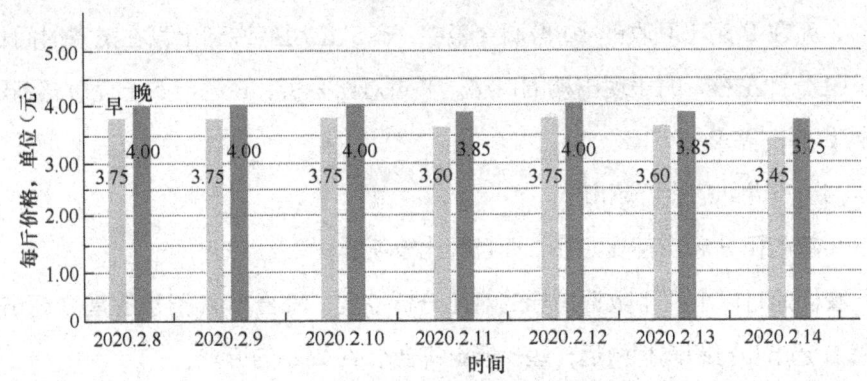

图6-2 A超市近七天土豆早晚价格对比图

我们从图中可以发现，A 超市近七天土豆的早上价格平均每斤为 3.66 元，晚上价格平均每斤为 3.92 元，总体价格平均每斤为 3.79 元。B 超市近七天土豆的早上价格平均每斤为 3.57 元，晚上价格平均每斤为 3.77 元，总体价格平均每斤为 3.67 元。通过对比分析，无论是早上、晚上，还是总体，B 超市的土豆平均每斤的售价都比 A 超市低。

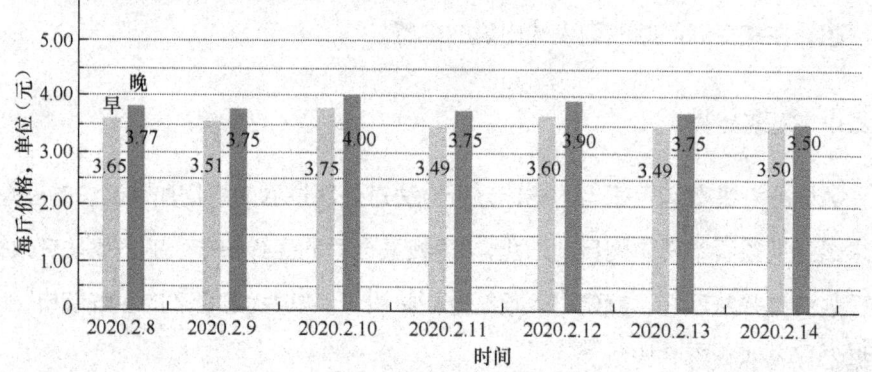

图6-3　B超市近七天土豆早晚价格对比图

而且，我们从图中还可以很直观地看到，两个超市的土豆售卖价格都是晚上比早上略贵。其原因在于两家超市都在下午采购新鲜的土豆，而早上售卖的则为前一天剩余的土豆。

（3）土豆口感糯

我们对收集到的 20 份调查表进行处理后发现：在 A 超市回收的 10 份调查表中，有 2 位用户说到土豆有时较糯，因此 A 超市土豆的口感 80% 为粉粉的状态；而在 B 超市回收的 10 份调查表中，有 7 位用户说到土豆在烹煮时间长（约 10 分钟左右）时表现出糯的口感。通过对比分析，B 超市的土豆口感满足小 A 妈妈的需求。

（4）卖龙虾的生鲜超市

A 超市和 B 超市都卖龙虾，而且都比较新鲜。

我们通过以上四个数据指标的对比分析发现，符合小 A 要求的是 B 超市，虽然 B 超市步行距离稍微远一些，但更符合小 A 妈妈的诉求。

6.2.5　数据呈现

数据呈现是指将数据分析结果以合理的图表呈现出来，并将此结果作为决策依据供决策者参考。有多种图表可以作为数据呈现的方式，但是不同的图表展示内容的侧重点不同。本次数据呈现需要用表格展现 A 超市和 B 超市的关键数据指标对比，如表 6-7 所示。

表 6-7　A 超市和 B 超市的关键数据指标对比

超市	距离小区30分钟步行行程	近七天土豆平均每斤价格（元）			土豆口感	龙虾
		早平均	晚平均	一天平均		
A超市	9分钟	3.66	3.92	3.79	80%情况下为粉	有，新鲜
B超市	14分钟	3.57	3.77	3.67	烹煮时间约10分钟为糯	有，新鲜

6.3　数据分析的常用方法

在"寻找最合适的生鲜超市"案例中，我们已经了解数据分析的基本步骤，B 端产品经理在对产品展开数据分析时可以遵循上述步骤。而在数据分析中，最难的莫过于找到合适的分析方法。大部分 B 端产品经理面对收集的数据往往不知所措，本节就为大家梳理几个常用的 B 端产品数据分析方法。

6.3.1　漏斗分析法

大部分互联网企业都会借助漏斗模型提升运营活动的效率。例如，Twitter 借助漏斗分析提升用户参与度，亚马逊利用漏斗分析提升广告的转化率。对于 SaaS 化的 B 端产品，B 端产品经理就会用到漏斗分析法提高转化率。漏斗分析法是起点到终点各阶段用户转化率情况的重要分析模型，它能够反映用户在页面上的行为状态，从而帮助 B 端产品经理找到优化页面的方法。很多购物型网站经常会监控支付转化率。例如，有 100 个人打开网站，其中 80 个人查看了某商品，50 人将该商品加入了购物车，进而有 30 人进入了支付页面，最终有 5 人支付成功了。在这个过程中，第一步到第二步的转化率为 80%，第二步到第三步的转化率为 62.5%，第三步到第四步的转化率为 60%，第四步到第五步的转化率为 16.7%，如图 6-4 所示。借助漏斗分析法，我们可以发现从支付页面到支付成功的转化率很低。因此，我们可以深挖转化率低的原因，找到问题进行优化，从而提高支付转化率。

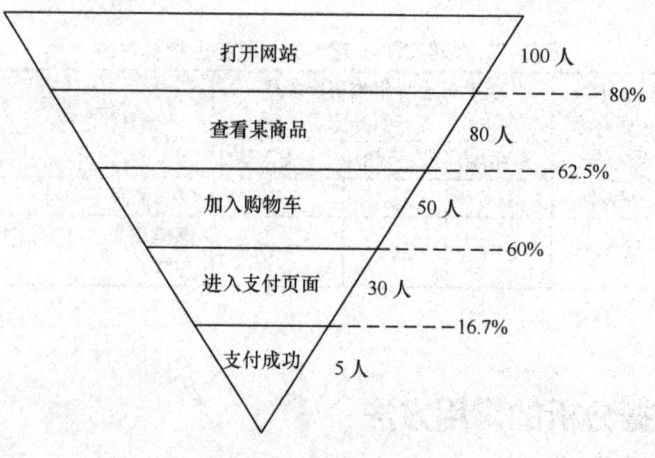

图6-4　漏斗分析法

在漏斗分析法中，常用的模型有 AISAS 漏斗分析模型和 AARRR 漏斗分析模型。AISAS 包括注意（Attention）、兴趣（Interest）、搜索（Search）、行动（Action）及分享（Share）五个阶段，即从用户接收信息（如广告、朋友推荐）到引起用户关注，再到用户搜索该信息、下单支付及最后主动分享的过程，如图 6-5 所示。通常在 B 端产品投放广告的阶段，B 端产品经理要使用该模型测试广告投放的效果。

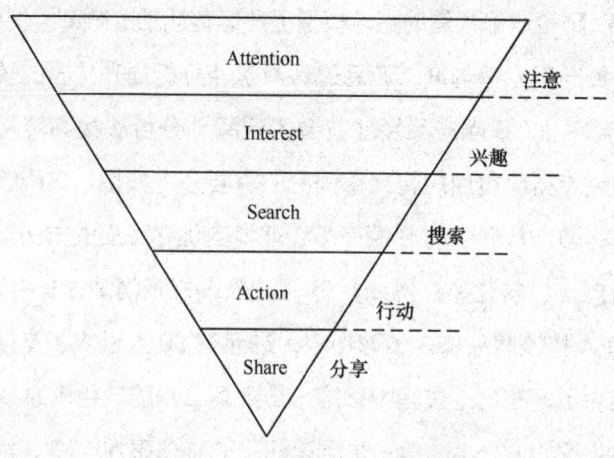

图6-5　AISAS漏斗分析模型

AARRR 包括获客(Acquisition)、激活(Activation)、留存(Retention)、商业变现(Revenue)及自传播(Referral)五个阶段，即从运营人员通过运营活动获取用户，到让用户发现产品有价值而激活用户，再到用户认为产品可以持续为自己提供价值而留下来，并因用户长期活跃而让产品获得商业变现，最后令用户推荐传播的过程，如图6-6所示。通常在B端产品刚推向市场时，B端产品经理会采用该模型验证产品拉新活动的效果。

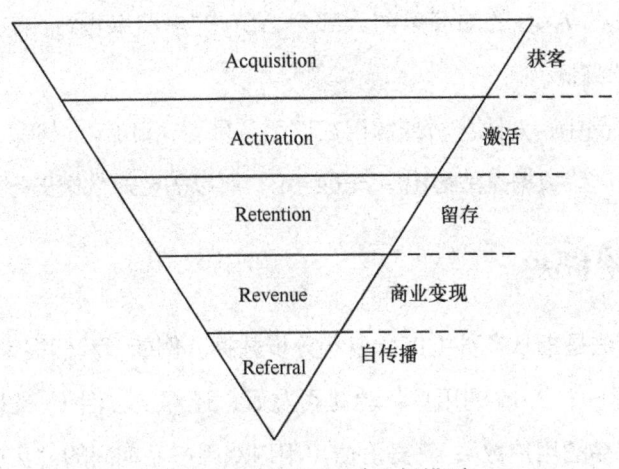

图6-6　AARRR漏斗分析模型

6.3.2　对比分析法

对比分析法是数据分析中最常用且最实用的分析方法。通过对两个或两个以上的数据进行比较，我们可以发现其中的差异，从而找到解决问题的办法。通常来说，在进行数据对比时要注意同质性原则。只有同质的数据，才可以比较。例如，要分析X App和Y App的用户日活跃度，那么日活跃度统计的时间维度和计算方式要一致。

在使用对比分析法时，对比方式有环比、同比和基定比。环比是指与当前时间范围相邻的上一个时间范围对比。例如，2020年8月1日到2020年8月31日时间范围的环比是2020年7月1日到2020年7月31日。同比是指今年第n月与去年第n月的对比。例如，2020年8月1日到2020年8月31日时间范围的同比是 2019 年 8 月 1 日到 2019 年 8 月 31 日。基定比是指定一个定值，然后用所有数据与其比较。例如，指定 X App 的月活用户数与其 2020 年 1 月的月活用户数相比。

对比的对象可以分为与自身比、与他人比。与自身比是指拿产品今天的数据与往期的数据进行对比。例如，拿 X App 今日的崩溃率与昨日的崩溃率进行比较。与他人比是指如果与自身比没有可比较的意义，那么就要进行与他人比。例如，拿 X App 的崩溃率与大部分 App 的崩溃率进行比较，以衡量 X App 崩溃率的高低。

在 B 端产品中，对比分析通常用在日活、月活、日 PV、日 UV 等数据上。因为独立地看这些数据无法得出有效的结论，所以需要对数据进行对比分析。

6.3.3 多维分析法

多维分析法是指从多种维度衡量和分析数据。例如，我们很难从用户季度活跃指数判断一个 App 的用户体验是否友好，还需从日活（一日之内登录或使用了某个产品的用户数）、终身价值（用户使用产品期间的付费总额）、参与度（有多少访客注册成了用户）等数据指标维度衡量。

对于一个电商平台来说，通常会统计 GMV（Gross Merchandise Volume）指标，即平台在一定时间内的成交总额，一般包含付款和未付款的订单。这是衡量平台竞争力的核心指标。

$$GMV=销售额+取消订单金额+拒收订单金额+退货订单金额$$

由此可见，如果只看销售额是无法衡量 GMV 指标的，还需要从其他几个维度去看。

对于 SaaS 化 B 端产品来说，付费用户的数量非常重要。付费用户的数量越多，说明该产品的受欢迎程度越高。但是，很多 B 端产品厂家还会通过复购率、流失率、点评率、热门词搜索衡量一个 B 端产品的受欢迎程度。

使用多维分析法分析数据，会让数据分析变得更全面，从而更有效地指导经营决策。

6.3.4 交叉分析法

交叉分析法是分析两个变量之间关系的一种方法,又称立体分析法。我们看一个简单的一维数据表,对2020年第2季度北京、上海、广州、杭州地区的苹果和华为手机进行销售量统计,如表6-8所示。

表6-8 2020年第2季度北、上、广、杭手机销售量统计(1)

月份	地区	产品	销售数量(件)
1月	北京	苹果	45
1月	上海	苹果	34
1月	广州	苹果	45
1月	杭州	苹果	43
1月	北京	华为	67
1月	上海	华为	56
1月	广州	华为	32
1月	杭州	华为	34
2月	北京	苹果	45
2月	上海	苹果	67
2月	广州	苹果	53
2月	杭州	苹果	45
2月	北京	华为	35
2月	上海	华为	45
2月	广州	华为	23
2月	杭州	华为	44
3月	北京	苹果	24
3月	上海	苹果	56
3月	广州	苹果	56
3月	杭州	苹果	34
3月	北京	华为	44
3月	上海	华为	24
3月	广州	华为	35
3月	杭州	华为	36

原始的一维数据表中有月份、地区、产品、销售数量4个维度,将这几个维

度进行两两组合，如月份和地区、月份和产品、地区和产品、地区和销售数量等，就可以进行交叉分析。通过对地区和产品进行交叉分析后，我们可得到第 2 季度北京、上海、广州、杭州地区苹果和华为手机的销售数量统计，如表 6-9 所示。

表 6-9 2020 年第 2 季度北、上、广、杭手机销售量统计（2）

地区	苹果	华为	总计
北京	114	146	260
上海	157	125	282
广州	154	90	244
杭州	122	114	236

一般来说，一家开发两款以上 B 端产品的企业通常会使用交叉分析法（见表 6-10）发现哪款 B 端产品拉新情况不理想、原因是什么，是没有做运营推广活动，还是活动效果不佳等导致的。我们从表 6-10 中可以发现，A 产品在 8 月第 4 周的拉新情况较差，这就需要 B 端产品经理与运营人员一起深挖原因、解决问题，吸引更多用户使用产品。

表 6-10 某企业 B 端产品在 8 月各周的拉新情况

	8月第1周	8月第2周	8月第3周	8月第4周
A产品	30	45	35	23
B产品	56	67	80	102

6.3.5 点击分析法

点击分析法是指采用可视化的方法展示界面上元素被点击的次数，从而直观地呈现用户常用的点击区域，帮助产品经理更合理地规划界面上的元素。高阶的点击分析法还可以进行下钻分析：当用户在一个页面点击某元素跳转到新的页面，再通过点击新的页面元素跳转到更下层的页面时，这一系列点击路径都可以被记录下来，从而帮助运营人员分析用户点击操作的流畅度，帮助产品经理分析操作路径是否简洁。

电商详情页优化设计中经常会用到点击分析法，通过对商品详情页中的一些元素进行埋点，统计分析用户点击的情况（见图6-7），从而优化页面。我们从图6-7中可以看出，用户在下单前会点击商品的头图、购买者的评价、商品的型号进行仔细查看。因此，商品详情页在设计优化时可以将以上三项提到高优先级。

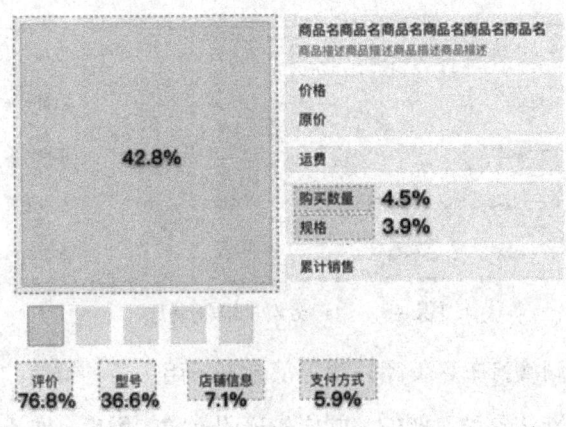

图6-7　商品详情页点击分析

在 SaaS 化 B 端产品中，通常会用 A/B 测试结合点击分析的方法验证新的交互或视觉设计方案是否提升了用户体验。例如，界面需要有一个"新增"按钮，而产品团队不确定放在页面的右上角还是左上角才能让用户点击起来更方便，那么使用 A/B 测试结合点击分析法追踪用户的点击结果就非常有效。如果左上角的点击率更高，那么说明用户更能接受重要按钮放在页面左上角。但如果右上角和左上角的按钮点击率差不多，那么说明"新增"按钮放在哪里对于用户来说区别不大。

6.3.6　用户分群法

用户分群是精细化运营的第一步，也是建立用户画像的重要方法。用户分群法是指基于用户生命周期（新用户、成长型用户、成熟型用户、流失型用户）或其他分类方式，通过将用户信息标签化，根据用户的历史行为（访问频次、停留时长、访问间隔、浏览历史等）、行为偏好（喜欢看时事政治还是娱乐新闻等）、用户基础信息（性别、地域、年龄、系统版本等）等属性，将具有相似属性的用户划分到一个群体，对不同群体进行分析和采取个性化运营的方法。例如，对用户分群后，可以对一部分用户进行消息群发，如图 6-8 所示。抽取用户共性、进行分群、精准触达，形成了用户行为分析与精准营销之间的闭环。

分群名称	用户数	操作
新增用户	234	群发消息
近一周活跃用户	401	群发消息
近一周购买2次以上的用户	142	群发消息
近一月购买5次以上的用户	57	群发消息

图 6-8　用户分群的群发消息

今日头条、滴滴打车、美团外卖等都会基于用户各种维度的属性为用户分群，从而进行精准化营销。例如，同样是美团外卖的用户，对于经常使用其平台订外卖的用户，与不常使用其平台订外卖的用户，美团外卖采取的营销策略是不一样的。

SaaS 化 B 端产品中也会采取用户分群法对使用其平台的用户运用不同的营销策略。例如，将用户分为付费用户与注册用户；如果有需要，还会对付费用户进一步细分，如分为首次付费用户与复购用户；对于注册用户，我们就需要考虑该用户群不付费的原因，以采用合适的策略刺激其付费。

第7章
B端产品实战案例

前6章深入讲解了B端产品的相关知识、作为B端产品经理要具备的专业技能与产品思维,以及一款B端产品被打造出来的全过程。本章则从笔者自身的产品设计工作经历出发,揭秘"重构型产品"与"从0到1型产品"诞生的过程。

7.1 重构型产品：资产管理系统

简单地说，重构一款产品是指依托原有产品、构建一款新产品的过程。这种构建可以是保留原来产品中有用的部分，也可以是重新解构、创造一款全新的产品。我们可以从二手房装修的角度理解重构产品这件事。

（1）对二手房全部翻新，大到客厅，小到卫生间的每个角落。

（2）对二手房某些部分重新装修，如客厅翻新，或者厨房翻新。

对于不同的产品，其重构的方案也不同，需要根据产品的实际情况决定。

7.1.1 梳理重构要素

资产管理系统是运维监控系统的一个模块，也可以作为独立产品推向市场。资产管理系统的主要作用是帮助管理员对IT资源进行高效管理，包括资产的使用、关联、变更等。资产管理系统需要对资产从上线到下线的完整链路进行记录，并输出相应的报表，辅助管理员分析资产使用情况，从而帮助其优化决策。

如果某一天的早上，团队开会提出要重构资产管理系统——目前的资产管理系统已经无法满足业务日益发展的需求，重构迫在眉睫，作为B端产品经理的我们应梳理清楚重构产品的深层次原因，明确重构要达到的目的，绝不能为了重构而重构。只有对重构目的追根溯源，才能让重构更聚焦、突显价值。笔者使用5W2H方法对资产管理系统的重构背景进行了梳理。

Why：重构原因

产品重构不是一件简单的事情，需要投入大量的人力物力资源。为了让所有参与重构的相关人员能理解和接受重构这件事，并达成一致的行动目标，我们必须讲清楚重构的原因，以及明确重构后能否解决当前的痛点。

资产管理系统重构的原因包括市场情况、用户需求和产品体验。

(1)市场情况：当前资产管理系统的设计思路与市场上主流资产管理系统的设计思路有一定程度的差异。

(2)用户需求：随着资产管理系统的用户不断增多，用户提出的许多功能是现有资产管理系统无法满足的。而且，目前的产品逻辑无法支持扩展一些新的功能。

(3)产品体验：资产管理系统解决了功能全面的问题，但没有解决产品易用性的问题，如果在市场上竞争，存在一定的劣势。而对于新用户来说，产品体验不佳会使其上手困难，学习成本增加。

What：重构目的

做任何一件事都要带有目的性。只有目的明确，才能全力以赴，最终完美地达成目标。所以，重构产品也需要明确目的。重构资产管理系统的主要目的有以下四点。

(1)提升产品竞争力：任何一款进入市场的产品如果准备重构，都是为了提升在市场上的竞争力，获得更多用户和利润。

(2)完善产品功能：随着产品的发展，用户需求会越来越多，但是这些需求不会立马被开发成功能，日积月累就导致产品功能不够完善，甚至用户逐渐流失。所以，完善产品功能是当产品达到一个阶段时B端产品经理必须思考的事情，这样才能使产品在市场上更有竞争力。

(3)提升用户体验：如今，用户对B端产品的要求不再是"能用就好"，而是越来越注重产品的使用体验。一款功能齐全的产品如果不好用，需要大量培训才可以上手，那么大部分用户都不会选择。换言之，让产品可以自解释，不仅可以降低用户的学习成本，而且可以让产品供应方避免大量培训，从而降低了企业的培训成本。

(4)提高产品扩展性：产品在运营很多年以后，其架构必然趋于臃肿和复杂，如果不断叠加功能，则会导致产品越来越难用和难以维护。此时重构产品的目的就是为了摒弃产品中不合理的部分，同时划分通用性功能与个性化功能，并合理地设计到产品中。

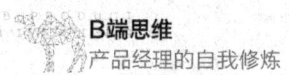

Who：哪些人参与重构

了解重构资产管理系统的原因与目的后，我们需要梳理重构资产管理的相关人员，这是展开一系列活动的基础；然后，需要告诉大家做什么、目标是什么、每个人在这个项目中的职责是什么（避免后期在做事的过程中出现职责不明晰的情况）；同时，也要让大家知道如果做成了这件事会有什么意义等。因此，明确相关人员实际上是梳理项目要做哪些事情和哪些人做的过程。在相关人员梳理上，要遵循不重不漏的原则。不重是指相关人员负责的范围不要重复，不漏是指不要让有些事情没有人负责。

根据产品设计的全流程，资产管理系统重构过程中的相关人员包括决策者、架构师、产品经理、项目经理、技术主管、交互设计师、视觉设计师、前端工程师、后端工程师和测试工程师。他们在重构产品中的主要作用如表7-1所示。

表7-1 资产管理项目相关人员

相关人员	主要职责
决策者	最终对产品方案负责，通常是部门领导
架构师	设计产品的技术重构方案
产品经理	需求分析、竞品分析等，主要设计产品功能与界面方案
项目经理	确保项目目标在预算范围内快速得到实现
技术主管	在产品方案出来后提供技术实现方案，评估技术风险
交互设计师	负责产品界面交互体验方案
视觉设计师	负责产品界面视觉风格方案
前端工程师	实现产品用户端界面展现效果
后端工程师	根据产品功能的需求文档等，与前端工程师配合，实现产品功能
测试工程师	测试产品功能是否按照需求开发

When：项目周期，相关工作量

项目开始之前，必定要评估项目的整体周期，包括需求调研周期、设计周期、开发周期等。如果整个项目的周期事先不确定好，会影响产品及其相关事件的决策。但是，要细致地评估一个项目的周期也是比较困难的，只有具备丰富经验的B端产品经理才能正确评估出来，否则很可能出现以下情况，如表7-2所示。

表 7-2 估算偏差表

目标	预计时间	实际时间	情况
完成需求文档中A模块的需求描述	5小时	2天	在写的过程中发现需求复杂度上升,与一开始所想的完全不一样
完成A页面原型	3小时	6小时	由于负责人没有想清楚页面的功能,A页面原型反复修改了3个版本
A页面前端开发	1天	2天	页面中有一些组件做了个性化定制,原来的组件不可复用

那么,如何才能评估合理的项目周期呢?在重构资产管理系统这个项目中,笔者总结了以下几点方法。

(1)熟知项目参与方的工作方式

不同的角色有其各自的工作方式。例如,交互设计师一般都需要产品经理将原型图交给他们,而不仅仅是交给他们需求文档或通过口头描述提出需求。交互设计师在原型的基础上进行设计的效率会更高。笔者遇到过一些B端产品经理会将需求先口头描述给交互设计师,让设计师通过描述画原型图,然后自己准备文档。这会导致双方信息不对称,频繁修改需求文档和原型图。虽然双方都在兢兢业业地工作,但是项目的周期也会被无意识地拉长,导致团队的工作效率降低。因此,了解不同参与方的工作方式,有利于改善项目的工作流程,达到缩短项目周期的目的。

(2)明确项目涉及的工作任务

产品经理在预估项目周期时要对项目的大体工作内容有一定的了解。如果不了解全貌,只看到零碎的任务,就无法合理地评估项目周期。例如,早晨上班前没有将做早饭和吃早饭的时间预留出来,那么当我们起床时就会发现已经没有时间了,不得不匆匆忙忙在路边买个早餐去上班或不吃早餐了。所以,为了避免将项目周期估算少,我们需要尽可能地了解项目涉及的工作任务,从而保证项目进度有节奏地展开。

(3)项目任务的颗粒度合理拆解

任务颗粒度拆解的核心思想来自WBS,是指将项目按照一定的原则进行分解,项目分解成任务,任务分解成子任务,直到分解不下去为止,最后将子任务分配给不同的人。那么，什么是合理的颗粒度呢？通常来说包含两个方面。

第一是遵循SMART原则，即任务要具体化（Specific）、可量化（Measurable）、可实现（Attainable）、相关性（Relevant）及时限性（Time-bound）。具体化是指任务描述要具体且明确，不能笼统地讲。可量化是指任务可以被数量化和有效评估，而不是感性的。可实现是指任务在付出努力后可以完成，所以要避免设立一个不可完成的任务。相关性是指任务要与项目的目标一致，而不是做与项目无关的工作。时限性是指任务完成需要限定截止时间，不能无期限。

第二是任务分解的层次不宜多过，一般以3层为宜，最多不要超过5层。同时，末梢节点的任务工作执行周期不宜太长，一般3天内为宜，以方便任务反馈与跟踪。总之，合理的任务颗粒度可以保证预估项目周期趋近最终实际周期。

（4）项目任务的复用率评估

在B端项目中，大部分组件、界面、代码是可以被复用的，我们需要将这部分内容梳理出来，有效减少任务的重复开发成本，降低整个项目的周期。

Where：哪些地方要重构

资产管理系统重构既不是一件拍脑袋可以决定的事情，也不是大家坐在会议室进行一天的头脑风暴可以解决的事情，而是一件需要认真推敲和分析的事情。正如画家打算画一幅画，他不会提笔就画，而是先考虑画面构图，包括明确画的主题思想、设定元素与元素之间的关系、安排空间节奏、设计画面风格等；如果是商业型画作，还需要了解甲方需求、市场期望等。因此，对于资产管理要如何重构，笔者通过历史追溯、竞品分析、用户调研明确重构方向（详见7.1.2节）。

How：如何重构

在重构一款产品时，B端产品经理主要负责的是产品功能与产品界面方案的重构。具体如何重构，将会在7.1.3节讲解。

How much：如何衡量重构有效

产品的成功与失败是多方面因素共同作用的结果，包括产品战略、设计方案、开发实现、运营活动等。在产品投入市场之后，用户的反馈信息、行为数据可以让我们直观地感受到产品重构是否有效。但是，如果反馈不好，产品往往很被动。

因此，在产品投入市场之前，我们就需要评估产品重构的效果是否达到了预期，并由此判断其能否达到上线的质量。在这个阶段，我们可以通过 A/B 测试、可用性测试、易用性测试、对照组对比实验等方法衡量资产管理系统重构的有效性。

7.1.2 分析与调研

在明确重构方向的过程中，我们需要先对产品的历史情况进行了解，其次要进行竞品分析，最后在条件允许的情况下对目标用户进行调研。

历史追溯

了解事物的历史，可以掌握其发展规律，从而帮助我们更全面地了解事物。例如，想要了解某 App 的历史版本记录，我们可以查询七麦数据网站，了解其产品历史及猜测它未来的发展。对于资产管理系统来说，由于是我们自己的产品，因此无须通过第三方网站获取历史信息，我们可以通过咨询全程参与该产品的相关专家（他们可以告诉我们当初做资产管理系统的真实愿景和目的）、查阅历史需求文档（它们可以让我们知道功能迭代的路径）等方式获取。追溯产品历史，主要包括但不限于以下几个方面。

（1）为什么要做这个产品？

（2）产品的主要用户群是哪些？

（3）产品可以满足用户哪些方面的需求？

（4）产品的核心功能是什么？

（5）产品与其他模块之前的关系是什么？

（6）产品未来的发展方向是什么？

笔者走访了全程参与资产管理系统的技术专家（他既是一名技术专家，也是当时资产管理的产品设计者），从他的讲述中，可以了解到资产管理系统的关键历史信息。

（1）为什么要做这个产品？

答：解决机构对 IT 资源管理的问题，保证 IT 资源高效地运行与合理地使用。假设没有资产管理系统，那么被闲置的 IT 资源将不能被有效利用，这样会导致机构 IT 资源管理的成本上升。因此，有了资产管理系统，可以为机构降本提效。

（2）产品的主要用户群是哪些？

答：资产管理系统有三类目标用户。第一类是系统管理员，他们拥有与 IT 资源相关的所有权限。第二类是 IT 资源管理员，他们对 IT 资源使用、变更、维护、退库进行跟踪与管理。第三类是业务操作员，他们可以申请 IT 资源的使用、变更等。

（3）产品可以满足用户哪些方面的需求？

答：第一，建立 IT 资源模型，将 IT 资源添加到相关模型中统一维护。第二，对 IT 资源间的关系进行关联。第三，确认事件关联影响，追根溯源，高效排查故障。第四，对 IT 资源进行统计分析，供决策层参考。

（4）产品的核心功能是什么？

答：添加 IT 资源模型与对应的 IT 资源，并将不同的 IT 资源关联起来形成拓扑。记录所有 IT 资源的状态，并在 IT 资源有告警时迅速排查与定位问题。但是，目前的资产管理系统没有模型间拓扑功能，因此希望在产品重构中实现。

（5）产品与其他模块之间的关系是什么？

答：当资产管理系统添加了某个 IT 资源，该资源就可以被监控系统添加进去，从而监控该资源的健康状态。它是监控系统数据的来源。

（6）产品未来的发展方向是什么？

答：现在的资产管理系统还没有成为监控系统的数据来源。目前是通过监控系统先添加 IT 资源，资产管理系统只是将 IT 资源管理起来而已。因此，后续我们需要让资产管理系统成为 IT 资源的数据库，将企业所有 IT 资源管理起来，由上层系统取用。

我们从上述问答中可以看出，资产管理系统是一个有市场需求的产品，它可以助力企业数字化转型，让企业降本增效。有了资产管理系统，企业所有的 IT 资源数据都打通了，并且可以互通使用。同时，监控系统可以调取 IT 资源的信息，从而实时监控它们的健康状态。

我们可以根据产品的需求与 B 端产品经理的经验做不同层级的产品历史信息追溯。例如，了解产品的相关流程图，了解当时要这样做的原因，等等。

竞品分析

竞品分析是产品设计前必不可少的工作。前文也提到过，竞品分析是为产品目标服务的。因此，在展开资产管理系统的竞品分析之前，组内以产品目标（重构用户体验、完善产品功能）为基础，进行头脑风暴，由此将竞品分析在以下范围展开。

（1）竞品选择：选择直接竞品而非间接竞品，数量为 1～2 个即可。

（2）分析范围：分析竞品的产品结构、主业务流程、用户操作流程（用户体验）及功能范围。

当关键范围确定后，笔者对资产管理系统的竞品"E-CMDB"进行分析。

（1）产品定位

高效管理 IT 资源为业务创新提供持续动能。

（2）产品结构

E-CMDB 的产品结构较扁平：首页为模型搜索及常用模型展示的入口，在顶部导航处可以切换模型；在单个模型面板中，可以对模型基础信息进行设置、添加资源、修改模型与模型之间的关系等，如图 7-1 所示。

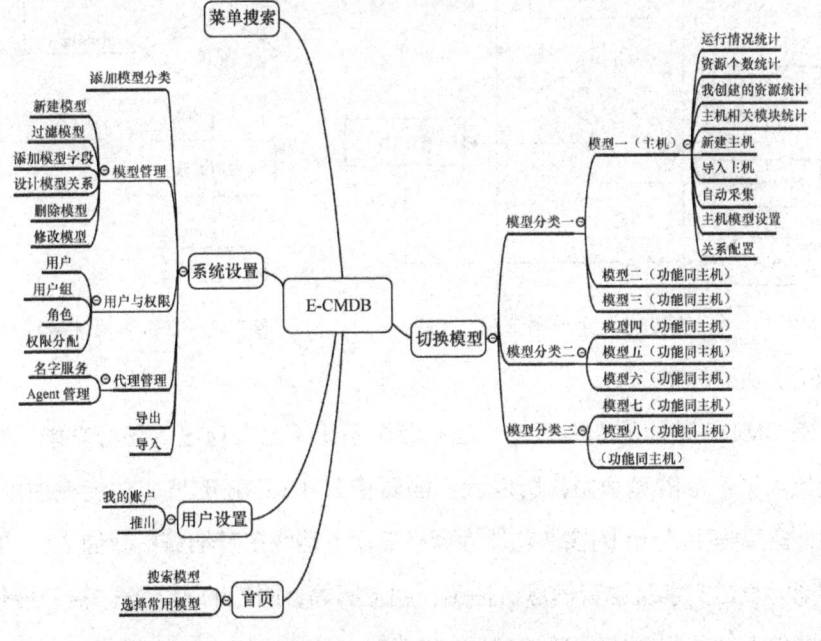

图7-1　E-CMDB产品结构

（3）主业务流程

在 E-CMDB 中，主业务流程为 IT 资源管理者添加新资源，E-CMDB 审核管理员审核资源条目是否符合需求，将资源添加进 E-CMDB 中，如图 7-2 所示。

（4）用户操作流程

根据主业务流程和 E-CMDB 界面设计，我们可以梳理主业务流程的用户操作流程，如图 7-3 所示。

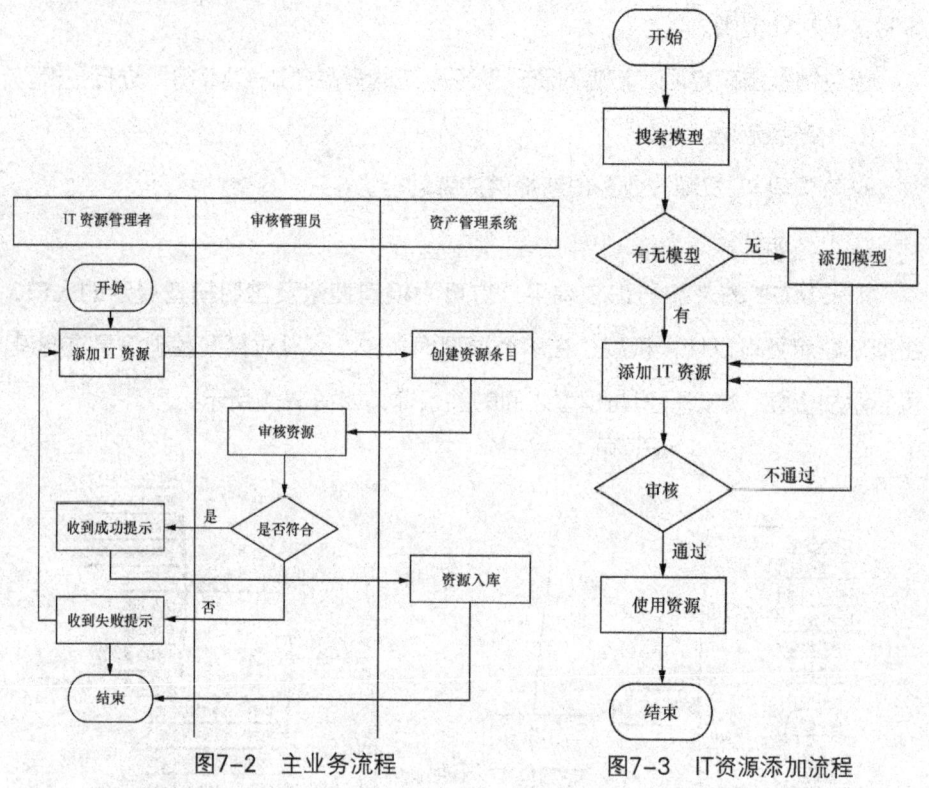

图7-2 主业务流程　　　　图7-3 IT资源添加流程

（5）功能范围

E-CMDB 整体的功能很多，但是每个系统都会有自己的核心功能。核心功能代表了产品的竞争力，所以我们需要将 E-CMDB 的核心功能梳理出来。例如，盒马鲜生 App 的核心功能为商品搜索、购物车及结算；微信 App 的核心功能为发送文字及语音信息、拍照、朋友圈等，附近的人、摇一摇、搜一搜则为非核心功能。在梳理 E-CMDB 功能时，我们对核心功能和非核心功能进行了区分。通常来说，核心功能为刚需型功能，没有这些功能，产品便不可使用。E-CMDB 的部分功能如表 7-3 所示。

表 7-3 E-CMDB 的部分功能

模块	核心功能	非核心功能
首页	搜索模型	常用模型入口
模型管理	新建模型、添加字段、添加关系、关系分组、删除模型、编辑模型	搜索模型、导入模型、导出模型、批量删除模型
资源管理	新建资源	搜索资源、导入资源、导出资源、批量删除资源、高级搜索

从对 E-CMDB 的分析中，我们可以发现其功能较全，用户主流程较清晰。但目前 E-CMDB 不涉及模型拓扑图的展示，因此对于用户来说，IT 资源关系的展示不够直观，会降低故障排查的效率。

用户调研

B 端产品的用户与 C 端产品的用户不同，通常为企业内部员工。因此，资产管理的调研用户选取了甲方公司的"IT 资源管理员"和"系统管理员"。对于访谈的用户数量来说，企业员工平时都忙于工作，因此与甲方公司商定本次访谈每个角色的用户都是 1 位。在用户调研方式上，选取了一对一访谈的方式，而不是问卷调查或其他方式。原因在于面对资产管理系统重构，我们需要得到更深层次的用户需求。一对一与用户一起讨论产品的各种问题，探讨用户行为相关的话题，在这个过程中使问题深入问下去，这是问卷调查等方式无法完成的事情。

明确了访谈对象和调研方式，我们就需要设计访谈的流程和问题了。在对资产管理系统的用户进行访谈前，笔者梳理了以下几个访谈注意点。

（1）设立开放性问题

在一对一访谈中，我们需要尽量安排开放性问题。对于封闭性问题，例如，"你吃饭了吗"，回答者只能给出是或否的回答，通过这样的问题很难挖掘问题背后的原因和本质。而开放性问题允许用户根据实际情况做敞开式的回答，在一来一去中，访谈能获取更多有效和启发式的信息。例如，"今天吃了什么"就

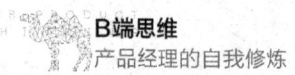

是一个开放性问题。

（2）预设后续问题

在一对一访谈的过程中，为了避免出现提早结束或用户没有关注而进行不下去的情况，我们就需要预设一些问题，引导用户继续回答。

（3）提前准备问题

要想让访谈的过程愉悦轻松、访谈的结果有效可靠，我们需要提前准备好访谈内容。即使访谈对象只有两名用户，但是依然要提前准备好，这样也能避免在访谈中忘记要问的关键问题。

（4）进行场控

作为线下的面对面采访，我们需要预先想到可能发生的场景，进而在访谈中带领被采访者按照我们的设想走。千万不能让用户迷失在采访中，否则访谈的结果就会不理想。

（5）记录关键信息

在访谈过程中，我们要使用笔记本或录音笔将访谈的过程及关键信息记录下来，帮助后续整理用户需求、挖掘产品机会。

资产管理系统的用户访谈在甲方公司的会议室进行，时间较长、问题较多，笔者选取了一些典型问题与回答分享给大家，如表7-4所示。

表7-4 访谈汇总表

序号	问题	IT资源管理员	系统管理员
1	你认为资产管理系统应该是怎么样的产品？	希望资产管理系统是自动化的产品，很多事情不再需要人工操作。例如，变更IT资源能同步到相关的系统，不同的两个系统各自添加。这样能减轻IT资源管理员的工作负担	希望资产管理系统成为一个数据管理者，在使用上能更加便捷，提供数据仪表盘，供决策者参考
2	资产管理系统中使用频率最高的是什么功能？	添加、变更、维护IT资源	创建模型、添加模型字段、分配用户权限、审核IT资源
3	使用频率最高的功能希望如何改进？	在使用流程上能更简单	在使用流程上能更简单；在用户体验上能更好，模型之间最好有拓扑图，现在的列表形式不直观

（续表）

序号	问题	IT资源管理员	系统管理员
4	你认为资产管理系统存在哪些问题？	（1）变更或有问题的资源目前不汇集，查找困难 （2）监控中先添加资源，资产管理系统再选择资源	（1）没有资产管理的数据仪表盘 （2）没有自动发现功能
5	你认为资产管理系统的这些问题可以如何解决？	（1）变更的资源能统计出来统一处理 （2）使用拓扑关系查找和定位故障 （3）监控不能添加资源，需要从资产管理处添加	（1）能自定义资产管理的数据仪表盘 （2）能自动发现IT资源的闲置，从而取用

我们从表7-4中可以发现，甲方的资产管理系统使用者的诉求主要有三点。

（1）关键的IT资源数据要能汇聚，可以做数据追踪和决策。

（2）产品整体的操作流程需要优化，提升用户体验。

（3）完善产品功能。

7.1.3 明确重构方向

通过对产品的历史追溯、竞品分析、用户调研，我们对资产管理系统有了初步的认识，知道了竞品的情况与用户的痛点。接下来就趁热打铁，经过团队共创，我们明确了产品重构的方向。

（1）调整产品逻辑

原来是监控系统中先添加IT资源，在资产管理系统中可以选择IT资源，但这不符合产品逻辑。所以，需要修改成先在资产管理系统中添加IT资源，再由监控系统选择该资源是否要被监控。资产管理系统要起到资源数据库的作用，是一个添加、变更、维护数据的地方。

（2）完善产品功能

第一，添加模型拓扑；第二，从不同的维度统计IT资源的情况，包括总共有多少资源、每个资源目前运行的状态、有多少资源处于闲置、有多少资源处于异常、有多少资源处于变更等。

（3）优化用户体验

现有的资产管理系统流程中还存在一些流程过于冗长的情况，因此对这部

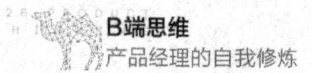

分流程要进行优化，例如，新增模型与新增 IT 资源。还有一些功能入口太深、太散的情况，需要对高频功能进行识别，将其放到用户触手可及的位置。例如，查找"我创建的 IT 资源"只能在单独的每个模型下进行，而没有将"我创建的 IT 资源"做成聚合功能、显示在专门的入口。

7.1.4 可用性测试

确定产品重构方向以后，经过数月的努力，团队终于将资产管理系统的重点模块（模型管理与资源管理）完整地开发好，并通过了测试。

数字化时代，提升产品的用户体验大部分时候是采用数据埋点和数据分析实现，但当产品还未上线、无法运用数据分析收集用户反馈时，我们就可以通过可用性测试达到相同的目的。

可用性测试是对产品的可用性进行评估，检验产品是否达到可用的标准。进行可用性测试时，要选择具有代表性的用户对产品的主要流程或核心功能进行操作，同时由负责可用性测试的观察人员在一旁观察和记录。可用性测试可以帮助我们发现用户在使用产品的过程中遇到的问题，从而在产品上线前提前预估风险。总体来说，产品使用可用性测试的目的有以下三点。

（1）发现产品设计中的问题。

（2）发现产品可提升的机会点。

（3）了解用户行为与操作习惯。

那么，如何衡量产品具有可用性呢？我们可以用以下指标衡量。

（1）达成性：提出操作要求或目标后，用户能在一定的时间内达到该目标。

（2）易用性：用户可以轻松愉快地达到自己的目标，没有过多的认知负担。

（3）高效性：用户可以在较短的时间或通过最短的路径实现自己的目标。

（4）满意度：用户对产品的整体满意度评价。

在实施可用性测试前，我们要了解可用性测试的步骤。

（1）确定测试的目的与范围。

（2）确定参与人。

(3)规划测试内容。

(4)进行测试。

(5)输出测试分析报告。

在实际过程中,资产管理系统的可用性测试存在好几个业务路径。这里针对其中一个路径为大家讲解如何对资产管理系统进行可用性测试。

步骤一:确定测试的目的与范围。

经过组内讨论,大家对资产管理系统进行可用性测试的最终目的达成了一致:旨在提升"创建IT资源"主流程的用户体验,提升产品的竞争力。因此,测试的范围是观察用户能否高效地完成模型添加与资源创建,流程包括的关键功能为添加模型、添加描述模型资源的属性信息、添加模型资源。在测试的过程中,我们需要记录用户在进入每个功能时的时长、操作每个功能时的表情、操作过程有无卡顿的情况等。

步骤二:确定参与人。

参与可用性测试的人员分为两类,一类是被测试者,另一类是观察者。其中,观察者又分为现场提问引导者、记录者和拍摄者。参与资产管理系统的可用性测试人员如表7-5所示。

表7-5 可用性测试参与人员

【被测试者】	人数
内部使用资产管理系统的同事	1
甲方公司的IT资产管理者	2
【观察者】	
提问引导者	1
记录者	1
拍摄者	1

步骤三:规划测试内容。

可用性测试的基本情况已经确定,接下来就要做测试前的准备工作。资产管理系统的准备工作包括以下六个方面。

(1)明确测试方式:在用户办公地寻找一个会议室,进行现场测试。

（2）明确测试时间：每个用户的测试时间控制在 30～40 分钟。

（3）测试前沟通：包括用户个人信息、用户对产品的使用经验、用户对产品的使用习惯和频率等。

（4）关键点记录：提前明确需要记录的关键点，在可用性测试过程中保证能完整地收集需要的信息。

（5）提问环节设定：提前设定测试过程中的简单提问环节，及时了解用户情况。

（6）测试后问卷：完成测试任务后让用户填写一份问卷调查表，以汇总这次测试的结果。

步骤四：进行测试。

根据资产管理系统可用性测试的目标，我们对测试任务进行了设定，如表 7-6 所示。

表 7-6　测试表

测试场景	测试目的	注意点
你的终极目标是给新模型添加IT资源。因此，你需要先确定该模型是否存在，不存在就需要添加新模型	用户能否快速且成功地完成添加模型的任务	（1）如何找到模型管理界面 （2）如何查找模型 （3）如何找到添加模型的功能 （4）添加过程中有无难理解的信息 （5）观察用户操作时长、流畅度、表情与肢体动作
你想为模型添加资源描述的属性。因此，你需要找到添加的地方	用户能否快速且成功地完成添加资源描述的属性	（1）如何找到添加功能 （2）添加过程中有无难理解的信息 （3）观察用户操作时长、流畅度、表情与肢体动作
你想为模型添加资源。因此，你需要找到添加资源的地方	用户能否快速且成功地完成模型的资源添加	（1）如何找到添加功能 （2）添加过程中有无难理解的信息 （3）观察用户操作时长、流畅度、表情与肢体动作

在测试结束后，我们将准备好的问卷（使用 SUS 标准问卷）发给测试者填写，如表 7-7 所示。同时，该问卷汇总了资产管理测试者对资产管理的评分结果。

表 7-7　SUS 问卷及评分结果

问题	分数					得分
	强烈反对				非常同意	
（1）我认为我愿意经常使用本系统	1	2	3	4	5	4
（2）我发现这个系统没必要这么复杂	1	2	3	4	5	2
（3）我认为该系统容易使用	1	2	3	4	5	4
（4）我认为我需要技术人员的支持才能使用该系统	1	2	3	4	5	1
（5）我发现这个系统的不同功能被较好地整合在一起	1	2	3	4	5	4
（6）我认为这个系统中相同功能的体验太不一致了	1	2	3	4	5	1
（7）我认为大部分人可以很快学会使用这个系统	1	2	3	4	5	4
（8）我发现这个系统使用起来非常困难	1	2	3	4	5	1
（9）对于使用这个系统，我感到很自信	1	2	3	4	5	4
（10）在我可以使用该系统之前，我需要学习很多东西	1	2	3	4	5	3

从用户的问卷反馈可知，目前资产管理系统对主流程的优化还是得到了用户的认可与好评，提升了产品的用户体验。

步骤五：输出测试分析报告。

根据可用性测试记录与测试后的问卷调研，我们可以输出资产管理系统的可用性测试报告，如图 7-4 所示。

我们从可用性测试报告中可以发现，用户对现在的资产管理系统的评价为整体满意，主要体现在产品的功能比原来完善了 80%，产品的操作流程顺畅度提升了 70%，产品的用户体验愉悦度提升了 65%。但是，产品依然存在一些问题，主要有两方面：第一，表单对专业术

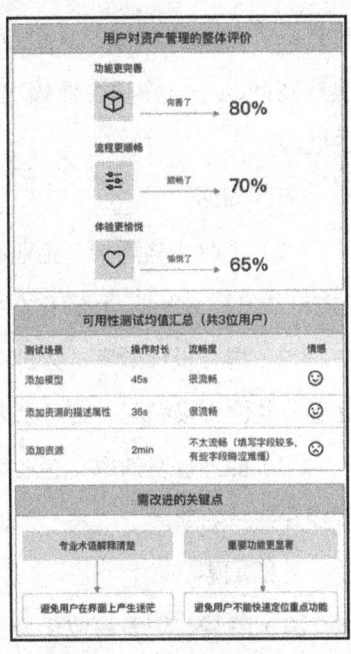

图 7-4　可用性测试报告

语的解释不够清晰,导致用户不知道该如何准确地填写内容;第二,重要功能需要更显著,不能和次要功能一样,否则用户就不能快速定位功能,也就降低了用户的操作效率。

总之,可用性测试为我们找到了产品的优点与有待提升的地方,助力提升产品的用户体验与竞争力。

7.2 从0到1型产品:企业级B端导航框架

第 5 章已经详述了从用户体验五要素出发,从 0 到 1 构建 B 端产品。我们对其中需要注意的地方已了然于胸。现在,笔者以亲身经历的产品为案例,带领大家感受实际的构建过程。

7.2.1 为什么要构建

当企业的产品越来越多时,如何保证产品对内的一致用户体验,以及产品对外的一致品牌调性?从企业级 B 端导航框架的角度来讲,它可以有效地解决这些问题——构建企业级 B 端导航框架主要是由企业内外部因素共同作用的结果。

内部因素

(1)企业战略需求:企业级导航框架的定制必然是企业决策者在战略层面达成的共识,继而从上至下成为大家一致的目标。

(2)提升设计效率:大部分 B 端产品的导航框架是有共性可循的,抽象出这部分共性直接沿用,将可以大大提升产品团队的设计效率。

(3)提升开发效率:企业级的 B 端导航框架无须为单个产品单独开发,可以提升开发效率。

外部因素

(1)趋势:随着商业化及企业产品走出去,越来越多的企业更注重用户体验,他们从企业级 B 端导航框架入手,保证产品用户体验的一致性。一些涉足

B端产品前端框架及组件库的企业，均纷纷推出自己的B端界面规范体系。他们通过大量实践抽象出类似的页面、通用的组件及导航框架模式，从而服务于自己或他人的企业。

（2）研报：2019年，Sparkbox在对设计系统调查后汇总分析，结果显示B端产品的设计规范非常重要，它可以使代码重用性提高、UX/UI保持一致性、维持品牌标准等。而导航框架作为设计规范中最重要的一分部，同样起到了这些作用。

7.2.2 前期调研

既然上到企业决策层，下到普通员工，均一致认同建立企业级B端导航框架的重要性，那么我们B端产品经理就要着手调研了。经过与团队几轮商讨后，我们确定从了解使用者对企业级B端导航框架的诉求、分析企业现存产品的导航框架形态、分析市面上常用的B端导航框架模式三方面展开调研。

设计角色调研

在展开一对一的现场用户访谈前，我们首先要确定访谈的目标对象。依据"访谈对象需要拥有所需信息"的标准，此次访谈选取了设计导航框架的核心角色——产品设计师与产品经理，他们的诉求反映了B端业务的诉求。为了访谈结果有效，我们选取了有B端产品导航框架设计经验的产品设计师和产品经理各10位。

（1）产品设计师

产品设计师是B端导航框架的设计者，不同的B端产品配有不同的产品设计师。虽然通过使用B端产品可以了解该导航框架的功能情况，但只能了解现象，无法了解本质。通过对产品设计师进行访谈可以了解不同产品对导航框架的真实诉求，我们便可以衍生更多可能性的B端导航框架方案。

调研结果：通过对产品设计师进行访谈发现，假如我们要构建企业级的B端导航框架，企业内部70%的设计师会希望我们能提升导航框架的交互体验，同时还要满足业务个性化扩展的需求，不能因为追求通用性而降低用户体验。

（2）产品经理

产品经理是产品的灵魂人物，他们把控产品的质量，主导产品未来的发展。

一个 B 端产品设计师输出的产品导航框架方案，必须获得产品经理的认可才能进入开发阶段。因此，在访谈对象中，B 端产品经理必不可少。

调研结果：通过对 B 端产品经理进行访谈发现，85% 的 B 端产品经理对企业级 B 端导航框架更倾向于设计逻辑合理和功能模块完整两方面。设计逻辑合理是指方案要符合常规的 B 端产品导航框架，不要为了追求设计而设计或设计一堆无用的功能，而让功能位置合理、符合用户使用逻辑是最重要的。功能模块完整是指企业级 B 端导航框架要考虑不同 B 端产品导航框架的诉求，在此基础上取通用、去个性，尽量保证功能的完整性。

由此可知，产品设计师与产品经理对导航框架的诉求是有差别的，如表7-8 所示。

表 7-8 用户访谈结果表

访谈人员	诉求
产品设计师	提升交互体验
	满足业务的个性化扩展需求
产品经理	逻辑合理
	功能模块完整

现有产品体验

除了做用户访谈以外，笔者对公司现有的十几个 B 端产品的导航框架进行了逐一试用与记录，主要从整体导航框架的构成（见图 7-5）、导航框架的功能（见表 7-9）、左侧菜单栏的层级数量（见表 7-10）等方面进行体验。选择对现有产品导航框架进行盘点的原因是我们可以从现有的导航框架中直观地感受公司目前不同 B 端产品导航框架的功能结构布局、交互体验合理性等情况。用户调研的重点在于用户表述，而直接的产品操作体验与使用可以给我们直观的认知感受。

图 7-5 导航框架构成

从图7-5可知，目前公司内部导航框架的构成均为顶部导航条与左侧菜单栏的模式。

表7-9　导航框架的功能

模块	功能点
顶部导航条	用户设置
	系统设置
	搜索
	锁屏
	刷新
	系统名
	……
左侧菜单栏	收展
	展开
	排序
	收藏
	……

从表7-9可知，目前产品导航框架的功能相应地分布在顶部导航条与左侧菜单栏上。顶部导航条上的主要是用户设置、系统设置、搜索等全局性功能。左侧菜单栏上的主要是针对菜单的功能点，如收展、排序等。

表7-10　左侧菜单层级数

产品	层级数
产品A	3
产品B	3
产品C	3
产品D	4
产品F	3
产品G	4
……	……

从B端产品的左侧菜单层级数统计可知，目前产品的层级数在3~4层。

导航模式调研

对市面上较常见的导航模式进行收集和分析，可以帮助我们了解商场上B

端产品导航框架的主要方案，为后续输出自身企业级的 B 端产品导航框架方案做好充分准备。在调研中，笔者发现 B 端产品常用的导航框架方案有 3 种，分别是顶部导航框架、混合导航框架、收藏式导航。

顶部导航框架将导航的所有功能都聚集在顶部导航条上，导航条下面的部分为操作内容区，如图 7-6 所示。该导航模式可以最大限度地给操作内容区留出空间，但该模式下导航功能不能太多，而且菜单层级不能多于 3 层。

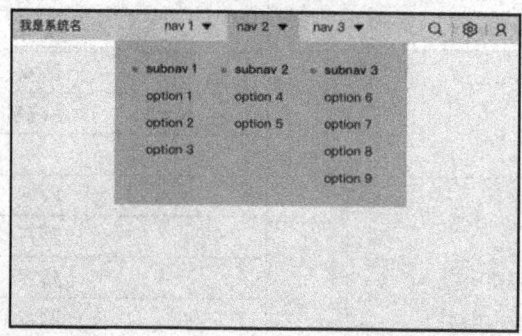

图7-6　顶部导航框架

混合导航框架将导航的功能放到顶部导航条，将菜单放到左侧菜单栏，如图 7-7 所示。该框架比顶部导航框架多了一条左侧菜单栏，因此留给了顶部导航条相关要素更多的空间，同时在左侧菜单栏上可以扩展更多的可能性，例如，菜单的层级可以更多。

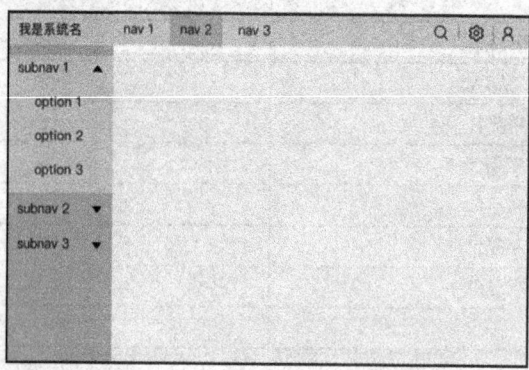

图7-7　混合导航框架

收藏式导航是一种非常灵活的导航框架方式，顶部导航条与混合导航框架

第 7 章
B端产品实战案例

一致，但左侧菜单栏的菜单并非全都展开给用户，而是让用户根据自身需求，将常用的菜单添加到左侧菜单栏，以提升操作效率，如图 7-8 所示。

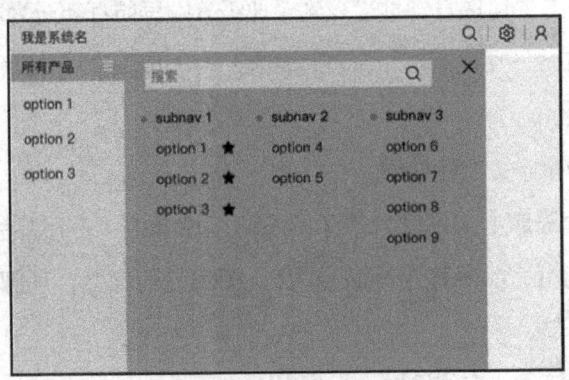

图7-8 收藏式导航

以上是市面上较常用的三种导航模式，它们在不同的方面解决了 B 端产品导航的问题。

7.2.3 要素解构

经过对产品设计师和产品经理的深度调研，对现有产品导航框架的体验，以及对市面上常见的 B 端导航框架模式的收集和分析，我们了解了建立企业级 B 端导航框架的需求。基于此，团队经过几轮头脑风暴，决定对将要构建的企业级 B 端导航框架进行元素拆解，明确各拆解区域的功能要素。

在拆解时，我们遵循 MECE（Mutually Exclusive Collectively Exhaustive）原则，即"相互独立、完全穷尽"。该原则指导我们在面对一个较庞大的对象时要进行合理化的解构，并按照不重叠、不遗漏的方式做，最终借此把握问题的核心点，输出有效的解决方案。图 7-9 展示了本次企业

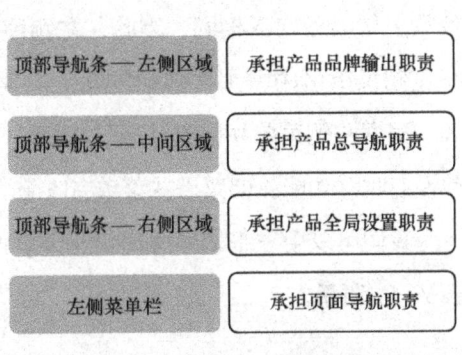

图7-9 企业级B端导航框架解构

级B端导航框架解构的主要操作区域，以及每个区域要承载的职责。它们互相协同，共同完成企业级B端导航框架的功能诉求。

我们从图7-9中可以直观地感受到企业级B端导航框架分为四大主要区域，分别是顶部导航条—左侧区域、顶部导航条—中间区域、顶部导航条—右侧区域和左侧菜单栏。

（1）顶部导航条—左侧区域

企业级B端导航框架顶部导航条的左侧区域承担了产品品牌表达的职责，包含的主要功能有产品名称和产品Logo。相对其他区域，顶部导航条—左侧区域的功能较简单。

（2）顶部导航条—中间区域

顶部导航条—中间区域承担了企业级B端导航框架的产品总导航职责。该区域主要放置一级导航、更多一级导航和导航排序的功能。

（3）顶部导航条—右侧区域

顶部导航条—右侧区域可以说是一个超级大功能箱，这里承担了企业级B端导航框架的重要职责，其主要职责是分配与产品有关的全局功能设置。该区域的主要功能有用户设置、锁屏、系统设置、换肤、全局搜索、切换语言及全屏。

（4）左侧菜单栏

左侧菜单栏是一个收纳产品菜单的面板。在该面板上，不同B端产品的菜单数量与层级均不相同。因此，左侧菜单栏在设计的形式和交互上都较灵活。在左侧菜单区中，主要包括的功能有菜单栏收展、菜单排序、父级菜单折叠等。根据左侧菜单栏的设计形式不同，一些功能也会有差别。例如，手风琴菜单没有收藏功能，但菜谱式菜单有收藏功能。

我们可以用一张表格展现企业级B端导航框架被解构后的具体功能项，如表7-11所示。

表 7-11　企业级 B 端导航框架解构后的功能

模块	功能
顶部导航条-左侧区域	产品名称
	产品Logo
顶部导航条-中间区域	一级导航
	更多一级导航
	导航排序
顶部导航条-右侧区域	用户设置
	锁屏
	系统设置
	换肤
	全局搜索
	切换语言
	全屏
左侧菜单栏	菜单栏收展
	菜单排序
	父级菜单折叠

7.2.4　用户旅程地图

通过对企业级 B 端导航框架进行区域解构和功能梳理，接下来进入原型阶段。在原型设计中，团队引入了用户旅程地图。用户旅程地图是指用户在使用产品或服务的过程中，当接触每个节点时，对这些节点及节点串联起来的全流程的主观体验与感受。

在产品设计时，使用用户旅程地图的优势体现在以下三个方面。

（1）用户旅程地图关注的是用户从访问开始到访问结束的全流程体验，而不是仅关注某个节点。这样避免了只关注局部而忽视全局，以致无法站在更高的视角解决问题。

（2）用户旅程地图可以让我们站在用户的角度思考问题。如果我们在使用时都有不好的感觉，那么用户也会有同样的感觉。

（3）用户旅程地图不是简单的文字收集和汇总，而是运用图形化故事版的方式直观地展现用户在每个节点上的体验与感受，从而挖掘改进机会点。

基于单个B端产品的导航框架（与期望构建的企业级B端导航框架较相似），我们选取了用户使用导航框架中最主要的几个流程路径进行体验、绘制用户旅程地图，从而发掘机会点、构建现在的企业级B端导航框架。以下为选取"用户到达目标页面"的流程绘制用户旅程地图，如图7-10所示。

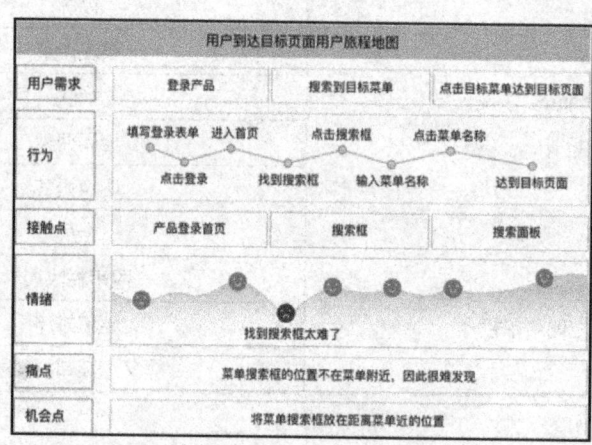

图7-10 到达目标页面用户旅程地图

用户旅程地图主要分为用户需求、行为、接触点、情绪、痛点及机会点六大部分。

（1）用户需求是指用户在体验流程中期望达到的阶段性要求，这些需求是可以帮助用户达到最终目标的。所以，在"用户到达目标页面"的流程中，用户的需求首先是登录产品，其次是搜索目标菜单，最后是到达目标页面。

（2）行为是指用户在体验流程中需要完成哪些行为才能到达最终目标，不同的目标对应的行为节点数量也不同。例如，要完成"到冰箱里拿到牛奶"的目标，就需要经过"走到冰箱前→抬起手臂→打开冰箱门→查找牛奶→拿到牛奶"五步。在"用户到达目标页面"的流程中，用户行为路径为"填写登录表单→点击登录→进入首页……点击菜单名称→达到目标页面"八步。

第 7 章
B端产品实战案例

（3）接触点是指用户在体验流程中与页面交互活动所对应的相关元素，可以是一个页面，也可以是一个按钮。在"用户到达目标页面"的流程中，接触点主要有产品登录页、搜索框、搜索面板。

（4）情绪是指用户在体验流程中关键节点的情绪反馈。在"用户到达目标页面"的流程中，我们可以发现用户大部分时候是愉悦的，只有在"找搜索框"的过程中比较生气，因为用户找搜索框耗时较久。

（5）痛点是指用户在体验流程中用得不舒服的地方。在"用户到达目标页面"的流程中，用户的痛点在于不能快速找到菜单搜索框，而这个功能本不应该设计得如此。

（6）机会点是指在用户的体验流程中，我们通过发现用户的痛点，进而挖掘到的可提升产品的关键点。在"用户到达目标页面"的流程中，我们可以提升的机会点是将菜单搜索框放在距离菜单近的位置，从而提高用户的发现率。

除了"用户到达目标页面"的流程我们使用了用户旅程地图去验证，其他流程我们也使用了用户旅程地图去验证，进而梳理了企业级 B 端导航框架的高保真原型，如图 7-11 所示。

图7-11　企业级B端导航框架的高保真原型

7.2.5　项目管理

视觉设计根据产品原型完成设计稿后，B 端产品经理就要发挥项目管理的技能，推动项目研发有序地进行。

项目管理是指项目的管理者依据项目现有的情况做出客观的决策，运用项目管理的方法和理论对项目涉及的全部工作进行有效的管理，从而使项目的目标得以实现。

在项目管理中，B端产品经理要运用合理的项目管理方法，有效地推进项目的进展，从而预期或超预期地、高效地完成目标。这里为B端产品经理介绍两个项目管理中实用的方法论，一个是WBS，另一个是PDCA。WBS与PDCA同时也被用到了本次企业级B端导航框架的项目管理中。

WBS

我们在4.4.3节已经了解了什么是WBS方法，并且通过"组织举办一场公司年度宴会"的案例熟悉了如何使用WBS方法对项目进行分解。在企业级B端导航框架的项目中，为了明确责任人，保证任务的及时推进与达成，我们对WBS的基础项进行了扩充，明确了任务分解表需要的元素为任务名称、任务描述、工期（天）、开始时间、结束时间、执行人、责任人、审核人、优先级和任务前置条件。企业级B端导航框架的项目任务分解模板如表7-12所示。

表7-12 企业级B端导航框架的任务分解模板

序号	任务名称	任务描述	工期（天）	开始时间	结束时间	执行人	责任人	审核人	优先级	任务前置条件
1	任务-1									
2	任务-1-1									
3	任务-1-2									
4	任务-1-3									
5	任务-2									
6	任务-2-1									
7	任务-2-2									

任务表中的字段都有各自存在的意义。例如，任务描述可以帮助成员明确该任务主要是做什么的；执行人是指实际做任务的人；责任人是指承担任务最终结果的人；审核人是指审核员，是被审核任务的负责人；优先级是指任务的

优先开发顺序,该排序通常由多种因素叠加而成;任务前置条件是指做某任务前需要具备的相关条件。

除了要列出一份可以被有效执行的项目管理表以外,我们还需要注重任务之间的共享性,资源共享可以加快项目的进度和效率。因此,我们对可共享的任务也进行了提取。但这不是一成不变的,在执行过程中需要根据当时的情况随时做出正确的调整。

PDCA

仅有任务分解还不行,B端产品经理还需要对任务进行计划、检查和复盘。PDCA循环是质量管理的方法,在任务管理中同样适用。它是指将质量管理分为四个阶段:P是指计划(Plan),确定方针与目标;D是指执行(Do),实现计划中的内容;C是指检查(Check),检查执行的结果,看是否符合预期,进而总结经验;A是指行动(Action),对检查的结果采取一定的措施。各项任务按照计划→执行→检查→处理的方式做,可以将成功的原因归纳起来,将失败的原因总结出来,避免问题在下一个任务中出现,或者让未解决的问题进入下一个环节去解决。这是一个周而复始地运转、呈阶梯式上升的过程,如图7-12所示。

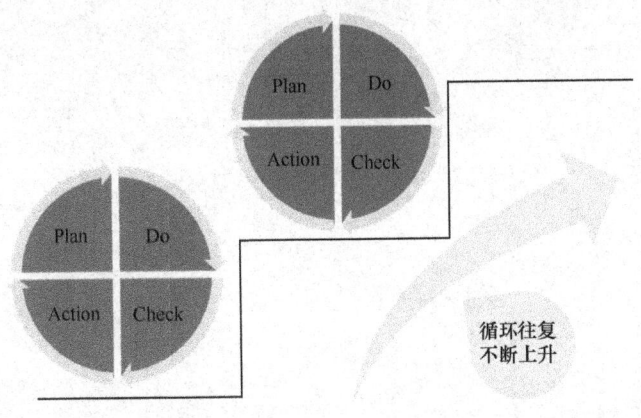

图7-12 PDCA

在开发企业级B端导航框架的过程中,以"开发搜索功能"为例讲解我们是如何使用PDCA的。

（1）计划（P）

①在××××年××月××日前完成导航框架中搜索功能的开发与测试。

②分析导航框架搜索框可复用的代码及编写完成使用文档。

（2）执行（D）

在截止日期前完成导航框架中搜索功能的开发与技术线评审，提交设计师对照设计稿进行走查，以上两点都没问题后提交测试负责人进行测试。通过测试后，将搜索功能的使用文档补充到企业级B端导航框架的文档中。

（3）检查（C）

检查导航框架中搜索功能测试通过的情况。

（4）行动（A）

①总结可以提高开发工作效率方法，以及在开发一个功能前如何用系统性思维解构。

②总结测试不通过的原因，避免常见性问题反复出现。